环境法律实务

——争议解决与合规发展

金茂法律丛书

吴荣良 万美 黄启荣◎著

法律出版社
LAW PRESS·CHINA
北京

图书在版编目(CIP)数据

环境法律实务：争议解决与合规发展 / 吴荣良，万美，黄启荣著. -- 北京：法律出版社，2022
(金茂法律丛书)
ISBN 978-7-5197-6679-5

Ⅰ. ①环… Ⅱ. ①吴… ②万… ③黄… Ⅲ. ①环境保护法－研究－中国 Ⅳ. ①D922.680.4

中国版本图书馆 CIP 数据核字(2022)第 065569 号

环境法律实务：争议解决与合规发展
HUANJING FALÜ SHIWU:ZHENGYI JIEJUE YU HEGUI FAZHAN

吴荣良
万 美 著
黄启荣

策划编辑 肖 越 魏艳丽
责任编辑 肖 越 魏艳丽
装帧设计 马 帅 臧晓飞

出版发行 法律出版社
编辑统筹 法商出版分社
责任校对 王 丰 李景美
责任印制 胡晓雅
经 销 新华书店

开本 710 毫米×1000 毫米 1/16
印张 21.5 **字数** 338 千
版本 2022 年 6 月第 1 版
印次 2022 年 6 月第 1 次印刷
印刷 三河市龙大印装有限公司

地址：北京市丰台区莲花池西里 7 号(100073)
网址：www.lawpress.com.cn
投稿邮箱：info@lawpress.com.cn
举报盗版邮箱：jbwq@lawpress.com.cn

销售电话：010-83938349
客服电话：010-83938350
咨询电话：010-63939796

书号：ISBN 978-7-5197-6679-5
定价：88.00 元
凡购买本社图书，如有印装错误，我社负责退换。电话：010-83938349

序　　一

党的十八大将生态文明建设纳入“五位一体”中国特色社会主义事业总体布局，要求把生态文明建设放在突出地位，建设美丽中国，实现中华民族永续发展。

十八大以来，“绿水青山就是金山银山”的绿色发展理念日益深入人心，“蓝天、碧水、净土”三大保卫战取得积极成效，环境质量持续改善。但是我们需要清醒看到，我国生态环境保护面临的压力巨大、挑战重重，形势依然严峻，不能有任何松懈。“2030 年碳达峰、2060 年碳中和”目标的提出，对我国当前和今后一个时期的应对气候变化工作、绿色低碳发展和生态文明建设提出了更高的要求。

在推进生态文明建设过程中，以法治思维和法治方法解决问题是根本途径。自 2015 年新《环境保护法》实施以来，我国的生态环境立法进程明显加快，水、气、声、固、土等污染防治法律体系日趋完善，按日连续处罚、环境公益诉讼、生态环境损害赔偿制度等相继建立。同时，《民法典》的制定、《行政处罚法》的修订、《刑法修正案（十一）》等的出台，为生态环境的持续改善提供了强有力的司法保障。

在此背景下，公司企业应继续关注环境污染导致的刑事、行政和民事责任，立足于前置的、以预防为目的的企业环境合规管理。同时，公司企业也要贯彻落实绿色发展理念。

金茂律师事务所的吴荣良律师团队，已在环境法律服务领域深耕多年。他们充分发挥自身工科、法律复合型教育背景和公司企业环境管理从业经历的优势，结合十多年的环境法律服务的实践经验和心得，编写成书。全书以环境争议解决、合规管理和绿色发展为主线，系统梳理了包括建设阶段、营运阶段和关停并转阶段的全生命周期中环境法律风险管理要点，以指导企业防范环境法律风险、强化合规管理、推进绿色发展。

相信本书的出版，对促进公司企业环境管理能力的提升、强化环境法律风险的防范、促使环境争议的解决和推动企业绿色发展，具有积极的指导意义和参考价值。谨向所有关心生态环境、践行绿色发展的朋友们诚挚推荐此书。

教授　博导

上海市法学会环境和资源保护法研究会会长

复旦大学环境资源与能源法研究中心主任

2021 年 12 月

序　二

2016年,吴荣良律师邀请我为他的《企业环境法律风险管理实务》一书作序。转眼五年过去,吴律师和他团队的新著《环境法律实务:争议解决与合规发展》,作为原书的升级版,也集结成稿了,可喜可贺!

回望过去的五年,是我国环境保护事业蓬勃发展的五年,也是环境质量不断改善的五年。环境法律法规标准的完善、公民企业守法意识的加强、执法与司法力量的协同,成为我国环境质量改善的积极推动力。然而,有法不依、管理松懈、违法排放等现象仍然屡禁不止,破坏生态环境的事件仍时有发生。因此,从源头上加强防范,强化企业的主体责任,严格企业的环境合规管理,从识别风险、完善制度、强化管理入手,是企业防范环境风险的不二选择。

"碳达峰""碳中和"无疑是进入新时代的中国和世界共同关心的热点问题。积极应对气候变化,如何控制二氧化碳等温室气体的排放、如何进行碳交易、如何将碳作为资产进行管理,成为新时代环境工作者的新课题。同时,环境信息披露,环境、社会和公司治理(ESG)等,都成为企业践行绿色发展理念中需要面对的课题。

作为环境保护工作者,我们很欣喜地看到,越来越多的企业已逐步建立了环境保护的管理体系和制度,高管层也有意识地将环境保护和绿色可持续发展纳入企业长期发展战略,企业环保合规管理实践也从基本的法律风险防范进入了新的发展阶段。本书紧跟时代的发展方向,帮助企业在做好污染防治合规管理的同时,提升ESG表现、加强绿色可持续发展的能力建设,适用群体广泛。无论是刚起步的初创型企业,还是已建立合规体系的大型跨国公司,都能在本书中找到适用的环境法律风险防范指导建议。

我们都行走在历史长河中,我们也是历史的创造者和见证人,在生态文明建设之路上,环境保护践行者的步伐将继续坚实有力地向前迈进!

谨向所有从事环境保护事业和关心环境保护工作的朋友们推荐此书。

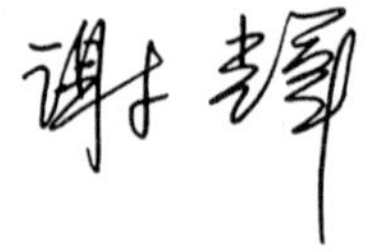 博士

最高人民法院环境资源审判咨询专家

生态环境部环境损害鉴定评估专家委员会专家

2021 年 12 月

前　　言

2016 年，笔者编辑出版了《企业环境法律风险管理实务》。承蒙读者的厚爱，该书出版后受到了环境主管部门、公司高管、企业环境管理人员、环境服务机构、环境律师等的欢迎，在此谨向广大读者表示衷心感谢！

2015 年新《环境保护法》实施以来，环境相关立法取得了积极进展。包括废水、废气、噪声、固废等污染防治的环境法律进行了新一轮的修改，《土壤污染防治法》也已经颁布实施，关于环境污染犯罪、环境侵权、环境公益诉讼、生态环境损害赔偿等司法解释先后出台。同时，以"碳达峰、碳中和"为目标的绿色发展路径正在被积极地探索和实践。

与此同时，《民法典》、《刑法修正案（十一）》、《长江保护法》、《排污许可管理条例》及修订后的《行政处罚法》（2021 年修订）等在 2021 年先后实施。这些刑事、行政和民事基本法律的完善和修改，对完善环境法治、引导企业做好环境合规管理起到了积极的作用。

为帮助广大读者准确理解和适用环境法律，作者将多年研究和提供法律服务过程中不断积累和总结的实务经验，奉献给读者。这本书既可以作为对原书的修订，也可视为其姊妹篇。本书依然围绕环境法律风险及其防范这个基本点，在法律、体例、案例等方面都做了较大的调整和修改。为便于理解，将全书分环境争议解决篇、环境合规管理篇和绿色发展篇三大部分。

特别说明，考虑到篇幅和叙述的方便，本书对法律法规的名称做了些简化处理，敬请理解。由于时间仓促和水平所限，对部分问题未能充分阐释，不足之处在所难免，恳请广大读者批评指正，也欢迎读者来函进行交流。联系邮箱：Rogers. wu@ jinmao. com. cn，不胜感谢！

吴荣良

2021 年 12 月

CONTENTS 目　录

❶ 环境争议解决篇

❷ 环境合规管理篇

③ 绿色发展篇

④ 附　录

环境争议解决篇

市场经济下,争议在所难免。

产生争议的原因有很多,承担的后果不一样,解决的方式和途径当然也不一样。

如果违反的是刑法规定,则需要承担刑事责任。如果只是违反行政管理秩序,也即一般意义上的违法,则需要承担行政责任。如果是违反民事法律的规定或者有关的约定,则应承担民事责任。

本篇围绕环境法律风险(刑事责任、行政责任和民事责任)展开,为读者解读相应的构成要件、法律后果、解决途径和防范措施,以帮助企业防范或降低环境法律风险。

第一章　环境刑事责任

第一节　环境犯罪的法律规定

《刑法》是规定犯罪和刑罚的法律。我国高度重视对环境资源的保护，在《刑法》分则第六章第六节中专门规定了“破坏环境资源保护罪”。另外，《刑法》分则第二章“危害公共安全罪”、第三章“破坏社会主义市场经济秩序罪”等章节中也有相关的规定。

一、污染环境罪

2020 年 12 月 26 日，中华人民共和国第十三届全国人民代表大会常务委员会第二十四次会议通过《刑法修正案（十一）》，自 2021 年 3 月 1 日起施行。该修正案将《刑法》第 338 条作了进一步的修改。

修改后的《刑法》第 338 条内容为：“违反国家规定，排放、倾倒或者处置有放射性的废物、含传染病病原体的废物、有毒物质或者其他有害物质，严重污染环境的，处三年以下有期徒刑或者拘役，并处或者单处罚金；情节严重的，处三年以上七年以下有期徒刑，并处罚金；有下列情形之一的，处七年以上有期徒刑，并处罚金：（一）在饮用水水源保护区、自然保护地核心保护区等依法确定的重点保护区域排放、倾倒、处置有放射性的废物、含传染病病原体的废物、有毒物质，情节特别严重的；（二）向国家确定的重要江河、湖泊水域排放、倾倒、处置有放射性的废物、含传染病病原体的废物、有毒物质，情节特别严重的；（三）致使大量永久基本农田基本功能丧失或者遭受永久性破坏的；（四）致使多人重伤、严重疾病，或者致人严重残疾、死亡的。有前款行为，同时构成其他犯罪的，依照处罚较重的规定定罪处罚。”

我国《刑法》中关于该项环境污染犯罪的构成和刑期等经历了两次变化。1997年《刑法》刚施行时,该条罪名为“重大环境污染事故罪”,其犯罪构成要件中要有“造成重大环境污染事故,致使公私财产遭受重大损失或者人身伤亡的严重后果”。由于其入罪“门槛”高,一般的环境污染不会构成犯罪。据统计,从1997年到2000年,全国各级法院共判决了6起重大环境污染事故罪。2001年至2010年,全国各地法院审结的环境污染犯罪刑事案件数量仅为37起,但同期发生的特大环境污染事故就有103件。[①] 总体来看,刑法并没有发挥出预期的效果,环境污染频发的状况也没有得到有效的遏制。

2011年2月25日,中华人民共和国第十一届全国人民代表大会常务委员会第十九次会议通过《刑法修正案(八)》,自2011年5月1日起施行。《刑法修正案(八)》将该条修改为:“违反国家规定,排放、倾倒或者处置有放射性的废物、含传染病病原体的废物、有毒物质或者其他有害物质,严重污染环境的,处三年以下有期徒刑或者拘役,并处或者单处罚金;后果特别严重的,处三年以上七年以下有期徒刑,并处罚金。”同时,最高人民法院和最高人民检察院发布规定,将该罪名修改为“污染环境罪”。

2020年12月26日通过的《刑法修正案(十一)》,增加了处七年以上有期徒刑并处罚金的四种情形,必将对打击严重的环境犯罪起到积极作用。

二、其他环境犯罪罪名

其他与环境相关的罪名还包括:

1. 提供虚假证明文件罪和出具证明文件重大失实罪

《刑法》第229条规定了提供虚假证明文件罪和出具证明文件重大失实罪。《刑法》在2020年12月26日修改前,刑法中规定该犯罪的主体为“承担资产评估、验资、验证、会计、审计、法律服务等职责的中介组织的人员”。2021年3月1日起施行的《刑法修正案(十一)》,对提供虚假证明文件罪和出具证明文件重大失实罪作了修改,明确将承担环境影响评价和环境监测职责的人员也作为这两项罪名的犯罪主体。

修改后的《刑法》第229条内容为:“承担资产评估、验资、验证、会计、审计、

① 参见吴家明、朱远军:《环境刑事司法之现状分析与对策》,载《人民司法》2014年第21期。

法律服务、保荐、安全评价、环境影响评价、环境监测等职责的中介组织的人员故意提供虚假证明文件,情节严重的,处五年以下有期徒刑或者拘役,并处罚金;有下列情形之一的,处五年以上十年以下有期徒刑,并处罚金:

(一)提供与证券发行相关的虚假的资产评估、会计、审计、法律服务、保荐等证明文件,情节特别严重的;(二)提供与重大资产交易相关的虚假的资产评估、会计、审计等证明文件,情节特别严重的;(三)在涉及公共安全的重大工程、项目中提供虚假的安全评价、环境影响评价等证明文件,致使公共财产、国家和人民利益遭受特别重大损失的。有前款行为,同时索取他人财物或者非法收受他人财物构成犯罪的,依照处罚较重的规定定罪处罚。第一款规定的人员,严重不负责任,出具的证明文件有重大失实,造成严重后果的,处三年以下有期徒刑或者拘役,并处或者单处罚金。

2. 破坏计算机信息系统罪

《刑法》第 286 条规定:违反国家规定,对计算机信息系统功能进行删除、修改、增加、干扰,造成计算机信息系统不能正常运行,后果严重的,处五年以下有期徒刑或者拘役;后果特别严重的,处五年以上有期徒刑。

最高人民法院、最高人民检察院《关于办理环境污染刑事案件适用法律若干问题的解释》第 10 条规定,违反国家规定,针对环境质量监测系统实施下列行为,或者强令、指使、授意他人实施下列行为的,应当依照刑法第 286 条的规定,以破坏计算机信息系统罪论处:(1)修改参数或者监测数据的;(2)干扰采样,致使监测数据严重失真的;(3)其他破坏环境质量监测系统的行为。并进一步指出,重点排污单位篡改、伪造自动监测数据或者干扰自动监测设施,排放化学需氧量、氨氮、二氧化硫、氮氧化物等污染物,同时构成污染环境罪和破坏计算机信息系统罪的,依照处罚较重的规定定罪处罚。从事环境监测设施维护、运营的人员实施或者参与实施篡改、伪造自动监测数据、干扰自动监测设施、破坏环境质量监测系统等行为的,应当从重处罚。

案例1-1 李某、何某某、张某某等人破坏计算机信息系统案①

【裁判要点】

环境质量监测系统属于计算机信息系统。用棉纱等物品堵塞环境质量监测采样设备，干扰采样，致使监测数据严重失真的，构成破坏计算机信息系统罪。

【相关法条】

《刑法》第286条第1款

【基本案情】

西安市长安区环境空气自动监测站（以下简称长安子站）系国家环境保护部（已撤销，以下简称原环保部）确定的西安市13个国控空气站点之一，通过环境空气质量自动监测系统采集、处理监测数据，并将数据每小时传输发送至中国环境监测总站（以下简称监测总站），一方面通过网站实时向社会公布，另一方面用于编制全国环境空气质量状况月报、季报和年报，向全国发布。长安子站为全市两个国家直管监测子站之一，由监测总站委托武汉某环保产业股份有限公司进行运行维护，不经允许，非运维方工作人员不得擅自进入。

2016年2月4日，长安子站回迁至西安市长安区西安邮电大学南区动力大楼房顶。被告人李某利用协助子站搬迁之机私自截留子站钥匙并偷记子站监控电脑密码，此后至2016年3月6日，被告人李某、张某某多次进入长安子站内，用棉纱堵塞采样器的方法，干扰子站内环境空气质量自动监测系统的数据采集功能。被告人何某某明知李某等人的行为而没有阻止，只是要求李某把空气污染数值降下来。被告人李某还多次指使被告人张某1、张某2采用上述方法对子站自动监测系统进行干扰，造成该站自动监测数据多次出现异常，多个时间段内监测数据严重失真，影响了国家环境空气质量自动监测系统正常运行。为防止罪行败露，2016年3月7日、9日，在被告人李某的指使下，被告人张某1、张某2两次进入长安子站将监控视频删除。2016年2月、3月，长安子站每小时的监测数据已实时传输发送至监测总站，通过网站向社会公布，并用于原环保部编制2016年2月、3月和第一季度全国74个城市空气质量状况评价、排名。2016年3月5

---

① 参见《最高人民法院关于发布第20批指导案例的通知104号：李某、何某某、张某某等人破坏计算机信息系统案》，载最高人民法院网2018年12月26日，http://www.court.gov.cn/fabu-xiangqing-137091.html。

日，监测总站在例行数据审核时发现长安子站数据明显偏低，检查时发现了长安子站监测数据弄虚作假问题，后公安机关将五被告人李某、何某某、张某1、张某2、张某某抓获到案。被告人李某、被告人张某某、被告人张某1、被告人张某2在庭审中均承认指控属实，被告人何某某在庭审中辩解称其对李某堵塞采样器的行为仅是默许、放任，请求宣告其无罪。

【裁判结果】

陕西省西安市中级人民法院于2017年6月15日作出(2016)陕01刑初233号刑事判决:(1)被告人李某犯破坏计算机信息系统罪，判处有期徒刑1年10个月。(2)被告人何某某犯破坏计算机信息系统罪，判处有期徒刑1年7个月。(3)被告人张某某犯破坏计算机信息系统罪，判处有期徒刑1年4个月。(4)被告人张某1犯破坏计算机信息系统罪，判处有期徒刑1年3个月。(5)被告人张某2犯破坏计算机信息系统罪，判处有期徒刑1年3个月。宣判后，各被告人均未上诉，判决已发生法律效力。

【裁判理由】

法院生效裁判认为，五被告人的行为违反了国家规定。《环境保护法》第68条规定，禁止篡改、伪造或者指使篡改、伪造监测数据，《大气污染防治法》第126条规定禁止对大气环境保护监督管理工作弄虚作假，《计算机信息系统安全保护条例》第7条规定不得危害计算机信息系统的安全。本案五被告人采取堵塞采样器的方法伪造或者指使伪造监测数据，弄虚作假，违反了上述国家规定。

五被告人的行为破坏了计算机信息系统。最高人民法院、最高人民检察院《关于办理危害计算机信息系统安全刑事案件应用法律若干问题的解释》第11条规定，计算机信息系统和计算机系统，是指具备自动处理数据功能的系统，包括计算机、网络设备、通信设备、自动化控制设备等。根据最高人民法院、最高人民检察院《关于办理环境污染刑事案件适用法律若干问题的解释》第10条第1款的规定，干扰环境质量监测系统的采样，致使监测数据严重失真的行为，属于破坏计算机信息系统的行为。长安子站系国控环境空气质量自动监测站点，产生的监测数据经过系统软件直接传输至监测总站，通过原环保部和监测总站的政府网站实时向社会公布，参与计算环境空气质量指数并实时发布。空气采样器是环境空气质量监测系统的重要组成部分。PM10、PM2.5监测数据作为环境空气综合污染指数评估中的最重要两项指标，被告人用棉纱堵塞采样器的采样孔或拆卸采样器的行为,必然造成采样器内部气流场的改变,造成监测数据失真,影响对环境空气质量的正确评估,属于对计算机信息系统功能进行干扰,造成计算机信息系统不能正常运行的行为。

五被告人的行为造成了严重后果。(1)被告人李某、张某某、张某1、张某2均多次堵塞、拆卸采样器干扰采样,被告人何某某明知李某等人的行为而没有阻止,只是要求李某把空气污染数值降下来。(2)被告人的干扰行为造成了监测数据的显著异常(略)。(3)失真的监测数据已实时发送至监测总站,并向社会公布。长安子站空气质量监测的小时浓度均值数据已经通过互联网实时发布。(4)失真的监测数据已被用于编制环境评价的月报、季报。原环保部在2016年2月、3月及第一季度的全国74个重点城市空气质量排名工作中已采信上述虚假数据,已向社会公布并上报国务院,影响了全国大气环境治理情况评估,损害了政府公信力,误导了环境决策。据此,五被告人干扰采样的行为造成了严重后果,符合《刑法》第286条规定的"后果严重"要件。

综上,五被告人均已构成破坏计算机信息系统罪。鉴于五被告人到案后均能坦白认罪,有悔罪表现,依法可以从轻处罚。

3. 投放危险物质罪

《刑法》第115条规定:"放火、决水、爆炸以及投放毒害性、放射性、传染病病原体等物质或者以其他危险方法致人重伤、死亡或者使公私财产遭受重大损失的,处十年以上有期徒刑、无期徒刑或者死刑。过失犯前款罪的,处三年以上七年以下有期徒刑;情节较轻的,处三年以下有期徒刑或者拘役。"

案例1-2　胡某某、丁某某投放危险物质案①

【基本案情】

盐城市××化工有限公司(以下简称××化工公司)系环保部门规定的"废水不外排"企业。被告人胡某某系××化工公司法定代表人,曾因犯虚开增值税专用发票罪被盐城市盐都区人民法院判处有期徒刑2年,缓刑3年。被告人丁某某系××化工公司生产负责人。

---

① 参见《最高法院公布四起环境污染犯罪典型案例》,载中国法院网2013年6月18日,http://www.chinacourt.org/article/detail/2013/06/id/1014579.shtml。

2007年11月底至2009年2月16日，被告人胡某某、丁某某在明知该公司生产过程中所产生的废水含有苯、酚类有毒物质的情况下，仍将大量废水排放至该公司北侧的五支河内，任其流经蟒蛇河污染盐城市区城西、越河自来水厂取水口，致盐城市区20多万居民饮用水停水长达66小时40分钟，造成直接经济损失543.21万元人民币。

【裁判结果】

盐城市盐都区人民法院一审判决、盐城市中级人民法院二审裁定认为：胡某某、丁某某明知其公司在生产过程中所产生的废水含有毒害性物质，仍然直接或间接地向其公司周边的河道大量排放，放任危害不特定多数人的生命、健康和公私财产安全结果的发生，使公私财产遭受重大损失，构成投放危险物质罪，且属共同犯罪。

胡某某在共同犯罪中起主要作用，是主犯；丁某某在共同犯罪中起次要作用，是从犯。胡某某系在缓刑考验期限内犯新罪，依法应当撤销缓刑，予以数罪并罚。据此，撤销对被告人胡某某的缓刑宣告；被告人胡某某犯投放危险物质罪，判处有期徒刑10年，与其前罪所判处的刑罚并罚，决定执行有期徒刑11年；被告人丁某某犯投放危险物质罪，判处有期徒刑6年。

4. 非法处置进口的固体废物罪

《刑法》第339条第1款规定："违反国家规定，将境外的固体废物进境倾倒、堆放、处置的，处五年以下有期徒刑或者拘役，并处罚金；造成重大环境污染事故，致使公私财产遭受重大损失或者严重危害人体健康的，处五年以上十年以下有期徒刑，并处罚金；后果特别严重的，处十年以上有期徒刑，并处罚金。"

5. 擅自进口固体废物罪

《刑法》第339条第2款规定："未经国务院有关主管部门许可，擅自进口固体废物用作原料，造成重大环境污染事故，致使公私财产遭受重大损失或者严重危害人体健康的，处五年以下有期徒刑或者拘役，并处罚金；后果特别严重的，处五年以上十年以下有期徒刑，并处罚金。"

6. 走私废物罪(《刑法修正案(四)》)

根据《刑法》第339条第3款的规定，以原料利用为名，进口不能用作原料的固体废物、液态废物和气态废物的，依照《刑法》第 152 条第 2 款、第 3 款的规定定罪处罚。根据《刑法》第 152 条的规定，逃避海关监管将境外固体废物、液态废物和气态废物运输进境的，构成走私废物罪。

7. 环境监管失职罪

《刑法》第 408 条规定："负有环境保护监督管理职责的国家机关工作人员严重不负责任，导致发生重大环境污染事故，致使公私财产遭受重大损失或者造成人身伤亡的严重后果的，处三年以下有期徒刑或者拘役。"

三、环境犯罪相关的司法解释和会议纪要

1997 年《刑法》修订后，最高人民法院就环境污染犯罪先后三次出台了专门的司法解释，并和其他部门联合发布了一个会议纪要。

1. 2006 年：最高人民法院《关于审理环境污染刑事案件具体应用法律若干问题的解释》（法释〔2006〕4 号，已失效）

2006 年 7 月 21 日，最高人民法院发布《关于审理环境污染刑事案件具体应用法律若干问题的解释》，自 2006 年 7 月 28 日起施行，已失效。

该司法解释对环境犯罪涉及的"公私财产遭受重大损失"、"人身伤亡的严重后果"、"严重危害人体健康"和"后果特别严重"等做了界定。但是，由于当时《刑法》规定，构成环境污染犯罪必须达到"造成重大环境污染事故，致使公私财产遭受重大损失或者人身伤亡的严重后果"的程度，因此，该司法解释实际作用并不明显。

2. 2013 年：最高人民法院、最高人民检察院《关于办理环境污染刑事案件适用法律若干问题的解释》（法释〔2013〕15 号，已失效）

2011 年《刑法修正案（八）》将"危险废物"修改为"有害物质"，拓宽了入罪范围，同时又将"造成重大环境污染事故，致使公私财产遭受重大损失或者人身伤亡的严重后果"修改为"严重污染环境"，降低了构成犯罪的门槛。但是，由于对"严重污染环境"没有明确的可操作性界定标准，在实践中，各地对此的理解和把握标准不一，客观上影响了追究污染环境行为刑事责任的力度。

为使刑法修正案中有关污染环境罪的规定更具可操作性，最高人民法院、最高人民检察院于 2013 年 6 月 17 日联合发布《关于办理环境污染刑事案件适用法律若干问题的解释》，自 2013 年 6 月 19 日起施行，同时宣布 2006 年最高人民

法院发布的《关于审理环境污染刑事案件具体应用法律若干问题的解释》(法释〔2006〕4号)废止。

该司法解释施行以来,各级公检法机关和环保部门依法查处环境污染犯罪,加大惩治力度,相较于以往年均二三十件的案件量,污染环境刑事案件量增长十分明显。2013年7月至2016年10月,全国各级法院新收污染环境、非法处置进口的固体废物、环境监管失职刑事案件4636件,审结4250件,生效判决人数6439人;年均收案1400余件,生效判决人数1900余人。①

3. 2016年:最高人民法院、最高人民检察院《关于办理环境污染刑事案件适用法律若干问题的解释》(法释〔2016〕29号)

随着案件数量的上升,环境污染犯罪又出现了一些新的情况和问题,为有效解决实践问题,进一步加大对生态环境的司法保护力度,提升依法惩治环境污染犯罪的成效,2016年12月23日,最高人民法院、最高人民检察院发布《关于办理环境污染刑事案件适用法律若干问题的解释》(以下简称《办理环境污染刑事案件司法解释》),自2017年1月1日起施行,同时宣布2013年最高人民法院、最高人民检察院发布的《关于办理环境污染刑事案件适用法律若干问题的解释》(法释〔2013〕15号)废止。

4. 2019年:最高人民法院、最高人民检察院、公安部、司法部、生态环境部《关于办理环境污染刑事案件有关问题座谈会纪要》

为进一步统一环境司法实践,最高人民法院、最高人民检察院、公安部、司法部、生态环境部于2018年12月在北京联合召开座谈会。会议交流了当前办理环境污染刑事案件的工作情况,分析了遇到的突出困难和问题,研究了解决措施,对办理环境污染刑事案件中的有关问题形成了统一认识,并于2019年2月20日发出最高人民法院、最高人民检察院、公安部、司法部、生态环境部印发《〈关于办理环境污染刑事案件有关问题座谈会纪要〉的通知》。

严格而言,纪要不属于司法解释,但对当前办理环境污染刑事案件仍然具有现实的指导意义。

---

① 参见《关于〈最高人民法院、最高人民检察院关于办理环境污染刑事案件适用法律若干问题的解释〉的新闻发布会实录》,载中国法院网2013年6月18日,https://www.chinacourt.org/article/subjectdetail/id/MzAwNEhPMoABAA==.shtml。

案例1-3 湖南某工业聚集区刘某等人非法倾倒危险废物涉嫌污染环境犯罪案①

【基本案情】

2019年3月中旬,湖南省郴州市生态环境局嘉禾分局发现嘉禾县秀溪工业聚集区某公司院内堆放有大量固体废物,随后立即对该情况进行现场调查,调查发现该固体废物重量约1600吨,该固体废物大部分位于有“防雨防渗”措施的棚内,小部分露天堆放(但地面基本硬化)。4月9日,嘉禾县环境监测站工作人员对堆放的六堆固废样品进行了采样(标记为1~6号样品),送郴州市环境监测站进行检测分析。检测结果显示2号样品的“镍”指标结果值为25.8mg/L,超过《危险废物鉴别标准-浸出毒性鉴别》(GB 5085.3-2007)表1浸出毒性鉴别标准值中的镍指标5mg/L。鉴定结论为:2号样品为危险废物。4月28~29日,郴州市生态环境局嘉禾分局执法人员对2号样品堆进行了过磅,过磅重量为25.88吨。经初步调查核实,该批固体废物来源于广东省,是刘某等人将该固体废物从广东省跨省转移至嘉禾县秀溪工业聚集区某公司院内,该公司没有危险废物处置资质。

【查处情况】

刘某等人从广东省跨省转移固体废物至嘉禾县未办理任何手续,危险废物转移也未实行国家要求的联单制度。根据最高人民法院、最高人民检察院、公安部、司法部、生态环境部《关于办理环境污染刑事案件有关问题座谈会纪要》中关于非法排放、倾倒、处置行为的认定:对名为运输、贮存、利用,实为排放、倾倒、处置的行为应当认定为非法排放、倾倒、处置行为,可以依法追究刑事责任。根据《刑法》第338条、最高人民法院、最高人民检察院《关于办理环境污染刑事案件适用法律若干问题的解释》第1条第2项,犯罪嫌疑人刘某等人的行为是非法排放、倾倒、处置危险废物3吨以上的行为。5月5日嘉禾县公安局依法对犯罪嫌疑人进行了刑事拘留。

---

① 参见《生态环境部通报2019年1~6月环境行政处罚案件与〈环境保护法〉配套办法执行情况》,载生态环境部网,http://www.mee.gov.cn/xxgk2018/xxgk/xxgk15/201908/t20190823_729906.html。

【案件启示】

(1)及时送样鉴别,固定重要证据。

在该案件的办理过程中,及时送样检测,证实转移的固体废物中含有危险废物,同时与广东省取得联系查明危险废物的来源,为该案件的顺利办理奠定了良好基础。

(2)两法衔接紧密,形成高效合力。

在该案件的办理过程中,环保部门与公安机关、检察院紧密合作,深入挖掘非法转移和倾倒危险废物的组织者和受益者,力争通过此系列案件的查处,震慑违法犯罪行为,为今后迅速、有效地打击此类违法涉刑案件提供了新思路、新方法。

第二节　环境刑事责任的若干重点

关于污染环境涉及的刑事犯罪,以下几点需要特别重视。

一、危险废物的非法排放、倾倒、处置

从统计来看,污染环境的刑事犯罪中,涉及危险废物的非法排放、倾倒、处置的,占了相当的比例。实践中,有的行为人不知道其废物是否属于危险废物,有的行为人明知其属于危险废物而交给没有危险废物经营许可资质的单位或个人,从而构成污染环境罪。

实践中,存在危险废物数量的累计计算问题。行为人多次排放、倾倒、处置危险废物的,原则上应当将数量累计计算。同样地,行为人一次将危险废物在不同地点分别排放、倾倒、处置的,数量也应当累计计算。

案例1-4　被告单位浙江某化工有限公司、被告人吴某某等8人污染环境案①

【基本案情】

2017年12月,被告单位浙江某化工有限公司(以下简称某公司)将其硫酸厂

① 参见《2019年度人民法院环境资源典型案例》,载最高人民法院网2020年5月8日,http://www.court.gov.cn/zixun-xiangqing-228361.html。

产生的污泥渣拌入矿渣去湿,产生混合固体废物。被告人潘某某,系该公司分管安全环保工作部副总经理,经环保部门约谈后,未采取整改措施。被告人吴某某,系该公司安全环保部主管,将上述固体废物交由无资质的被告人黄某某等人处置。2018 年 1 月,被告人黄某某、刘某某将 2327.48 吨混合固体废物运至浙江省江山市露天堆放。2018 年 2 月至 3 月,刘某某等人将相关固体废物共计 1924.48 吨从浙江省衢州市运往福建省浦城县堆放、倾倒、填埋。后经应急处置,挖掘清运受污染泥土混合物共计 4819.36 吨,上述行为造成应急处置、监测、评估等各项费用损失共计 307 余万元。上述行为系 2018 年 3 月 9 日案发,环保部门经调查取证后,于 2018 年 3 月 20 日移送公安机关。

【裁判结果】

福建省浦城县人民法院一审认为,被告单位某公司将固体废物交由无资质人处置;被告人黄某某、刘某某将固体废物露天堆放,渗滤液铜和镉含量超出国家污染物排放标准十倍以上,严重污染环境;被告人刘某某等人跨省运输、处置固体废物,导致公私财产损失 100 万元以上,后果特别严重,均已构成污染环境罪。被告人吴某某系该公司单位犯罪的直接责任人员,依法应承担相应的刑事责任。一审法院以污染环境罪判处该公司罚金 55 万元;判处吴某某等 8 人有期徒刑 3 年 6 个月以下不等,并处罚金;以国有公司人员失职罪判处潘某某有期徒刑 1 年 8 个月,缓刑 2 年。

【典型意义】

本案系跨省非法运输、倾倒固体废物的污染环境刑事案件。近年来,逃避本地监管查处,跨省转移危险废物犯罪高发频发,甚至形成犯罪利益链条。本案的审理,是行政执法与刑事司法相互衔接的有效实践。人民法院在本案中,依法加强与人民检察院、公安机关、环境保护主管部门之间的协调联动,形成打击生态环境违法犯罪的合力。同时,注重运用财产刑,加大对环境污染犯罪的经济制裁力度,提高跨界转移污染的违法成本。本案开庭审理时,邀请了省、市、县检察院、公安机关和生态环境局等 40 余人旁听,取得了良好的社会效果。

二、重金属的超标排放

重金属的超标排放相关的案例,在污染环境的刑事犯罪中也占有一定的比例。《办理环境污染刑事案件司法解释》将重金属根据其毒性差别分为两类,分别以超过3倍和10倍作为定罪的标准：

排放、倾倒、处置含铅、汞、镉、铬、砷、铊、锑的污染物，超过国家或者地方污染物排放标准3倍以上。

排放、倾倒、处置含镍、铜、锌、银、钒、锰、钴的污染物，超过国家或者地方污染物排放标准10倍以上。

案例1－5 十堰市C公司、古某某污染环境案①

【基本案情】

2015年5月1日上午，C公司厂房搬迁，该厂生产负责人古某某明知该厂操作污水处理设备的工人赵某某在新厂区调试设备，老厂房无人能操作污水处理设备，仍安排工人潘某某等人在老厂房内，在未运行污水处理设施的情况下进行电镀生产，造成电镀废水未经处理非法外排，被十堰市环保局当场查获。经环保局现场采样，十堰市环境监测站分析检测，并报湖北省环境监测中心站审查，该公司排出的电镀废水中重金属总铬浓度值为88.8mg/L，六价铬浓度值为80.4mg/L，锌浓度值为11.7mg/L，分别超出国家排放标准88倍、401倍、6.8倍。湖北省十堰市张湾区人民检察院以污染环境罪对C公司和古某某提起公诉。

【裁判结果】

湖北省十堰市张湾区人民法院一审认为，C公司非法排放含重金属的污染物严重超标，已构成污染环境罪；古某某作为生产管理负责人，明知电镀作业产生的污水未经处理会流向犟河造成环境污染，仍安排工人从事电镀生产作业，放任单位排放污水污染环境的行为，亦构成污染环境罪。鉴于被告人积极认罪悔罪，在量刑上可以酌情从轻。对C公司判处罚金1万元、古某某拘役4个月。C公司和古某某以污染环境后果较轻为由提起上诉，十堰市中级人民法院二审认为，一审判决体现了对污染环境犯罪的零容忍态度。十堰作为南水北调中线工程核心水源区，加强水资源保护，确保“一江清水永续北送”，具有非同寻常的意义。对恣意排放生产废水，严重破坏生态环境的违法犯罪行为，必须始终保持高压态势，依法严厉打击。二审裁定驳回上诉，维持原判。

---

① 《十堰市C公司、古某某污染环境案》，载中国法院网2017年12月5日，http://chinacourt.org/article/detail/2017/12/id/3099518.shtml。

【典型意义】

依法审理水污染防治案件,加强对饮用水水源地的司法保护,保障饮用水水源地的水质安全,是人民法院环境资源审判的重要职责。湖北十堰作为南水北调中线工程的水源地,对于严控水体污染,抓好水体保护,维护水质安全,确保"一江清水永续北送"具有非同寻常的意义。二审法院立足"十堰作为南水北调中线工程核心水源区"的重要生态环境定位,以保护用水区人民群众身体健康为根本目标,落实最严格的生态环境保护制度,严格执行国家环境质量标准,强化污染者的责任,对污染环境犯罪采取零容忍态度,以对生态环境的损害情况作为刑事处罚的重要情节,严厉打击了在饮用水水源地非法排放生产废水的违法犯罪行为。该案是十堰法院受理的首例水污染刑事案件,宣判后对全市造纸、印染、电渡等高能耗、重污染企业起到了教育、引导和震慑作用。

三、通过暗管等逃避监管的方式排放有毒物质

《办理环境污染刑事案件司法解释》规定,通过暗管、渗井、渗坑、裂隙、溶洞、灌注等逃避监管的方式排放、倾倒、处置有放射性的废物、含传染病病原体的废物、有毒物质的,属于"严重污染环境"的行为,应当追究刑事责任。

案例1-6 被告人王某某等4人污染环境案①

【基本案情】

被告人王某某系重庆某化工有限公司法定代表人、董事长兼总经理,被告人胡某系公司安全环保部部长,被告人白某系公司设备能源部部长,被告人邓某某系公司基建部工人。为减少企业污染治理成本,王某某指使白某等人修建暗管,设置阀门连接至应急池、观察井,并与长江直接连接。2015年4月至8月14日,该公司在未通过环境影响评价的情况下生产对酮,将产生的废液通过事先埋放的暗管排放到公司应急池,并多次在黑夜或下雨时打开应急池阀门,将池中废液直排长江。2015年8月14日晚,邓某某打开应急池阀门排放废液时,被公安机关查获。经监测,当日排放废液中含有毒物质硝基苯类、总氰化物、锰分别超标

① 参见《长江经济带生态环境司法保护典型案例》,载最高人民法院网2020年1月9日,http://www.court.gov.cn/zixun-xiangqing-215451.html。

1690 倍、30 倍、58.5 倍。案发后，该公司立即停止生产，办理生产对酮手续，编制污染治理方案，对生产线进行升级改造。王某某等 4 人购买价值 18.6 万元的苗木捐赠给公司所在地村委会。

【裁判结果】

重庆市渝北区人民法院一审认为，被告人王某某等 4 人违反国家规定，通过暗管排放有毒物质，且排放的污染物中重金属锰超过国家标准 10 倍以上，严重污染环境，其行为均构成污染环境罪。鉴于案发后该公司立即停止生产、积极整改，投入资金改造升级排污设备，有效解决排污问题；4 被告人具有自首情节，积极采取有效措施防止污染并自愿购买苗木、修复生态、弥补损失，悔罪表现较好，一审法院判决被告人王某某等 4 人犯污染环境罪，判处有期徒刑 7 个月至 1 年不等，并处罚金 2 万元至 10 万元不等。

【典型意义】

本案系企业未经环境影响评价进行生产并通过暗管偷排污水案件。王某某等 4 被告人通过修建暗管，利用黑夜或雨天将生产的废液经应急池、观察井后直接排入长江，偷排手段极其隐蔽。人民法院基于公诉机关的指控，依法认定被告人王某某等 4 人构成污染环境罪并适用监禁刑，同时，考虑到案发后重庆某化工有限公司能够主动对生产线进行升级改造并办理相关手续和许可，王某某等 4 人购买苗木捐赠当地村委会，积极修复生态，具有悔罪表现，在量刑上予以从轻处罚，充分彰显宽严相济刑事政策以及修复性司法理念，对于推动排污企业自觉承担生态环境保护社会责任以及采用绿色生产方式，具有典型示范意义。

四、篡改、伪造自动监测数据或者干扰自动监测设施

《办理环境污染刑事案件司法解释》规定，重点排污单位篡改、伪造自动监测数据或者干扰自动监测设施，排放化学需氧量、氨氮、二氧化硫、氮氧化物等污染物的，属于“严重污染环境”的行为，应当追究刑事责任。

五、“有毒物质”和“其他有害物质”的范围

根据《刑法》第 338 条的规定，构成污染环境罪的客观要件是“违反国家规定，排放、倾倒或者处置有放射性的废物、含传染病病原体的废物、有毒物质或者其他有害物质，严重污染环境”。对于“有放射性的废物”和“含传染病病原体的

废物”,比较容易理解和判断,但是对“有毒物质”和“其他有害物质”的具体内容,有赖于司法解释等文件进行规定。

《办理环境污染刑事案件司法解释》第 15 条对“有毒物质”的具体内容进行了规定,指出下列物质应当认定为“有毒物质”:

(1)危险废物,是指列入国家危险废物名录,或者根据国家规定的危险废物鉴别标准和鉴别方法认定的,具有危险特性的废物;

(2)《关于持久性有机污染物的斯德哥尔摩公约》附件所列物质;

(3)含重金属的污染物;

(4)其他具有毒性,可能污染环境的物质。

《关于办理环境污染刑事案件有关问题座谈会纪要》第 9 条对“其他有害物质”,进行了进一步的阐释,指出在实践中,常见的有害物质主要有:工业危险废物以外的其他工业固体废物;未经处理的生活垃圾;有害大气污染物、受控消耗臭氧层物质和有害水污染物;在利用和处置过程中必然产生有毒有害物质的其他物质;国务院生态环境保护主管部门会同国务院卫生主管部门公布的有毒有害污染物名录中的有关物质等。

2019 年 1 月 23 日,生态环境部和国家卫生健康委员会联合公布了《有毒有害大气污染物名录(2018 年)》(生态环境部、国家卫生健康委员会公告 2019 年第 4 号)。同年 7 月 23 日,上述两方联合公布《有毒有害水污染物名录(第一批)》(生态环境部、国家卫生健康委员会公告 2019 年第 28 号)。具体见本书第五章第二节、第三节内容。

六、危险废物案件中共同犯罪的认定

《刑法》第 25 条指出,共同犯罪是指二人以上共同故意犯罪。二人以上共同过失犯罪,不以共同犯罪论处;应当负刑事责任的,按照他们所犯的罪分别处罚。共同犯罪中,又有主犯、从犯之分。

2004 年 7 月 1 日起施行的《危险废物经营许可证管理办法》(已修改)明确规定,只有具备危险废物综合经营许可证的单位才可以从事各类别危险废物的收集、贮存、处置经营活动。如果只具备危险废物收集经营许可证,只能从事机动车维修活动中产生的废矿物油和居民日常生活中产生的废镉镍电池的危险废物收集经营活动。

特别需要注意的是,《办理环境污染刑事案件司法解释》第 7 条规定,明知他人无危险废物经营许可证(包括未取得危险废物经营许可证,或者超出危险废物经营许可证的经营范围),向其提供或者委托其收集、贮存、利用、处置危险废物,严重污染环境的,以共同犯罪论处。因此,危险废物的产生者在委托他人收集、贮存、利用、处置危险废物时,必须核验对方的危险废物经营许可证及其经营范围,并做好必要的证据保存(包括委托合同、资质复印件、当地生态环境部门网站的核实信息等)。

第三节　环境案件的行刑衔接

一、《行政处罚法》关于行刑衔接的内容

《环境保护法》等多部法律均规定,构成犯罪的,应当依法追究刑事责任。2021 年修订的《行政处罚法》第 27 条规定,违法行为涉嫌犯罪的,行政机关应当及时将案件移送司法机关,依法追究刑事责任。对依法不需要追究刑事责任或者免予刑事处罚,但应当给予行政处罚的,司法机关应当及时将案件移送有关行政机关。并进一步规定,行政处罚实施机关与司法机关之间应当加强协调配合,建立健全案件移送制度,加强证据材料移交、接收衔接,完善案件处理信息通报机制。

《行政处罚法》(2021 年修订)第 82 条还规定了行政机关应当移送而不移送的相应法律责任:行政机关对应当依法移交司法机关追究刑事责任的案件不移交,以行政处罚代替刑事处罚,由上级行政机关或者有关机关责令改正,对直接负责的主管人员和其他直接责任人员依法给予处分;情节严重构成犯罪的,依法追究刑事责任。

国务院制定的《行政执法机关移送涉嫌犯罪案件的规定》(2001 年 7 月 9 日国务院令第 310 号公布,2020 年 8 月 7 日国务院令第 730 号修改)规定,行政执法机关在依法查处违法行为过程中,发现违法事实涉及的金额、违法事实的情节、违法事实造成的后果等,根据《刑法》有关规定和相关司法解释,涉嫌构成犯罪,依法需要追究刑事责任的,必须依照该规定向公安机关移送。

二、行刑衔接的程序要求

2017 年 1 月 25 日,原环保部、公安部和最高人民检察院印发了《环境保护行政执法与刑事司法衔接工作办法》(环环监〔2017〕17 号),对环境案件的移送与法律监督、证据收集与使用、协作机制和信息共享等作出具体规定。

根据该工作办法,环保部门在查办环境违法案件过程中,若发现涉嫌环境犯罪案件,应当核实情况并作出移送涉嫌环境犯罪案件的书面报告。环保部门负责人应当自接到报告之日起 3 日内作出批准移送或者不批准移送的决定。向公安机关移送的涉嫌环境犯罪案件,应当符合下列条件:实施行政执法的主体与程序合法;有合法证据证明有涉嫌环境犯罪的事实发生。环保部门在移送涉嫌环境犯罪案件时,应当自作出移送决定后 24 小时内向同级公安机关移交案件材料,并将案件移送书抄送同级人民检察院。移送涉嫌环境犯罪案件时,应当附下列材料:

(1)案件移送书,载明移送机关名称、涉嫌犯罪罪名及主要依据、案件主办人及联系方式等。案件移送书应当附移送材料清单,并加盖移送机关公章。

(2)案件调查报告,载明案件来源、查获情况、犯罪嫌疑人基本情况、涉嫌犯罪的事实、证据和法律依据、处理建议和法律依据等。

(3)现场检查(勘察)笔录、调查询问笔录、现场勘验图、采样记录单等。

(4)涉案物品清单,载明已查封、扣押等采取行政强制措施的涉案物品名称、数量、特征、存放地等事项,并附采取行政强制措施、现场笔录等表明涉案物品来源的相关材料。

(5)现场照片或者录音录像资料及清单,载明需证明的事实对象、拍摄人、拍摄时间、拍摄地点等。

(6)监测、检验报告、突发环境事件调查报告、认定意见。

(7)其他有关涉嫌犯罪的材料。

对环境违法行为已作出行政处罚决定的,还应当附行政处罚决定书。

第四节　环境刑事案件相关实务

根据《刑事诉讼法》的规定,刑事案件通常分为三个阶段:侦查阶段,由公安机关负责刑事案件的侦查、拘留、执行逮捕、预审;提起公诉阶段,由人民检察院负责;审判阶段,审判由人民法院负责。人民法院、人民检察院和公安机关进行刑事诉讼,分工负责,互相配合,互相制约,以保证准确有效地执行法律。

本节仅就公司企业特别关注的若干问题简要阐述。

一、关于单位犯罪

我国《刑法》规定,公司、企业、事业单位、机关、团体实施的危害社会的行为,法律规定为单位犯罪的,应当负刑事责任。单位犯罪的,对单位判处罚金,并对其直接负责的主管人员和其他直接责任人员判处刑罚。

《办理环境污染刑事案件司法解释》第 11 条规定:"单位实施本解释规定的犯罪的,依照本解释规定的定罪量刑标准,对直接负责的主管人员和其他直接责任人员定罪处罚,并对单位判处罚金。"

根据最高人民法院、最高人民检察院、公安部、司法部、生态环境部《关于办理环境污染刑事案件有关问题座谈会纪要》的精神,办理环境污染犯罪案件,认定单位犯罪时,应当依法合理把握追究刑事责任的范围,贯彻宽严相济刑事政策,重点打击出资者、经营者和主要获利者,既要防止不当缩小追究刑事责任的人员范围,又要防止打击面过大。

该座谈会纪要指出,为了单位利益,实施环境污染行为,并具有下列情形之一的,应当认定为单位犯罪:(1)经单位决策机构按照决策程序决定的;(2)经单位实际控制人、主要负责人或者授权的分管负责人决定、同意的;(3)单位实际控制人、主要负责人或者授权的分管负责人得知单位成员个人实施环境污染犯罪行为,并未加以制止或者及时采取措施,而是予以追认、纵容或者默许的;(4)使用单位营业执照、合同书、公章、印鉴等对外开展活动,并调用单位车辆、船舶、生产设备、原辅材料等实施环境污染犯罪行为的。

根据《关于办理环境污染刑事案件有关问题座谈会纪要》的内容,单位犯罪中的“直接负责的主管人员”,一般是指对单位犯罪起决定、批准、组织、策划、指挥、授意、纵容等作用的主管人员,包括单位实际控制人、主要负责人或者授权的分管负责人、高级管理人员等;“其他直接责任人员”,一般是指在直接负责的主管人员的指挥、授意下积极参与实施单位犯罪或者对具体实施单位犯罪起较大作用的人员。

二、关于证据

根据《刑事诉讼法》第50条的规定,可以用于证明案件事实的材料,都是证据。证据包括:(1)物证;(2)书证;(3)证人证言;(4)被害人陈述;(5)犯罪嫌疑人、被告人供述和辩解;(6)鉴定意见;(7)勘验、检查、辨认、侦查实验等笔录;(8)视听资料、电子数据。证据必须经过查证属实,才能作为定案的根据。证据应当确实、充分,应当符合以下条件:(1)定罪量刑的事实都有证据证明;(2)据以定案的证据均经法定程序查证属实;(3)综合全案证据,对所认定事实已排除合理怀疑。

最高人民法院《关于适用〈中华人民共和国刑事诉讼法〉的解释》(法释〔2012〕21号,已失效)第65条规定,行政机关在行政执法和查办案件过程中收集的物证、书证、视听资料、电子数据等证据材料,在刑事诉讼中可以作为证据使用;经法庭查证属实,且收集程序符合有关法律、行政法规规定的,可以作为定案的根据。根据法律、行政法规规定行使国家行政管理职权的组织,在行政执法和查办案件过程中收集的证据材料,视为行政机关收集的证据材料。

以环境污染刑事案件中常见的证据监测报告为例。在形式和内容上,监测报告必须载明下列事项:(1)监测机构的全称;(2)监测机构的国家计量认证标志(CMA)和监测字号;(3)监测项目的名称、委托单位、监测时间、监测点位、监测方法、监测仪器、监测分析结果等内容;(4)监测报告的编制、审核、签发等人员的签名和监测机构的盖章。同时,还要关注样品采集和分析测试的程序是否符合法律法规和标准的相应规定,如采样和分析人员是否有资质、采样的容器是否符合规定,样品保存的条件、分析方法、分析仪器、分析用试剂等是否符合相应的要求等。

三、关于危险废物的认定

涉及危险废物的犯罪，在所有污染环境的刑事犯罪案件中占了很高的比例。如何认定危险废物，往往涉及违法犯罪的定性问题，因此应高度重视。

根据《固体废物污染环境防治法》第124条的规定，危险废物是指列入国家危险废物名录或者根据国家规定的危险废物鉴别标准和鉴别方法认定的具有危险特性的固体废物。因此，判断是否是危险废物，首先要看是否属于固体废物。该法第124条还规定，固体废物是指在生产、生活和其他活动中产生的丧失原有利用价值或者虽未丧失利用价值但被抛弃或者放弃的固态、半固态和置于容器中的气态的物品、物质以及法律、行政法规规定纳入固体废物管理的物品、物质。经无害化加工处理，并且符合强制性国家产品质量标准，不会危害公众健康和生态安全，或者根据固体废物鉴别标准和鉴别程序认定为不属于固体废物的除外。

为加强对固体废物的管理，原环保部颁布了《固体废物鉴别标准通则》(GB 34330－2017)。只有确定某物质属于固体废物，然后才能对照《国家危险废物名录》或者危险废物鉴别标准进行鉴定，才能确定是否属于危险废物。

根据《办理环境污染刑事案件司法解释》的规定精神，对于列入《国家危险废物名录》的，如果来源和相应特征明确，司法人员根据自身专业技术知识和工作经验认定难度不大的，司法机关可以依据名录直接认定。对于来源和相应特征不明确的，由环境保护主管部门、公安机关等出具书面意见，司法机关可以依据涉案物质的来源、产生过程、被告人供述、证人证言以及经批准或者备案的环境影响评价文件等证据，结合上述书面意见作出是否属于危险废物的认定。

对于需要环境保护主管部门、公安机关等出具书面认定意见的，区分下列情况分别处理：

(1)对已确认固体废物产生单位，且产废单位建设项目环境影响评价文件(以下简称环评文件)中明确为危险废物的，根据产废单位建设项目环评文件和审批、验收意见，案件笔录等材料，可对照《国家危险废物名录》等出具认定意见。

(2)对已确认固体废物产生单位，但产废单位环评文件中未明确为危险废物的，应进一步分析废物产生工艺，对照判断其是否列入《国家危险废物名录》。列入名录的可以直接出具认定意见；未列入名录的，应根据原辅材料、产生工艺等进一步分析其是否具有危险特性，不可能具有危险特性的，不属于危险废物；可能具有危险特性的,抽取典型样品进行检测,并根据典型样品检测指标浓度,对照《危险废物鉴别标准　通则》(GB 5085.7－2019)出具认定意见。

(3)对固体废物产生单位无法确定的,应抽取典型样品进行检测,根据典型样品检测指标浓度,对照《危险废物鉴别标准　通则》(GB 5085.7－2019)出具认定意见。对确需进一步委托有相关资质的检测鉴定机构进行检测鉴定的,环境保护主管部门或者公安机关按照有关规定开展检测鉴定工作。

四、关于司法鉴定

根据《办理环境污染刑事案件司法解释》的规定,对涉及案件定罪量刑的核心或者关键专门性问题难以确定的,由司法鉴定机构出具鉴定意见。

实践中,这类核心或者关键专门性问题主要是案件具体适用的定罪量刑标准涉及的专门性问题,如公私财产损失数额、超过排放标准倍数、污染物性质判断等。对案件的其他非核心或者关键专门性问题,或者可鉴定也可不鉴定的专门性问题,一般不委托鉴定。比如,适用该解释第1条第2项"非法排放、倾倒、处置危险废物三吨以上"的规定对当事人追究刑事责任的,除可能适用公私财产损失第二档定罪量刑标准的以外,则不应再对公私财产损失数额或者超过排放标准倍数进行鉴定。涉及案件定罪量刑的核心或者关键专门性问题难以鉴定或者鉴定费用明显过高的,司法机关可以结合案件其他证据,并参考环境保护主管部门意见、专家意见等作出认定。

五、关于委托律师提供帮助的时机

根据《刑事诉讼法》的规定,犯罪嫌疑人自被公安机关第一次讯问或者采取强制措施之日起,有权委托辩护人;在公安机关侦查和人民检察院审查起诉期间,只能委托律师作为辩护人,如案件移送至法院,被告人有权随时委托辩护人。

由于刑事案件涉及人身自由和巨额财产,如有可能涉及相应刑事责任追究,建议各机构、公司企业或个人在涉案之初即委托律师参与协助。律师初期以法律顾问形式提供法律咨询服务,指导企业及时采取防止损失扩大、消除污染、赔偿损失、积极修复生态环境等措施,妥善应对调查,收集并固定证据,积极向环境保护主管部门和公安机关提出无罪、罪轻的证据、意见等。

六、关于涉案企业合规第三方监督评估机制

2021年6月3日，为有效惩治、预防企业违法犯罪，服务保障经济社会高质量发展，助力推进国家治理体系和治理能力现代化，根据《刑法》《刑事诉讼法》等法律法规及相关政策精神，最高人民检察院、司法部、财政部、生态环境部、国务院国有资产监督管理委员会、国家税务总局、国家市场监督管理总局、中华全国工商业联合会、中国国际贸易促进委员会研究制定了《关于建立涉案企业合规第三方监督评估机制的指导意见(试行)》。该指导意见指出，该第三方监督评估机制适用于公司、企业等市场主体在生产经营活动中涉及的经济犯罪、职务犯罪等案件，既包括公司、企业等实施的单位犯罪案件，也包括公司、企业实际控制人、经营管理人员、关键技术人员等实施的与生产经营活动密切相关的犯罪案件。

对于同时符合下列条件的涉企犯罪案件，试点地区人民检察院可以根据案件情况适用该指导意见：(1)涉案企业、个人认罪认罚；(2)涉案企业能够正常生产经营，承诺建立或者完善企业合规制度，具备启动第三方机制的基本条件；(3)涉案企业自愿适用第三方机制。

人民检察院在办理涉企犯罪案件时，应当注意审查是否符合企业合规试点以及第三方机制的适用条件，并及时征询涉案企业、个人的意见。涉案企业、个人及其辩护人、诉讼代理人或者其他相关单位、人员提出适用企业合规试点以及第三方机制申请的，人民检察院应当依法受理并进行审查。

第三方组织应当要求涉案企业提交专项或者多项合规计划，并明确合规计划的承诺完成时限。涉案企业提交的合规计划，主要围绕与企业涉嫌犯罪有密切联系的企业内部治理结构、规章制度、人员管理等方面存在的问题，制定可行的合规管理规范，构建有效的合规组织体系，健全合规风险防范报告机制，弥补企业制度建设和监督管理漏洞，防止再次发生相同或者类似的违法犯罪。

人民检察院在办理涉企犯罪案件过程中，应当将第三方组织合规考察书面报告、涉案企业合规计划、定期书面报告等合规材料，作为依法作出批准或者不批准逮捕、起诉或者不起诉以及是否变更强制措施等决定，提出量刑建议或者检察建议、检察意见的重要参考。

案例1－7 张家港市L公司、张某甲等人污染环境案①

【基本案情】

江苏省张家港市L化机有限公司(以下简称L公司)系从事不锈钢产品研发和生产的省级高科技民营企业,张某甲、张某乙、陆某某分别系该公司的总经理、副总经理、行政主管。

2018年下半年,L公司在未取得生态环境部门环境评价的情况下建设酸洗池,并于2019年2月私设暗管,将含有镍、铬等重金属的酸洗废水排放至生活污水管,造成严重环境污染。苏州市张家港生态环境局现场检测,L公司排放井内积存水样中总镍浓度为29.4mg/L、总铬浓度为29.2mg/L,分别超过《污水综合排放标准》的29.4倍和19.5倍。2020年6月,张某甲、张某乙、陆某某主动向张家港市公安局投案,如实供述犯罪事实,自愿认罪认罚。

2020年8月,张家港市公安局以L公司及张某甲等人涉嫌污染环境罪向张家港市检察院移送审查起诉。张家港市检察院进行办案影响评估并听取L公司合规意愿后,指导该公司开展合规建设。

【企业合规整改情况及处理结果】

检察机关经审查认为,L公司及张某甲等人虽涉嫌污染环境罪,但排放污水量较小,尚未造成实质性危害后果,可以进行合规考察监督并参考考察情况依法决定是否适用不起诉。同时经调查,L公司系省级高科技民营企业,年均纳税400余万元、企业员工90余名、拥有专利20余件,部分产品突破国外垄断。如果公司及其主要经营管理人员被判刑,对国内相关技术领域将造成较大影响。鉴于此,2020年10月,检察机关向L公司送达《企业刑事合规告知书》,该公司在第一时间提交了书面合规承诺以及行业地位、科研力量、纳税贡献、承担社会责任等证明材料。

检察机关在认真审查调查报告、听取行政机关意见以及综合审查企业书面承诺的基础上,对L公司作出合规考察决定。随后,L公司聘请律师对合规建设进行初评,全面排查企业合规风险,制订详细合规计划,检察机关委托税务、生态环境、应急管理等部门对合规计划进行专业评估。2020年12月,组建以生态环

① 《最高检发布企业合规改革试点典型案例》,载最高人民检察院网,https://www.spp.gov.cn/spp/xwfbh/wsfbh/202106/t20210603_520232.shtml。

境部门专业人员为组长的评估小组，对L公司整改情况及合规建设情况进行评估，经评估合格，通过合规考察。同月，检察机关邀请人民监督员、相关行政主管部门、工商联等各界代表，召开公开听证会，参会人员一致建议对L公司作不起诉处理。检察机关经审查认为，符合刑事诉讼法相关规定，当场公开宣告不起诉决定，并依法向生态环境部门提出对该公司给予行政处罚的检察意见。2021年3月，苏州市生态环境局根据《水污染防治法》有关规定，对L公司作出行政处罚决定。

通过开展合规建设，L公司实现了快速转型发展，逐步建立完备的生产经营、财务管理、合规内控的管理体系，改变了野蛮粗放的发展运营模式，企业抵御和防控经济风险的能力得到进一步增强。2021年L公司一季度销售收入同比增长275%，缴纳税收同比增长333%，成为所在地区增幅最大的企业。

【典型意义】

企业要逐步建立完备的生产经营、财务管理、合规内控的管理体系，改变野蛮粗放的发展运营模式，积极进行合规体系建设。

企业要善于借助专业人士力量，聘请律师对合规建设进行评估，全面排查企业合规风险，制定详细合规计划，构建完善的合规制度，在事前、事中、事后三个环节形成完整闭环。

2021年6月《关于建立涉案企业合规第三方监督评估机制的指导意见（试行）》出台。该意见对第三方机制管委会的组成和职责作出专门规定，即由检察机关、国有资产监管部门、财政部门、工商业联合会牵头会同司法行政、生态环境、税务、市场监管、中国国际贸易促进委员会等部门组建第三方机制管委会，承担对第三方机制的宏观指导、具体管理、日常监督、统筹协调等职责，由工商业联合会和国有资产监管部门、财政部门分工负责管委会的日常工作。同时，注意发挥律师协会、注册会计师协会、注册税务师协会等相关行业协会、商会、机构在企业合规领域的积极作用，形成改革合力。由此可以预见，企业合规改革将会得到更加普遍的适用。

第二章　环境行政责任

行政责任，指的是行政相对人(包括单位和个人)违反了有关法律法规的规定，其所应承担的行政方面的法律责任。

行政机关在行使职权时应当遵循行政法律的基本原则，包括：合法性原则、合理性原则、程序正当原则、诚信原则、高效便民原则、监督与救济原则等。这些原则是贯彻于行政法律之中、指导行政法律的制定和实施的基本准则。

企业的环境行政法律责任，具体规定在《环境保护法》及其他单行法律中，这将在本书后续相应章节进行展开。《行政许可法》《行政处罚法》《行政强制法》《行政复议法》《行政诉讼法》等作为行政法领域的基础性法律，其规定适用于所有的行政管理活动，也是公司企业维护自身合法权益的有力保障，本章对其重要制度和内容进行归纳和阐述，并结合相应案例进行分析，以便公司企业理解和运用。

第一节　行政许可与行政强制

一、行政许可

行政许可，是指行政机关根据公民、法人或者其他组织的申请，经依法审查，准予其从事特定活动的行为。我国《行政许可法》对行政许可的设定、实施机关、实施程序及法律责任等内容进行了规定。行政许可的设定和实施，都应当依照法定的权限、范围、条件和程序。在设定和实施行政许可方面，应当遵循公开、公平、公正的原则，在实施行政许可方面，还应当遵循便民的原则。

《行政许可法》规定，法律可以设定行政许可。尚未制定法律的，行政法规可以设定行政许可。必要时，国务院可以采用发布决定的方式设定行政许可。该法对地方性法规、地方政府规章的行政许可的设置,作了许多限制性和禁止性的规定。

对于违反《行政许可法》的相关规定的行为人,该法规定:未经行政许可,擅自从事依法应当取得行政许可的活动的,行政机关应当依法采取措施予以制止,并依法给予行政处罚;构成犯罪的,依法追究刑事责任;被许可人以欺骗、贿赂等不正当手段取得行政许可的,行政机关应当依法给予行政处罚;取得的行政许可属于直接关系公共安全、人身健康、生命财产安全事项的,申请人在3年内不得再次申请该行政许可;构成犯罪的,依法追究刑事责任。必要时,作出行政许可决定的行政机关或者其上级行政机关,根据利害关系人的请求或者依据职权,可以撤销行政许可:(1)行政机关工作人员滥用职权、玩忽职守作出准予行政许可决定的;(2)超越法定职权作出准予行政许可决定的;(3)违反法定程序作出准予行政许可决定的;(4)对不具备申请资格或者不符合法定条件的申请人准予行政许可的;等等。

近年来,党和国家大力推行简政放权,取消了很多行政许可。特别是党的十八大以来,各级政府全面清理并公开行政审批事项,建立权力清单、负面清单和责任清单,取得了积极成效。

在生态环境领域,党的十八大以来,生态环境部不断加大简政放权和职能转变力度,取得明显成效。以下为近几年生态环境领域的行政审批改革和简政放权的例子:

(1)取消环境污染治理设施运营资质许可(2014年);

(2)下放危险废物经营许可审批(2014年);

(3)取消上市环保核查(2014年);

(4)取消建设项目试生产许可(2016年);

(5)建设项目环境影响登记表由审批改为备案(2016年);

(6)取消危险化学品环境管理登记(2016年);

(7)取消环评审批作为项目核准前置条件(2016年);

(8)取消建设项目环保设施竣工验收审批(2017年);

(9)取消建设项目环境影响评价资质行政许可(2018年)。

企业需注意,在"放管结合"思想指导下,对于取消和下放的行政审批事项,政府相关管理部门将加强事中事后监管力度,将相关的管理责任更多转移到企业。企业需建立健全管理体系,明确各岗位责任,理顺生态环境保护工作的各个环节,形成有效管理。

关于行政许可,根据2015年3月24日中共中央办公厅、国务院办公厅印发的《关于推行地方各级政府工作部门权力清单制度的指导意见》中关于公布权力清单的要求,各地生态环境部门陆续发布权力清单,以便于公众及时了解。例如,四川省生态环境厅于2019年12月31日发布了《四川省生态环境系统行政权力清单(2019年本)》①,其中涉及14项行政许可事项。

如果对行政许可决定不服,例如,行政机关不予许可而申请人不服或者行政机关给予行政许可但是其他利害关系人不服,可以依法提起行政复议或行政诉讼。具体可依据最高人民法院《关于审理行政许可案件若干问题的规定》(法释〔2009〕20号,自2010年1月4日起施行)。

二、行政强制

自2012年1月1日起施行的《行政强制法》规定,行政强制措施,是指行政机关在行政管理过程中,为制止违法行为、防止证据损毁、避免危害发生、控制危险扩大等情形,依法对公民的人身自由实施暂时性限制,或者对公民、法人或者其他组织的财物实施暂时性控制的行为。

根据《行政强制法》第9条的规定,行政强制措施的种类包括:限制公民人身自由;查封场所、设施或者财物;扣押财物;冻结存款、汇款;其他行政强制措施。

在生态环境领域,《环境保护法》第25条、《大气污染防治法》第30条、《固体废物污染环境防治法》第27条、《土壤污染防治法》第78条都对查封、扣押作了相应的规定。

为规范实施查封、扣押行政强制措施,原环保部发布了《环境保护主管部门实施查封、扣押办法》,自2015年1月1日起施行。其主要内容梳理如下:

1. 查封、扣押的适用范围

排污者有下列情形之一的,环境保护主管部门依法实施查封、扣押:(1)违法排放、倾倒或者处置含传染病病原体的废物、危险废物、含重金属污染物或者持

---

① 参见《四川省生态环境系统行政权力清单(2019年本)》,载四川省生态环境厅网,http://sthjt.sc.gov.cn/sthjt/c100450/2019/12/31/f4b9a51c034a4218b6eea7071461d3ce.shtml。

久性有机污染物等有毒物质或者其他有害物质的；(2)在饮用水水源一级保护区、自然保护区核心区违反法律法规规定排放、倾倒、处置污染物的；(3)违反法律法规规定排放、倾倒化工、制药、石化、印染、电镀、造纸、制革等工业污泥的；(4)通过暗管、渗井、渗坑、灌注或者篡改、伪造监测数据，或者不正常运行防治污染设施等逃避监管的方式违反法律法规规定排放污染物的；(5)较大、重大和特别重大突发环境事件发生后，未按照要求执行停产、停排措施，继续违反法律法规规定排放污染物的；(6)法律、法规规定的其他造成或者可能造成严重污染的违法排污行为。

根据《环境保护主管部门实施查封、扣押办法》第6条的规定，具备下列情形之一的排污者，造成或者可能造成严重污染的，环境保护主管部门应当按照有关环境保护法律法规予以处罚，可以不予实施查封、扣押：(1)城镇污水处理、垃圾处理、危险废物处置等公共设施的运营单位；(2)生产经营业务涉及基本民生、公共利益的；(3)实施查封、扣押可能影响生产安全的。

2. 查封、扣押的取证及实施要求

环境保护主管部门实施查封、扣押前，应当做好调查取证工作。查封、扣押的证据包括现场检查笔录、调查询问笔录、环境监测报告、视听资料、证人证言和其他证明材料。

需要实施查封、扣押的，应当书面报经环境保护主管部门负责人批准；案情重大或者社会影响较大的，应当经环境保护主管部门案件审查委员会集体审议决定。情况紧急，需要当场实施查封、扣押的，应当在实施后24小时内补办批准手续。环境保护主管部门负责人认为不需要实施查封、扣押的，应当立即解除。

实施查封、扣押应当符合下列要求：(1)由两名以上具有行政执法资格的环境行政执法人员实施，并出示执法身份证件。(2)通知排污者的负责人或者受委托人到场，当场告知实施查封、扣押的依据以及依法享有的权利、救济途径，并听取其陈述和申辩。(3)制作现场笔录，必要时可以进行现场拍摄。现场笔录的内容应当包括查封、扣押实施的起止时间和地点等。(4)当场清点并制作查封、扣押设施、设备清单，由排污者和环境保护主管部门分别收执。委托第三人保管的，应同时交第三人收执。执法人员可以对上述过程进行现场拍摄。(5)现场笔录和查封、扣押设施、设备清单由排污者和执法人员签名或者盖章。(6)张贴封条或者采取其他方式，明示环境保护主管部门已实施查封、扣押。

3. 行政机关解除查封、扣押的条件

有下列情形之一的，行政机关应当及时作出解除查封、扣押决定：(1)当事人没有违法行为；(2)查封、扣押的场所、设施或者财物与违法行为无关；(3)行政机关对违法行为已经作出处理决定，不再需要查封、扣押；(4)查封、扣押期限已经届满；(5)其他不再需要采取查封、扣押措施的情形。

4. 当事人是否可以申请提前解除查封、扣押？

根据《行政强制法》及《环境保护主管部门实施查封、扣押办法》的规定，查封、扣押的期限不得超过30日；情况复杂的，经行政机关负责人批准，可以延长，但是延长期限不得超过30日。查封、扣押期限届满的，行政机关应当及时作出解除查封、扣押决定。

如果当事人认为已经改正了违法行为，在查封、扣押的期限届满之前，当事人可以向决定实施查封、扣押的环境保护主管部门提出解除申请，并附具相关证明材料。

环境保护主管部门应当自收到解除查封、扣押申请之日起5个工作日内，组织核查，并根据核查结果作出相应的决定，确已改正的，应当作出解除查封、扣押的决定；如果尚未改正，则继续查封、扣押。

三、行政命令

行政命令，从广义而言，泛指政府的一切决定或者措施。行政法上的行政命令，一般是指行政机关对行政相对人做出的要求“为”或者禁止“为”的行政行为，最常见的形式为“责令……”例如：

《环境保护法》第60条规定：“企业事业单位和其他生产经营者超过污染物排放标准或者超过重点污染物排放总量控制指标排放污染物的，县级以上人民政府环境保护主管部门可以责令其采取限制生产、停产整治等措施；情节严重的，报经有批准权的人民政府批准，责令停业、关闭。”

《环境保护法》第61条规定：“建设单位未依法提交建设项目环境影响评价文件或者环境影响评价文件未经批准，擅自开工建设的，由负有环境保护监督管理职责的部门责令停止建设，处以罚款，并可以责令恢复原状。”

《环境保护法》第62条规定：“违反本法规定，重点排污单位不公开或者不如实公开环境信息的，由县级以上地方人民政府环境保护主管部门责令公开，处以罚款，并予以公告。”

《环境行政处罚办法》第12条规定了责令改正的形式，指出，根据环境保护法律、行政法规和部门规章，责令改正或者限期改正违法行为的行政命令的具体形式有：责令停止建设；责令停止试生产；责令停止生产或者使用；责令限期建设配套设施；责令重新安装使用；责令限期拆除；责令停止违法行为；责令限期治理；法律、法规或者规章设定的责令改正或者限期改正违法行为的行政命令的其他具体形式。

需要注意的是，新《行政处罚法》第9条将“限制开展生产经营活动”“责令关闭”明确新增为行政处罚的种类。

2015年1月1日施行的《环境保护主管部门实施限制生产、停产整治办法》，对限制生产、停产整治的适用范围、决定程序、期限等做了具体规定。

1. 限制生产、停产整治的决定程序

由于限制生产或停产整治对企业的正常生产经营活动造成较大的影响，此类行政行为的作出需要非常慎重。根据《环境保护主管部门实施限制生产、停产整治办法》的规定，环境保护主管部门应当充分收集证据，证据种类包括现场检查笔录、调查询问笔录、环境监测报告、视听资料、证人证言和其他证明材料。

环境保护主管部门作出限制生产、停产整治决定前，应当告知排污者有关事实、依据及其依法享有的陈述、申辩或者要求举行听证的权利；就同一违法行为进行行政处罚的，可以在行政处罚事先告知书或者行政处罚听证告知书中一并告知。

在作出限制生产、停产整治决定前，应当书面报经环境保护主管部门负责人批准；案情重大或者社会影响较大的，应当经环境保护主管部门案件审查委员会集体审议决定。

2. 限制生产、停产整治的期限

根据《环境保护主管部门实施限制生产、停产整治办法》的规定，限制生产一般不超过3个月；情况复杂的，经本级环境保护主管部门负责人批准，可以延长，但延长期限不得超过3个月。但是，停产整治并没有期限的限制。上述规章规定，至停产整治决定解除之日止。

3. 当事人收到责令限制生产、停产整治决定书后，如何处理？

(1)尽快制定整改方案并备案

当事人在收到责令限制生产决定书或者责令停产整治决定书后，应立即制定整改方案，并将整改方案报给作出决定的环境保护主管部门备案(15 个工作日内)，并向社会公开。整改方案应当确定改正措施、工程进度、资金保障和责任人员等事项。

(2)加强环境监测，确保不超标排放

被限制生产的排污者在整改期间，不得超过污染物排放标准或者重点污染物日最高允许排放总量控制指标排放污染物，并按照环境监测技术规范进行监测或者委托有条件的环境监测机构开展监测，保存监测记录。

(3)递交整改完成报告并备案

排污者完成整改任务的，应当在 15 个工作日内将整改任务完成情况和整改信息社会公开情况，报作出限制生产、停产整治决定的环境保护主管部门备案，并提交监测报告以及整改期间生产用电量、用水量、主要产品产量与整改前的对比情况等材料。限制生产、停产整治决定自排污者报环境保护主管部门备案之日起解除。排污者解除限制生产、停产整治后，环境保护主管部门应当在解除之日起 30 日内对排污者进行跟踪检查。

4. 当事人如对责令限制生产、停产整治决定不服，有何权利救济途径？

行政机关作出的责令限制生产、停产整治的决定，属于行政行为，依法可以通过行政复议和行政诉讼对权利进行救济。关于行政复议和行政诉讼，详见本书其他章节。

第二节　《行政处罚法》的最新修订

行政处罚指行政机关依法对违反行政管理秩序的公民、法人或者其他组织，以减损权益或者增加义务的方式予以惩戒的行为。行政处罚是对违反行政法律规范的行政相对人的制裁，其目的是有效实施行政管理，维护公共利益和社会秩序，保护公民、法人和其他组织的合法权益，同时也对违法者予以惩戒，促使其以后不再犯。

《行政处罚法》是行政处罚领域的重要法律,行政处罚过程必须严格遵守《行政处罚法》。我国《行政处罚法》于 1996 年 3 月 17 日第八届全国人民代表大会第四次会议通过,自 1996 年 10 月 1 日起施行。2009 年 8 月 27 日第十一届全国人民代表大会常务委员会第十次会议进行第一次修正,2017 年 9 月 1 日第十二届全国人民代表大会常务委员会第二十九次会议进行第二次修正。

2021 年 1 月 22 日,第十三届全国人民代表大会常务委员会第二十五次会议审议通过了修订后的《行政处罚法》(以下简称新《行政处罚法》),自 2021 年 7 月 15 日起施行。

本节结合新《行政处罚法》,对其主要内容及实施后的影响进行阐述。

一、行政处罚的定义与种类

新《行政处罚法》首次明确了行政处罚的定义。该法第 2 条明确:“行政处罚是指行政机关依法对违反行政管理秩序的公民、法人或者其他组织,以减损权益或者增加义务的方式予以惩戒的行为。”

该法第 8 条规定了行政处罚的类型:(1)警告、通报批评;(2)罚款、没收违法所得、没收非法财物;(3)暂扣许可证件、降低资质等级、吊销许可证件;(4)限制开展生产经营活动、责令停产停业、责令关闭、限制从业;(5)行政拘留;(6)法律、行政法规规定的其他行政处罚。

和 2017 年《行政处罚法》相比,新《行政处罚法》增加了通报批评、降低资质等级、限制开展生产经营活动、限制从业等行政处罚种类。

行政处罚的设定主体和程序的要求严格。法律可以设定各种行政处罚。行政法规可以设定除限制人身自由以外的行政处罚。地方性法规可以设定除限制人身自由、吊销企业营业执照以外的行政处罚。法律、行政法规对违法行为已经作出行政处罚规定,地方性法规需要作出具体规定的,必须在法律、行政法规规定的给予行政处罚的行为、种类和幅度的范围内规定。国务院部门规章、地方政府规章也可以在法律、行政法规规定的给予行政处罚的行为、种类和幅度的范围内作出具体规定。

二、从旧兼从轻原则

新《行政处罚法》第 37 条规定:“实施行政处罚,适用违法行为发生时的法律、法规、规章的规定。但是,作出行政处罚决定时,法律、法规、规章已被修改或者废止,且新的规定处罚较轻或者不认为是违法的,适用新的规定。”该条明确了法律适用的原则为从旧兼从轻。

在适用从旧兼从轻原则时,还应当注意违法行为是否属于持续性行为。对于非持续性违法行为,发生在新法生效前的,适用从旧兼从轻原则;对于持续性违法行为,且持续到新法生效后的,应认为同时违反新法,应以新法的规定为准。

三、行政处罚的追责时效

新《行政处罚法》第36条第1款规定:“违法行为在二年内未被发现的,不再给予行政处罚;涉及公民生命健康安全、金融安全且有危害后果的,上述期限延长至五年。法律另有规定的除外。”并在该条第2款中规定:“前款规定的期限,从违法行为发生之日起计算;违法行为有连续或者继续状态的,从行为终了之日起计算。”

这次《行政处罚法》修改在一般追诉时效仍然为2年的基础上,在特定领域将追诉时效延长至5年,对打击涉及公民生命健康安全、金融安全的违法行为,具有特别意义。

四、“首违可不罚”制度

新《行政处罚法》第33条第1款规定:“违法行为轻微并及时改正,没有造成危害后果的,不予行政处罚。初次违法且危害后果轻微并及时改正的,可以不予行政处罚。”根据本条规定,对满足以下条件的已经发生的违法行为可以不予行政处罚:一是从违法次数来看,行为人是初次实施违法行为;二是从违法行为的程度上来看,行为人实施的违法行为造成的危害后果须轻微;三是从违法行为造成的后果来看,行为人实施违法行为后应当及时进行改正,并没有造成危害后果。

新《行政处罚法》将这一制度纳入其框架内,彰显了人文主义情怀,首次违法不予处罚的最终目的不是使违法行为人免于处罚,而是对初次违法的行为人进行教育,从源头上预防其再次违法。

为深入推进“首违不罚”“首违轻罚”制度改革,很多地方进行了有益的探索。例如,贯彻落实《上海市全面深化国际一流营商环境建设实施方案》有关要求,在生态环境领域探索包容审慎监管,激发市场活力,不断优化更具国际竞争力的营商环境,促进经济持续健康发展;根据《行政处罚法》《上海市优化营商环境条例》等法律、法规、规章的相关规定,上海市生态环境局、上海市司法局印发了《生态环境轻微违法违规行为免罚清单》(沪环规〔2020〕2 号,自 2020 年 5 月 1 日起施行),对 11 种轻微违法行为及时纠正,没有造成危害后果的,不予行政处罚。

五、"无主观过错不罚"制度

新《行政处罚法》第 33 条第 2 款规定:"当事人有证据足以证明没有主观过错的,不予行政处罚。法律、行政法规另有规定的,从其规定。"

需要注意的是,没有主观过错的举证责任在于当事人(行政相对人),也即当事人必须得有证据,并且要达到"足以证明"的程度。这里要注意区分过错与主观故意的区别。过错,包括故意和过失。

对于故意,容易理解。关于过失,法理上是指行为人应当预见自己行为的后果但由于过于自信而轻信不会发生(称为"过于自信的过失")或疏忽大意(称为"疏忽大意的过失"),没有采取措施,致使损害发生的,就是过失。过失也就是指行为人应注意、能注意而不注意的一种心理状态。

在环境管理活动中,企业要注意收集和保存能够证明自己没有过错的事实和证据。例如,城镇污水处理厂一般不具有重金属处理能力,有人在污水处理厂的进水管网中非法偷排重金属,如果能有相应的证据并及时报告给监管部门,则对污水处理厂而言可以认为是没有主观过错,依法应不予处罚。

六、完善行政处罚听证程序

行政听证,是指行政机关作出涉及公民、法人或者其他组织利益的重大事项或者重大决定之前,充分听取公民、法人或者其他组织的意见的活动。听证制度是促进权力机关、行政机关依法决策、依法行政,维护公民、法人或者其他组织合法权益的一项重要制度。行政处罚属于涉及公民、法人或者其他组织利益的重大事项或者重大决定。相比《行政处罚法》(2017 年修正),新法作出了以下修改:

1. 延长了提出听证的期限

《行政处罚法》(2017 年修正)规定,当事人要求听证的,应当在行政机关告知后3日内提出。实践中,较多的行政机关会有意识地选择在星期五或者在节假日前一天将听证告知书送达,这样留给企业考虑的时间实际上只有1个工作日。

为了解决实际留给企业考虑要求听证的时间过短的问题,根据新《行政处罚法》第64条的规定,当事人要求听证的,应当在行政机关告知后5日内提出。同时,该法第85条规定,此处5日是指5个工作日,不包括节假日,这样就给了当事人更多的时间决定是否要求听证。

2. 扩大了听证范围

根据新《行政处罚法》第63条的规定,行政机关拟作出下列行政处罚决定,应当告知当事人有要求听证的权利,当事人要求听证的,行政机关应当组织听证:(1)较大数额罚款;(2)没收较大数额违法所得、没收较大价值非法财物;(3)降低资质等级、吊销许可证件;(4)责令停产停业、责令关闭、限制从业;(5)其他较重的行政处罚;(6)法律、法规、规章规定的其他情形。

对于"较大数额"的界定,《行政处罚法》中并没有具体的金额。国务院部委的规章或规范性文件及各地方对此有相应的规定。关于环境行政处罚听证,将在本章第四节进行专门阐述。

3. 明确行政机关应当结合听证笔录作出决定

新《行政处罚法》第65条增加规定,行政机关应当根据听证笔录作出行政处罚决定。行政处罚中的听证程序有别于一般事实调查程序,其目的是在作出对行政相对人不利的决定前,充分听取行政相对人的意见,在行政决定作出前进行听证有其特定的规范意义和程序价值。

七、关于"三项制度"

中共中央《关于全面推进依法治国若干重大问题的决定》和《法治政府建设实施纲要(2015—2020年)》对全面推行行政执法公示制度、执法全过程记录制度、重大执法决定法制审核制度(以下简称"三项制度")作出了具体部署、提出了明确要求。聚焦行政执法的源头、过程、结果等关键环节,全面推行"三项制度",对促进严格规范公正文明执法具有基础性、整体性、突破性作用,对切实保障人民群众合法权益,维护政府公信力,营造更加公开透明、规范有序、公平高效的法治环境具有重要意义。新《行政处罚法》规定了"三项制度"的具体要求。

1. 行政执法公示制度

行政执法公示是保障行政相对人和社会公众知情权、参与权、表达权、监督权的重要措施。行政执法公示制度以强化事前公开、规范事中公示和加强事后公开为目的,对建立健全执法信息更新、更正及撤销机制予以明确。

全面推行行政执法公示制度,主要包括行政处罚的事前公开、事中公示和事后公开,还有执法信息更新、更正及撤销机制的要求。

新《行政处罚法》增加了相关规定,明确行政处罚的实施机关、立案依据、实施程序和救济渠道等信息应当公示。

2. 行政执法全过程记录制度

行政执法全过程记录制度是行政执法活动合法有效的重要保证。执法全过程记录制度从强调完善文字记录、规范音像记录、严格记录归档、发挥记录作用等角度出发,细化了行政执法全过程记录要求,明确了文字和音像记录要求,规定了设备及场所要求,规范了执法案卷及资料归档要求。

根据新《行政处罚法》第 47 条的规定,行政机关应当依法以文字、音像等形式,对行政处罚的启动、调查取证、审核、决定、送达、执行等进行全过程记录,归档保存。这一规定,既包括记录形式又包括记录的环节和归档,充分体现了全面推行执法全过程记录制度的要求。

3. 重大执法决定法制审核制度

重大执法决定法制审核制度明确了法制机构为重大执法决定法制审核的工作机构,对法制审核人员的素养和数量作出要求,充分发挥公职律师、法律顾问的作用,明确了法制审核的范围、内容、责任。

根据新《行政处罚法》第 58 条的规定,有下列情形之一,在行政机关负责人作出行政处罚的决定之前,应当由从事行政处罚决定法制审核的人员进行法制审核;未经法制审核或者审核未通过的,不得作出决定:(1)涉及重大公共利益的;(2)直接关系当事人或者第三人重大权益,经过听证程序的;(3)案件情况疑难复杂、涉及多个法律关系的;(4)法律、法规规定应当进行法制审核的其他情形。

八、到期不缴纳罚款的加处罚款（“滞纳金”）

根据新《行政处罚法》第 72 条的规定，当事人逾期不履行行政处罚决定的，作出行政处罚决定的行政机关可以采取下列措施：(1)到期不缴纳罚款的，每日按罚款数额的 3% 加处罚款，加处罚款的数额不得超出罚款的数额；(2)根据法律规定，将查封、扣押的财物拍卖、依法处理或者将冻结的存款、汇款划拨抵缴罚款；(3)根据法律规定，采取其他行政强制执行方式；(4)依照《行政强制法》的规定申请人民法院强制执行。行政机关批准延期、分期缴纳罚款的，申请人民法院强制执行的期限，自暂缓或者分期缴纳罚款期限结束之日起计算。到期不缴纳罚款的，每日可以按罚款数额的 3% 加处罚款，加处罚款的数额不得超出罚款数额。

该项规定与《行政强制法》第 45 条关于“加处罚款或者滞纳金的数额不得超出金钱给付义务的数额”的规定相一致。

需要注意的是，新《行政处罚法》第 73 条第 3 款规定，当事人申请行政复议或者提起行政诉讼的，加处罚款的数额在行政复议或者行政诉讼期间不予计算。

九、行政执法和刑事司法衔接

近年来，随着《关于加强行政执法和刑事司法衔接工作的意见》等文件的出台，行刑衔接类案件量大幅增加，随之而来的是行刑衔接制度在具体落实中也暴露出了一些共性问题，《行政处罚法》进一步完善了行刑衔接制度。

《行政处罚法》(2017 年修正)第 22 条规定，“违法行为构成犯罪的，行政机关必须将案件移送司法机关”，2021 年修订后的《行政处罚法》第 27 条将上述内容修改为“违法行为涉嫌犯罪的，行政机关应当及时将案件移送司法机关”，并同时增加规定：“对依法不需要追究刑事责任或者免予刑事处罚，但应当给予行政处罚的，司法机关应当及时将案件移送有关行政机关。行政处罚实施机关与司法机关之间应当加强协调配合，建立健全案件移送制度，加强证据材料移交、接收衔接，完善案件处理信息通报机制。”

对照新旧《行政处罚法》中关于行刑衔接的规定，主要的变化包括强调司法移送、行刑双向衔接、明确移送制度、建立通报机制。这些变化有利于提高行刑衔接的效率，便于执行。

第三节　环境行政处罚

环境行政处罚主要在《环境保护法》及各个环境保护单行法律、法规和部门规章中规定。《环境保护法》第六章“法律责任”第59条至第63条专门规定了企事业单位和其他生产经营者需要承担的行政法律责任。其他环境保护单行法律,如《水污染防治法》《大气污染防治法》《固体废物污染环境防治法》《土壤污染防治法》等,均在“法律责任”章节对环境违法行为规定了相应的行政处罚措施。

在诸多行政处罚种类中,罚款是最为常见的行政处罚方式。据统计,2018年全国环境行政罚款达到152.8亿元,是2014年的4.8倍[①],之后有所下降。

本节重点对环境行政处罚中的按日连续处罚和行政拘留进行介绍。

一、按日连续处罚

《环境保护法》为加大对违法企业的惩罚力度,促使企业自觉停止和纠正违法行为,在借鉴国外经验的基础上,设立了按日连续处罚的制度。

《环境保护法》第59条第1款规定:“企业事业单位和其他生产经营者违法排放污染物,受到罚款处罚,被责令改正,拒不改正的,依法作出处罚决定的行政机关可以自责令改正之日的次日起,按照原处罚数额按日连续处罚。”《大气污染防治法》《水污染防治法》《固体废物污染环境防治法》等法律也对按日连续处罚作出了明确规定。

为规范实施按日连续处罚,依据《环境保护法》《行政处罚法》等法律,原环保部发布了《环境保护主管部门实施按日连续处罚办法》(以下简称《按日连续处罚办法》)。

1. 可以实施按日连续处罚的情形

根据《按日连续处罚办法》第5条之规定,排污者有下列行为之一,受到罚款

---

① 参见杜宣逸:《全国生态环境保护工作会议在京召开》,载中国环境报,http://www.cenews.com.cn/news/201901/t20190121_892170.html。

处罚，被责令改正，拒不改正的，依法作出罚款处罚决定的环境保护主管部门可以实施按日连续处罚：(1)超过国家或者地方规定的污染物排放标准，或者超过重点污染物排放总量控制指标排放污染物的；(2)通过暗管、渗井、渗坑、灌注或者篡改、伪造监测数据，或者不正常运行防治污染设施等逃避监管的方式排放污染物的；(3)排放法律、法规规定禁止排放的污染物的；(4)违法倾倒危险废物的；(5)其他违法排放污染物行为。

2. 实施按日连续处罚的程序

根据《按日连续处罚办法》第三章之规定，实施按日连续处罚应当遵循以下程序：(1)环境保护主管部门检查发现排污者有违法排放污染物的，应当在责令改正违法行为决定书中责令立即改正，并告知拒不改正可能承担按日连续处罚的法律后果；(2)环境保护主管部门应当在送达责令改正违法行为决定书之日起30日内，以暗查方式组织对排污者违法排放污染物行为的改正情况实施复查；(3)环境保护主管部门复查时发现排污者拒不改正违法排放污染物行为的，可以对其实施按日连续处罚，如果排污者已经改正违法排放污染物行为或者已经停产、停业、关闭的，不启动按日连续处罚。

3. 关于"拒不改正"的认定

通常情况下，企业在收到责令改正违法行为决定书之后，往往会积极整改，会特别关注责令改正通知书中提到的相应事项，包括超标的污染物种类。如果上次采样监测三种污染物，其中一种超标，另两种没有超标，但是复测时上次超标污染物本次达标了，但另外一种污染物超标了，这种情况是否属于"拒不改正"。实践中，不同人可能会有不同理解。

为统一执法，原环保部于2018年7月20日发布《关于环境行政处罚过程中有关问题的复函》(环办环监函〔2018〕719号)。根据该复函，复测时其他污染物排放超标的，也属于"拒不改正"，可以依法实施按日连续处罚。该复函全文如下：

关于环境行政处罚过程中有关问题的复函

(环办环监函〔2018〕719号)

河北省环境保护厅：

你厅《关于环境行政处罚过程中有关问题的请示》(冀环办函〔2018〕790号)收悉。经研究，函复如下：

一、关于未取得排污许可证非法排污的处罚(略)

二、关于按日连续处罚中“拒不改正”的认定

《中华人民共和国环境保护法》第五十九条第一款规定:“企业事业单位和其他生产经营者违法排放污染物,受到罚款处罚,被责令改正,拒不改正的,依法作出处罚决定的行政机关可以自责令改正之日的次日起,按照原处罚数额按日连续处罚。”

《中华人民共和国水污染防治法》第九十五条规定:“企业事业单位和其他生产经营者违法排放水污染物,受到罚款处罚,被责令改正的,依法作出处罚决定的行政机关应当组织复查,发现其继续违法排放水污染物或者拒绝、阻挠复查的,依照《中华人民共和国环境保护法》的规定按日连续处罚。”

根据上述规定,企业因废水化学需氧量排放超标被环保部门责令改正违法行为并依法处罚,环保部门复查时,发现该企业仍继续违法排放水污染物,即使废水化学需氧量排放达标但氨氮等其他水污染物排放超标的,属于拒不改正违法排放污染物行为,可以依据《中华人民共和国水污染防治法》《环境保护主管部门实施按日连续处罚办法》相关条款对该企业实施按日连续处罚。

特此函复。

生态环境部办公厅

2018 年 7 月 20 日

4. 关于按日连续处罚的计罚日数

实践中,企业在收到责令改正违法行为决定书之后,可能会主动或被动采取停产等方式,进行技术改造、设备更新、设施维护、人员培训等方式,以期达标排放。但是,整改后由于种种原因,可能仍然存在超标现象。这时候,按日连续处罚计罚日数怎么计算,由于涉及金额巨大,这往往会成为企业与环保部门争议的焦点。

为此,原环保部于 2015 年发布《关于按日连续处罚计罚日数问题的复函》(环函〔2015〕232 号)。该复函认为,实施按日连续处罚的计罚日数是一个连续的起止期间,排污者在期间内排污状况和生产状况如何,均不影响计罚日数的计算,即排污者在计罚周期内存在停产停业或者达标排放的日数,均不能从计罚日

数中扣除。该复函全文如下:

关于按日连续处罚计罚日数问题的复函

(环函〔2015〕232号)

广东省环境保护厅:

你厅《关于按日连续处罚计罚日数问题的请示》(粤环报〔2015〕88号)收悉。你厅请我部对按日连续处罚案件中,如能证明计罚日数中企业确有安排正常停产休息,其停产日数是否从计罚日数中扣除的问题予以明确。经研究,函复如下:

根据《环境保护法》第五十九条的规定,企业事业单位和其他生产经营者违法排放污染物,受到罚款处罚,被责令改正,拒不改正的,依法作出处罚决定的行政机关可以自责令改正之日的次日起,按照原处罚数额按日连续处罚。《环境保护主管部门实施按日连续处罚办法》(环境保护部令第28号)(以下简称《办法》)第十二条第一款规定,环境保护主管部门复查时发现排污者拒不改正违法排放污染物行为的,可以对其实施按日连续处罚。第十七条明确了计罚日数的计算方式,即按日连续处罚的计罚日数为责令改正违法行为决定书送达排污者之日的次日起,至环境保护主管部门复查发现违法排放污染物行为之日止。

因此,实施按日连续处罚的计罚日数是一个连续的起止期间,排污者在期间内排污状况和生产状况如何,均不影响计罚日数的计算,即排污者在计罚周期内存在停产停业或者达标排放的日数,均不能从计罚日数中扣除。环境保护主管部门应当依据《办法》第十七条规定的计罚日数来确定按日连续处罚的罚款数额。

环境保护部

2015年9月17日

有学者将我国的该项制度与美国环境保护按日连续处罚制度进行了比较研究。[①] 该研究发现,美国《清洁空气法》规定,违法的天数应当推定为包括通知当日,以及之后的每一天,直到违法者实现了持续的合规,违法者有大量证据表明

① 参见胡红玲:《环境保护按日计罚制度适用反思与完善——以美国环境保护按日连续处罚制度为借鉴》,载《政治与法律》2018年第8期。

中间有天数并未违规或违法行为并未实际持续的除外。美国《清洁空气法》的这一规定值得借鉴。我们也认为,如果当事人确有证据证明排污者在收到责令改正违法行为决定书之后,采取了停产停业等方式进行技术改造、设备更新、设施维护、人员培训等措施,这段时间如确实没有排放,或者有证据证明其排放是合格的,将这些日数从计罚的日数中去除,是比较合理的。

《环境保护法》第59条第3款规定:"地方性法规可以根据环境保护的实际需要,增加第一款规定的按日连续处罚的违法行为的种类。"根据这一法律授权,有的地方性法规对按日连续处罚做了进一步的规定。以上海市为例,《上海市环境保护条例》(2016年修订,2017年和2018年两次修正)第66条规定,企业事业单位和其他生产经营者有下列行为之一,受到罚款处罚,被责令改正,拒不改正的,依法作出处罚决定的行政机关可以自责令改正之日的次日起,按照原处罚数额按日连续处罚:(1)未按要求取得排污许可证,违法排放污染物的;(2)超过污染物排放标准或者超过重点污染物排放总量控制指标排放污染物的;(3)违反法律、法规规定,无组织排放大气污染物的;(4)不正常运行环境保护设施,违法排放污染物的;(5)通过暗管、渗井、渗坑、裂隙、溶洞、雨水排放口等逃避监管的方式排放污染物的;(6)违反建设项目管理制度,主体工程投入生产或者使用且排放污染物的;(7)擅自倾倒危险废物,或者对危险废物未采取相应防范措施,造成危险废物渗漏或者造成其他环境污染的;(8)违反放射性污染防治规定,生产、销售、使用、转让、进口、贮存放射性同位素或者射线装置的;(9)法律、法规规定的其他实施按日连续处罚的行为。

二、行政拘留

1. 行政拘留的相关法律规定

行政拘留是《行政处罚法》《治安管理处罚法》中规定的行政处罚种类之一。为促使行政违法行为人履行相关的处罚,《环境保护法》等法律设立了环境行政处罚中的行政拘留制度。

根据《环境保护法》第63条的规定,有下列行为之一,尚不构成犯罪的,除依照有关法律法规规定予以处罚外,由县级以上人民政府环境保护主管部门或者其他有关部门将案件移送公安机关,对其直接负责的主管人员和其他直接责任人员,处10日以上15日以下拘留;情节较轻的,处5日以上10日以下拘留:

(1)建设项目未依法进行环境影响评价,被责令停止建设,拒不执行的;(2)违反法律规定,未取得排污许可证排放污染物,被责令停止排污,拒不执行的;(3)通过暗管、渗井、渗坑、灌注或者篡改、伪造监测数据,或者不正常运行防治污染设施等逃避监管的方式违法排放污染物的;(4)生产、使用国家明令禁止生产、使用的农药,被责令改正,拒不改正的。

根据《固体废物污染环境防治法》第 120 条的规定,违反本法规定,有下列行为之一,尚不构成犯罪的,由公安机关对法定代表人、主要负责人、直接负责的主管人员和其他责任人员处 10 日以上 15 日以下的拘留;情节较轻的,处 5 日以上 10 日以下的拘留:(1)擅自倾倒、堆放、丢弃、遗撒固体废物,造成严重后果的;(2)在生态保护红线区域、永久基本农田集中区域和其他需要特别保护的区域内,建设工业固体废物、危险废物集中贮存、利用、处置的设施、场所和生活垃圾填埋场的;(3)将危险废物提供或者委托给无许可证的单位或者其他生产经营者堆放、利用、处置的;(4)无许可证或者未按照许可证规定从事收集、贮存、利用、处置危险废物经营活动的;(5)未经批准擅自转移危险废物的;(6)未采取防范措施,造成危险废物扬散、流失、渗漏或者其他严重后果的。

根据《土壤污染防治法》第 87 条的规定,违反本法规定,向农用地排放重金属或者其他有毒有害物质含量超标的污水、污泥,以及可能造成土壤污染的清淤底泥、尾矿、矿渣等的,由地方人民政府生态环境主管部门责令改正,处 10 万元以上 50 万元以下的罚款;情节严重的,处 50 万元以上 200 万元以下的罚款,并可以将案件移送公安机关,对直接负责的主管人员和其他直接责任人员处 5 日以上 15 日以下的拘留;有违法所得的,没收违法所得。

2. 适用行政拘留的环境违法案件的具体规定

为规范适用行政拘留的案件的移送,公安部会同原环保部、农业部、工业和信息化部、国家质量检验检疫总局等部门,制定了《行政主管部门移送适用行政拘留环境违法案件暂行办法》(公治〔2014〕853 号),自 2015 年 1 月 1 日起实施。

该暂行办法对《环境保护法》第 63 条规定的适用行政拘留的 4 种情形做了进一步的细化,其中包括:

第一项规定的建设项目未依法进行环境影响评价,被责令停止建设,拒不执行的行为,包括以下情形:(1)送达责令停止建设决定书后,再次检查发现仍在建设的;(2)现场检查时虽未建设,但有证据证明在责令停止建设期间仍在建设的;

(3)被责令停止建设后,拒绝、阻挠环境保护主管部门或者其他负有环境保护监督管理职责的部门核查的。

第二项规定的违反法律规定,未取得排污许可证排放污染物,被责令停止排污,拒不执行的行为,包括以下情形:(1)送达责令停止排污决定书后,再次检查发现仍在排污的;(2)现场检查虽未发现当场排污,但有证据证明在被责令停止排污期间有过排污事实的;(3)被责令停止排污后,拒绝、阻挠环境保护主管部门或者其他具有环境保护管理职责的部门核查的。

第三项规定的通过暗管、渗井、渗坑、灌注等逃避监管的方式违法排放污染物,是指通过暗管、渗井、渗坑、灌注等不经法定排放口排放污染物等逃避监管的方式违法排放污染物。暗管是指通过隐蔽的方式达到规避监管目的而设置的排污管道,包括埋入地下的水泥管、瓷管、塑料管等,以及地上的临时排污管道;渗井、渗坑是指无防渗漏措施或起不到防渗作用的、封闭或半封闭的坑、池、塘、井和沟、渠等;灌注是指通过高压深井向地下排放污染物。

第三项规定的通过篡改、伪造监测数据等逃避监管的方式违法排放污染物,是指篡改、伪造用于监控、监测污染物排放的手工及自动监测仪器设备的监测数据,包括以下情形:(1)违反国家规定,对污染源监控系统进行删除、修改、增加、干扰,或者对污染源监控系统中存储、处理、传输的数据和应用程序进行删除、修改、增加,造成污染源监控系统不能正常运行的;(2)破坏、损毁监控仪器站房、通信线路、信息采集传输设备、视频设备、电力设备、空调、风机、采样泵及其他监控设施的,以及破坏、损毁监控设施采样管线,破坏、损毁监控仪器、仪表的;(3)稀释排放的污染物故意干扰监测数据的;(4)其他致使监测、监控设施不能正常运行的情形。

第三项规定的通过不正常运行防治污染设施等逃避监管的方式违法排放污染物,包括以下情形:(1)将部分或全部污染物不经过处理设施,直接排放的;(2)非紧急情况下开启污染物处理设施的应急排放阀门,将部分或者全部污染物直接排放的;(3)将未经处理的污染物从污染物处理设施的中间工序引出直接排放的;(4)在生产经营或者作业过程中,停止运行污染物处理设施的;(5)违反操作规程使用污染物处理设施,致使处理设施不能正常发挥处理作用的;(6)污染物处理设施发生故障后,排污单位不及时或者不按规程进行检查和维修,致使处理设施不能正常发挥处理作用的;(7)其他不正常运行污染防治设施的情形。

第四项规定的生产、使用国家明令禁止生产、使用的农药,被责令改正,拒不改正的行为,包括以下情形:(1)送达责令改正文书后再次检查发现仍在生产、使用的;(2)无正当理由不及时完成责令改正文书规定的改正要求的;(3)送达责令改正文书后,拒绝、阻挠环境保护、农业、工业和信息化、质量监督检验检疫等主管部门核查的。国家明令禁止生产、使用的农药是指法律、行政法规和国家有关部门规章、规范性文件明令禁止生产、使用的农药。

该暂行办法指出,《环境保护法》第63条规定的直接负责的主管人员是指违法行为主要获利者和在生产、经营中有决定权的管理、指挥、组织人员;其他直接责任人员是指直接排放、倾倒、处置污染物或者篡改、伪造监测数据的工作人员等。

据原环保部统计,2016年、2017年、2018年1~11月全国移送行政拘留的案件分别为3274起、7827起、7145起。

第四节　行政处罚听证程序

在本章第二节《行政处罚法》最新修订的主要内容中,介绍了行政处罚过程中的听证程序。这些年我们作为环境律师在为企业提供环境法律服务的过程中,经常遇到企业环保管理人员咨询对行政处罚不服怎么办。我们会先问对方行政处罚到了哪个阶段,收到了什么书面文书,是行政处罚决定书,还是行政处罚事先(听证)告知书?如果收到的已经是行政处罚决定书,说明行政机关作出了处罚决定,如果企业有异议,可以通过行政复议或行政诉讼来进行权利救济;如果收到的是行政处罚事先(听证)告知书,说明这时候行政处罚的正式决定并未作出,而只是"拟"(准备)作出行政处罚,仍然有"一线生机"。

根据我们多年从事环境法律服务的经验,行政处罚决定准备作出但尚未正式作出这个阶段,如果企业有话要说,听证是与政府部门进行沟通的最佳机会,企业的陈述权、申辩权和要求听证的权利,不要轻易放弃。本节将详细介绍环境行政处罚听证的相关问题。

听证程序已在《行政处罚法》中作出规定,原环保部于2010年制定了《环境行政处罚听证程序规定》(环办〔2010〕174号)。除了国家的规定外,有的地方人民政府也对行政处罚听证程序等作出了相应细化的规定。例如，上海市人民政府于2015年11月9日发布了《上海市行政处罚听证程序规定》（上海市人民政府令第35号公布），对行政处罚听证的范围、时限、程序等都作了明确规定。

一、什么是行政处罚听证

行政处罚听证程序，是指行政机关为了查明案件事实、公正合理地实施行政处罚，在作出行政处罚决定前通过公开举行由有关利害关系人参加的听证会听取意见的程序。对依法应当告知当事人有要求听证的权利而不告知，或者在当事人要求听证但行政机关未组织听证的，属于程序严重违法，作出的行政处罚决定应予撤销。

任何权力必须公正行使，作出对当事人不利的决定必须听取当事人的意见，这是依法行政的一个重要原则。《行政处罚法》规定了被处罚的当事人享有陈述权、申辩权和要求听证的权利，就是这一原则的体现。当事人可以充分运用这些权利维护自己的合法权益。

二、要求听证权与陈述权、申辩权的区别

对于符合听证条件的拟处罚情形，行政机关应当告知当事人有要求听证的权利，这是法律赋予当事人的权利。

新《行政处罚法》第44条规定："行政机关在作出行政处罚决定之前，应当告知当事人拟作出的行政处罚内容及事实、理由、依据，并告知当事人依法享有的陈述、申辩、要求听证等权利。"

新《行政处罚法》第45条规定："当事人有权进行陈述和申辩。行政机关必须充分听取当事人的意见，对当事人提出的事实、理由和证据，应当进行复核；当事人提出的事实、理由或者证据成立的，行政机关应当采纳。行政机关不得因当事人陈述、申辩而给予更重的处罚。"

要求听证权与陈述权、申辩权是独立存在的三种权利。有的当事人经常将要求听证权与陈述权、申辩权混淆，提交大量的陈述申辩材料但未明确写明要求听证，导致错过机会。

实践中，行政机关经常会附有一份回执。当事人在要求听证时，只需要在回执上写明要求听证即可（如果没有附回执，则自行写一份要求听证的文书），不需

要写事实和理由,具体的事实和理由可以在听证会上再细说。

三、必须告知有要求听证的权利的情形

新《行政处罚法》第 63 条规定,行政机关拟作出下列行政处罚决定,应当告知当事人有要求听证的权利,当事人要求听证的,行政机关应当组织听证:(1)较大数额罚款;(2)没收较大数额违法所得、没收较大价值非法财物;(3)降低资质等级、吊销许可证件;(4)责令停产停业、责令关闭、限制从业;(5)其他较重的行政处罚;(6)法律、法规、规章规定的其他情形。

《环境行政处罚听证程序规定》第 5 条规定,环境保护主管部门在作出以下行政处罚决定之前,应当告知当事人有申请听证的权利;当事人申请听证的,环境保护主管部门应当组织听证(这两处"申请",根据《行政处罚法》的规定,应该是"要求"而非"申请"):(1)拟对法人、其他组织处以人民币 50,000 元以上或者对公民处以人民币 5000 元以上罚款的;(2)拟对法人、其他组织处以人民币(或者等值物品价值)50,000 元以上或者对公民处以人民币(或者等值物品价值)5000 元以上的没收违法所得或者没收非法财物的;(3)拟处以暂扣、吊销许可证或者其他具有许可性质的证件的;(4)拟责令停产、停业、关闭的。该规定第 47 条进一步指出,地方性法规、地方政府规章另有规定的,从其规定。

四、当事人提出听证要求的时限

《行政处罚法》(2017 年修正)规定,当事人要求听证的,应当在行政机关告知后 3 日内提出。实践中,某些行政机关工作人员可能会选择星期五或者节假日前的最后一天将行政处罚事先(听证)告知书送达当事人,这样留给企业考虑的时间往往只有 1 个工作日。

为了更好地保障当事人的合法权益,2021 年 7 月 15 日施行的新《行政处罚法》将当事人提出听证的期限,从原来的行政机关告知后的 3 日内提出,修改为 5 日内提出。该法第 85 条特别指出,该法中的"二日""三日""五日""七日"的规定是指工作日,不含法定节假日。这个修改比较人性化,能够给当事人 5 个工作日的时间来思考和决定是否提出听证的申请,从而其可以有更充分的准备。

需要注意的是,这个"五日",是从当事人收到行政处罚事先(听证)告知书的次日开始计算。

五、要求听证时是否需要写明理由

对于符合条件的情形,行政机关告知当事人有要求听证的权利后,当事人在提出听证要求时,形式上只需要明确自己要求听证即可,不需要提出任何事实和理由。具体的事实和理由,可以在听证会上详细说明。

实践中,为方便当事人,有的行政机关会在行政处罚听证告知书后附一份回执,当事人只要在回执中选择要求听证,并在规定的期限内寄出(建议以邮政快递 EMS 方式)即可,但也有部分省份要求当事人写明申请听证的主要事由,以此来判断其是否符合申请听证的要求。对此,笔者认为,只要当事人符合条件,要求听证是其权利,只要提出,行政机关就应该依法举行听证会,不存在“批准”或“同意”与否的问题。既然已经向当事人送达了行政处罚事先(听证)告知书,明确告知当事人有权要求听证的情况下,实际上无须再写明具体的事实理由。对于当事人而言,自己可以选择是否写明事实和理由。

六、听证会什么时候举行、能否延期举行

新《行政处罚法》第 64 条规定,行政机关应当在举行听证的 7 日前,通知当事人及有关人员听证的时间、地点。如前所述,这“7 日”是指工作日,以便当事人有一定的时间做相应的准备。

正常情况下,当事人应当按听证通知书中规定的时间和地点出席听证会,若确有特殊情形,当事人可以申请听证会延期举行。根据《环境行政处罚听证程序规定》第 23 条第 1 款规定,当事人申请变更听证时间的,应当在听证会举行的 3 日前向组织听证的生态环境主管部门提出书面申请,并说明理由。该规定第 37 条指出,有下列情形之一的,可以延期举行听证会:(1)因不可抗力致使听证会无法按期举行的;(2)当事人在听证会上申请听证主持人回避,并有正当理由的;(3)当事人申请延期,并有正当理由的;(4)需要延期听证的其他情形。

七、律师参与听证会的价值

《行政处罚法》规定,当事人可以亲自参加听证,也可以委托 1 ~ 2 人代理。我们的实践经历表明,当事人尽早聘请专业律师,对正确分析案情、提出针对性的解决思路、积极质证和举证、正确适用法律等具有非常重要的意义。

代理环境行政处罚听证,需要律师既熟悉《行政处罚法》《行政强制法》等行政法律,又熟悉《环境保护法》《水污染防治法》《大气污染防治法》《固体废物污染环境防治法》《建设项目环境保护管理条例》《排污许可管理条例》等环境法律法规,还要熟悉与环境相关的技术,特别是要对有关的标准和技术规范有相当深入的研究和丰富的实践经验。因此,尽早聘请环境律师提供专业支持,很有价值。

案例2-1 江苏F污水处理厂粪大肠菌群超标拟处罚一百万元,行政处罚听证后不予处罚

【基本案情】

江苏F污水处理厂从事城镇污水处理,2017年10月收到当地环保部门发来的行政处罚事先(听证)告知书,认为其2017年9月的监督性监测结果显示粪大肠菌群严重超标,责令F污水处理厂改正违法行为,对该公司拟处罚款人民币100万元整。

F污水处理厂收到告知书后,咨询了环境专业律师的意见,在法定期间内向环保部门提出了听证要求,并委托律师提供行政处罚听证专项法律服务。F污水处理厂在监督性监测当日取的平行样(与监督性监测机构的取样桶中同步取得的样品)得出的实验室分析数据,粪大肠菌群是达标的。而监督性监测结果超出了几百倍,差异巨大,其中必有原因。环境律师经过和污水处理厂相关人员交流,对照相关的法律法规、规范性文件和废水采样、保存和分析测试的技术规范,和技术人员一起梳理可能的原因,认为极有可能是样品保存温度不当,导致实验室分析时的样品实际上已经不能代表该污水处理厂采样时的真实状况。

根据《水质采样样品的保存和管理技术规定》(HJ 493-2009)的规定,为保证粪大肠菌群在分析时具有代表性,规定粪大肠菌群样品的保存方式为"1~5℃冷藏",并且应在采样后"尽快"进行分析。律师在访谈现场监测接待人员时发现,采样人员当天到多家污水处理厂进行采样,且运输过程中并未配备样品冷藏设备。早上10时采集的样品,放置在汽车后备厢中,直到15时才移交给实验室。经过查询,采样当日气温超过30℃。粪大肠菌群在高温下繁殖速度明显加快,在高温下长达五个小时之后送到实验室的样品,其实已经变性。这时候实验室测得的数据,已经完全不能代表采样时排水的真实状况。

听证会上,监测人员和证人都证实,当日的样品采集后,只是放在车辆的后备箱中,并没有用冰箱冷藏。律师认为,样本在运输途中已失真,在此基础上得出的实验室分析结果显然不能反映真实情况,该报告不应被认定为污水处理厂违法的依据。

【听证结果】

听证会结束后,N 市环境保护部门采纳了代理律师的意见,认为超标的事实证据不足,不予处罚。

律师手记

这是我们代理的一个行政处罚听证案件。案件代理成功,源自几个方面:一是准备充分,全面收集和掌握相应的证据;二是对采样、样品保存的标准和技术规范要非常熟悉;三是经验,包括和政府部门打交道时度的掌握("有理、有利、有节"原则);四是当地环保部门积极听取企业意见、实事求是的态度。

第五节 行政复议和行政诉讼

在前述行政许可、行政命令、行政强制、行政处罚等行政行为实施完成后,行政相对人,如公民、企业或其他利益相关人,认为行政主体的具体行政行为违法或不当侵犯了自身合法权益时,应当如何寻求救济以维护自身的合法权益呢?一般可以采取申请行政复议和行政诉讼的方式。

一、行政复议

行政复议,是指公民、法人或者其他组织认为行政主体的具体行政行为违法或不当侵犯其合法权益,依法向主管行政机关提出复查该具体行政行为的申请,行政复议机关依照法定程序对被申请的具体行政行为进行合法性、适当性审查,并作出行政复议决定的一种法律制度。

《行政复议法》于 1999 年制定,并于 2009 年和 2017 年分别作了修正。该法实施 20 多年来,全国各级行政复议机关共办理行政复议案件 247.8 万件,其中立案并审结 204.9 万件,纠正违法或不当行政行为 29.6 万件,纠错率达 14.4%,约 70% 的审结案件实现案结事了、定分止争,在维护群众合法权益、促进社会和谐稳定、加快建设法治政府方面发挥了重要作用①。

为发挥行政复议公正高效、便民为民的制度优势和化解行政争议的主渠道作用,2020 年 2 月 5 日中央全面依法治国委员会第三次会议审议通过了《行政复议体制改革方案》。2020 年 11 月,司法部公布了《行政复议法(修订)(征求意见稿)》,该法修订审议列入全国人大常委会 2021 年度立法工作计划中。

1. 谁可以申请行政复议

有权提出行政复议申请的被称作复议申请人。公民、法人或者其他组织认为具体行政行为侵犯其合法权益,有权向行政机关提出行政复议申请。依照《行政复议法》的规定,行政复议申请人应当具备以下几个条件:(1)认为具体行政行为侵犯了自己的合法权益;(2)依法向复议机关提出复议申请;(3)通常情况下提出复议申请的公民应当是受到行政行为侵犯的公民本人;(4)对于法人或者其他组织来说,也可以委托代理人提出复议申请。

2. 应当向哪个机构提出行政复议申请

根据《行政复议法》的规定,一般情形下,公民、法人或者其他组织对行政机关作出的具体行政行为不服的,可以向上一级行政机关或者该机关的同级人民政府申请行政复议。

根据《行政复议法(修订)(征求意见稿)》第 4 条的规定,县级以上各级人民政府以及其他依照本法履行行政复议职责的行政机关是行政复议机关。

各地方已经陆续发布相关规定。例如,2021 年 5 月 21 日,广东省人民政府在其官方网站发布了《关于县级以上人民政府统一行使行政复议职责有关事项的通告》(粤府函〔2021〕99 号)。该通告指出,为落实中央关于行政复议体制改革的决策部署,自 2021 年 6 月 1 日起,除实行垂直领导的行政机关、税务和国家安全机关外,广东省县级以上一级人民政府只保留一个行政复议机关,由本级人民政府统一行使行政复议职责。县级以上人民政府统一管辖以本级人民政府派出机关、本级人民政府部门及其派出机构、下一级人民政府以及有关法律、法规授权的组织为被申请人的行政复议案件,并以本级人民政府名义作出行政复议决定。县级以上人民政府部门原则上不再受理新的行政复议案件。

---

① 参见《关于〈中华人民共和国行政复议法(修订)(征求意见稿)〉的说明》,载司法部网,http://www.moj.gov.cn/news/content/2020-11/24/zlk_3260478.html。

2021年7月16日，上海市人民政府在官网发布了《关于由区级以上人民政府统一行使行政复议职责的通告》（沪府发〔2021〕12号），规定自2021年8月1日起，除实行垂直领导的行政机关、税务和国家安全机关外，市、区两级人民政府均只保留一个行政复议机关，由本级人民政府统一行使行政复议职责，市、区人民政府各部门原则上不再办理新的行政复议申请。

3. 什么时候申请行政复议

根据《行政复议法》第9条的规定，公民、法人或者其他组织认为具体行政行为侵犯其合法权益的，可以自知道该具体行政行为之日起60日内提出行政复议申请；但是法律规定的申请期限超过60日的除外。

《行政复议法（修订）（征求意见稿）》第24条规定，公民、法人或者其他组织认为行政行为侵犯其合法权益的，可以自知道或者应当知道该行政行为之日起6个月内提出行政复议申请；但是法律另有规定的除外。相比于《行政复议法》，修订草案将申请期限从60天延长到6个月。

4. 什么情况下可以申请行政复议

《行政复议法》第6条规定了公民、法人或者其他组织可以依照本法申请行政复议的11种情形，其中与环境直接相关的主要有以下三类：（1）对行政机关作出的警告、罚款、没收违法所得、没收非法财物、责令停产停业、暂扣或者吊销许可证、暂扣或者吊销执照、行政拘留等行政处罚决定不服的；（2）对行政机关作出的限制人身自由或者查封、扣押、冻结财产等行政强制措施决定不服的；（3）对行政机关作出的有关许可证、执照、资质证、资格证等证书变更、中止、撤销的决定不服的。

5. 行政复议的期限与结果

根据《行政复议法》第31条的规定，行政复议机关应当自受理申请之日起60日内作出行政复议决定；但是法律规定的行政复议期限少于60日的除外。情况复杂，不能在规定期限内作出行政复议决定的，经行政复议机关的负责人批准，可以适当延长，并告知申请人和被申请人；但是延长期限最多不超过30日。

根据《行政复议法》第22条的规定，行政复议原则上采取书面审查的办法，但是申请人提出要求或者行政复议机关负责法制工作的机构认为有必要时，可以向有关组织和人员调查情况，听取申请人、被申请人和第三人的意见。

根据《行政复议法》第28条的规定，行政复议机关负责法制工作的机构应当对被申请人作出的具体行政行为进行审查,提出意见,经行政复议机关的负责人同意或者集体讨论通过后,按照下列规定作出行政复议决定:(1)具体行政行为认定事实清楚,证据确凿,适用依据正确,程序合法,内容适当的,决定维持。(2)被申请人不履行法定职责的,决定其在一定期限内履行。(3)具体行政行为有下列情形之一的,决定撤销、变更或者确认该具体行政行为违法;决定撤销或者确认该具体行政行为违法的,可以责令被申请人在一定期限内重新作出具体行政行为:①主要事实不清、证据不足的;②适用依据错误的;③违反法定程序的;④超越或者滥用职权的;⑤具体行政行为明显不当的。(4)被申请人不按照本法第 23 条的规定提出书面答复、提交当初作出具体行政行为的证据、依据和其他有关材料的,视为该具体行政行为没有证据、依据,决定撤销该具体行政行为。行政复议机关责令被申请人重新作出具体行政行为的,被申请人不得以同一的事实和理由作出与原具体行政行为相同或者基本相同的具体行政行为。

二、行政诉讼

行政诉讼,是指公民、法人或者其他组织认为行使国家行政权的机关和组织及其工作人员所实施的具体行政行为侵犯了其合法权益,依法向人民法院起诉,人民法院在当事人及其他诉讼参与人的参加下,依法对被诉具体行政行为进行审查并做出裁判,从而解决行政争议的制度。

根据《行政诉讼法》第 2 条的规定,公民、法人或者其他组织认为行政机关和行政机关工作人员的行政行为侵犯其合法权益,有权依照本法向人民法院提起诉讼。前款所称行政行为,包括法律、法规、规章授权的组织作出的行政行为。

1. 提起行政诉讼的原告

根据《行政诉讼法》第 25 条的规定,行政行为的相对人以及其他与行政行为有利害关系的公民、法人或者其他组织,有权提起诉讼。有权提起诉讼的公民死亡,其近亲属可以提起诉讼。有权提起诉讼的法人或者其他组织终止,承受其权利的法人或者其他组织可以提起诉讼。

有一类特殊的行政诉讼,就是人民检察院提起的行政公益诉讼。《行政诉讼法》规定,人民检察院在履行职责中发现生态环境和资源保护、食品药品安全、国有财产保护、国有土地使用权出让等领域负有监督管理职责的行政机关违法行使职权或者不作为,致使国家利益或者社会公共利益受到侵害的,应当向行政机关提出检察建议，督促其依法履行职责。行政机关不依法履行职责的，人民检察院依法向人民法院提起诉讼。

2. 行政诉讼的管辖

从级别管辖来看，一般情形下，对于县级以上地方人民政府作出的行政行为，应当向中级人民法院提起诉讼，而对于其他部门作出的行政行为，则可以向基层法院起诉，如果是经过复议的案件，则根据作出原行为的机关来确定级别管辖。

从地域管辖来看，《行政诉讼法》第 18 条规定，行政案件由最初作出行政行为的行政机关所在地人民法院管辖。经复议的案件，也可以由复议机关所在地人民法院管辖。经最高人民法院批准，高级人民法院可以根据审判工作的实际情况，确定若干人民法院跨行政区域管辖行政案件。

3. 提起行政诉讼的时效

根据《行政诉讼法》第 46 条的规定，公民、法人或者其他组织直接向人民法院提起诉讼的，应当自知道或者应当知道作出行政行为之日起 6 个月内提出。法律另有规定的除外。因不动产提起诉讼的案件自行政行为作出之日起超过 20 年，其他案件自行政行为作出之日起超过 5 年提起诉讼的，人民法院不予受理。

根据《行政诉讼法》第 47 条的规定，公民、法人或者其他组织申请行政机关履行保护其人身权、财产权等合法权益的法定职责，行政机关在接到申请之日起 2 个月内不履行的，公民、法人或者其他组织可以向人民法院提起诉讼。法律、法规对行政机关履行职责的期限另有规定的，从其规定。公民、法人或者其他组织在紧急情况下请求行政机关履行保护其人身权、财产权等合法权益的法定职责，行政机关不履行的，提起诉讼不受前款规定期限的限制。

4. 若不服一审判决，怎么办

根据《行政诉讼法》第 85 条的规定，当事人不服人民法院第一审判决的，有权在判决书送达之日起 15 日内向上一级人民法院提起上诉。当事人不服人民法院第一审裁定的，有权在裁定书送达之日起 10 日内向上一级人民法院提起上诉。逾期不提起上诉的，人民法院的第一审判决或者裁定发生法律效力。

若对已经生效的判决不服，根据《行政诉讼法》第 90 条的规定，当事人对已经发生法律效力的判决、裁定，认为确有错误的，可以向上一级人民法院申请再审，但判决、裁定不停止执行。

第三章　企业环境民事责任

第一节　民事法律的变迁

民事责任,是指民事主体(包括单位和个人)违反了民事义务所应承担的法律后果。环境民事责任,通常是指个人或单位违反有关环境法律法规的规定,造成环境污染或生态破坏,侵害他人的民事权利,包括私益(单位或个人)和公益(包括社会公共利益和国家利益),依照法律法规和相关规定应当承担的民事法律责任。

一、民事法律的变迁

1.《民法通则》(已失效)

我国1986年4月颁布的《民法通则》第六章对民事责任制度进行规定。根据《民法通则》第106条的规定,公民、法人违反合同或者不履行其他义务的,应当承担民事责任。公民、法人由于过错侵害国家的、集体的财产,侵害他人财产、人身的,应当承担民事责任。没有过错,但法律规定应当承担民事责任的,应当承担民事责任。而有关环境污染的民事责任主要体现在《民法通则》第124条,该条规定违反国家保护环境防止污染的规定,污染环境造成他人损害的,应当依法承担民事责任。

2.《侵权责任法》(已失效)

2009年12月26日全国人大常委会通过了《侵权责任法》,并自2010年7月1日起施行。该法在第八章专门设立"环境污染责任"。

3.《民法总则》(已失效)

党的十八届四中全会通过的中共中央《关于全面推进依法治国若干重大问

题的决定》提出,“加强市场法律制度建设,编纂民法典”。2017 年《民法总则》作为民法典的开篇之作颁布施行。

《民法总则》对环境保护相关事项作了进一步的规定。在“基本规定”部分第 9 条规定“民事主体从事民事活动,应当有利于节约资源、保护生态环境”,也即通常所说的“绿色原则”,对解决我国面临的日益严重的资源短缺和环境污染问题具有重要意义。

4.《民法典》

《民法典》编纂历经多年,于 2020 年 5 月 28 日经第十三届全国人民代表大会第三次会议表决通过。《民法典》全文 1260 条,自 2021 年 1 月 1 日起施行,《婚姻法》《继承法》《民法通则》《收养法》《担保法》《合同法》《物权法》《侵权责任法》《民法总则》等 9 部法律同时废止。

《民法典》第七编“侵权责任”第七章规定了“环境污染和生态破坏责任”。和《侵权责任法》第八章“环境污染责任”相关条款相比,《民法典》中增加了与生态破坏相关的侵权责任,增加了惩罚性赔偿、代为履行以及生态环境损害赔偿相关的内容。这些规定无疑将给环境污染和生态破坏的追责带来深远的影响。

5.《环境保护法》及环境保护单行法

我国 1989 年《环境保护法》第 41 条第 1 款对环境污染民事责任规定:“造成环境污染危害的,有责任排除危害,并对直接受到损害的单位或者个人赔偿损失。”该条第 2 款、第 3 款对承担环境民事责任的方式、追究民事责任的程序、免责条款等内容进行了规定。2015 年新《环境保护法》(2014 年发布,2015 年施行)删除了原第 41 条的规定,在第 64 条中规定了衔接性的条款。

环境污染的民事责任还存在于其他环境保护单行法中,例如,《水污染防治法》第 96 条至第 100 条规定了因水污染而受损的当事人请求赔偿的权利,并规定了举证责任倒置、共同诉讼等内容。《大气污染防治法》《放射性污染防治法》《固体废物污染环境防治法》《土壤污染防治法》《海洋环境保护法》等法律都对环境侵权的民事责任作出了规定。

二、绿色《民法典》

《民法典》是新中国第一部以“法典”命名的法律,被称为“社会生活的百科全书”,是市场经济的基本法,是民事权利保护的宣言书,是新中国民事立法的集大成者。

《民法典》第 9 条规定,“民事主体从事民事活动,应当有利于节约资源、保护生态环境”。《民法典》将环境资源保护上升到民法基本原则的地位,具有鲜明的时代特征,有利于构建生态时代下人与自然的新型关系,对解决我国面临的日益严重的资源短缺和环境污染问题具有重要的意义。

“物权编”第 346 条关于建设用地使用权的设立原则规定,建设用地使用权在设立的时候要符合绿色原则。“合同编”第 509 条关于合同履行的原则规定,当事人在履行合同过程中,应当避免浪费资源、污染环境和破坏生态。

“侵权责任编”第七章规定了环境污染和生态破坏的责任,包括惩罚性赔偿、生态环境修复责任、公益诉讼的赔偿范围等条款。其中第 1230 条的举证责任倒置原则、第 1231 条的两个以上侵权人责任分配原则、第 1232 条的惩罚性赔偿制度和第 1235 条的生态环境损害费用构成等条款,应引起特别注意。

第二节　环境侵权责任的归责原则和构成要件

一、环境侵权责任的归责原则

1. 环境侵权的无过错责任原则

归责原则是行为人承担责任的依据和基础。一般而言,民事责任的承担以行为人存在过错为前提。根据《民法典》第 1165 条的规定,行为人因过错侵害他人民事权益造成损害的,应当承担侵权责任。依照法律规定推定行为人有过错,其不能证明自己没有过错的,应当承担侵权责任。这就是一般所称的“过错原则”。

与之相对应的是“无过错原则”。为了平衡当事人的权益,《民法典》第 1166 条规定,“行为人造成他人民事权益损害,不论行为人有无过错,法律规定应当承担侵权责任的,依照其规定”。也即,不问过错而归责,必须要有法律的明确规定。

环境侵权中的无过错责任是指一旦侵权人的污染危害环境行为给他人造成财产或人身伤害,在不存在法定减免责任事由的情况下,即使侵权人主观上没有故意或过失,也应当对所造成的污染损害结果承担责任。

环境侵权中采用无过错责任的归责原则，主要出于以下考虑：一是顺应了当代世界各国环境保护立法上侵权行为法的基本趋势；二是有利于强化污染者的法律责任，促进其履行环保法律义务，严格控制和积极治理污染；三是有利于保护受害人的合法权益；四是有利于简化诉讼程序，及时审结案件。[①] 由于现代工业生产多样化，污染过程错综复杂，环境污染涉及复杂的科学技术问题，受害者往往难以证明污染者有无过错，实行无过错责任原则，有利于减轻受害者的举证责任，体现了法律对弱者的保护。

需要注意的是，环境污染行为的违法性，并非环境侵权行为的构成要件。根据《民法典》第1229条的规定，因污染环境、破坏生态造成他人损害的，侵权人应当承担侵权责任。最高人民法院《关于审理环境侵权责任纠纷案件适用法律若干问题的解释》第1条第1款明确规定，因污染环境、破坏生态造成他人损害，不论侵权人有无过错，侵权人应当承担侵权责任。该条第2款明确规定，侵权人以排污符合国家或者地方污染物排放标准为由主张不承担责任的，人民法院不予支持。

因此，环境民事责任的行为人在主观上的过错和行为的违法性不再是构成环境民事责任的必要条件。相关法律都没有将"过错"（包括故意或过失）作为承担环境责任的要件。同时，环境侵权行为的违法性并不是承担民事责任的必要条件，只要从事了导致"损害"的行为并造成损害后果，且行为人的致害行为与损害结果之间具有因果关系，即使行为没有违法，也要承担民事责任。

案例3-1　重庆两家工厂达标废水致人员中毒案[②]

重庆某化工厂和某造纸厂坐落于同一小河的两岸。该化工厂排放三氯化铁残液，造纸厂排放漂液废水。这两种废水单独排放时，均不会对环境造成污染。但在1983年12月的某一天，由于河水水位下降，加之该化工厂排水量增大，废水冲入该造纸厂排水沟口，两种废水混合发生了化学反应，产生有毒气体氯化氢，致使当时在河边劳动的12名搬运工中毒。经治疗抢救，12名搬运工全部脱险并恢复健康。

---

① 参见张新宝：《侵权责任法原理》，中国人民大学出版社2005年版，第379页。

② 参见李慧玲、陈颖：《无意思联络数人环境侵权民事责任研究》，载《吉首大学学报（社会科学版）》2014年第4期。

搬运工认为这两厂需要对其赔偿医疗费,而两厂认为废水单独排放均不会造成污染,此次事件属于不可抗力,因此其不必承担责任。

后重庆市环保局作出处理决定:两厂均属正常排放,不存在违法行为,但是造成了危害后果,赔偿应由两厂平均分担。

案例3-2 某造纸厂等九家企业与孙某某等十八人养殖损害赔偿纠纷案①

【基本案情】

1997年孙某某等18人签订集资创办养殖场合伙经营协议书,共同出资联合经营6个海产品养殖场。6个养殖场合法养殖资格经相关部门核准确认。2000年10月上中旬,乐亭县王滩镇滦河、大青河入海口等海域养殖区发生重大渔业污染事故,孙某某等18人的养殖区遭受重大经济损失。孙某某等18人将某造纸厂等9家企业诉至天津海事法院。经一审法院委托鉴定,确认本起污染事故系某造纸厂等9家企业将大量污水直接排入滦河,并经乐亭县沿海各排水闸入海,使乐亭县近岸养殖海域受到有机物和悬浮物的严重污染所致。另查明,9家企业中河北省某化工公司(以下简称化工公司)属于达标排放。

【裁判结果】

天津海事法院一审认为,本案9家企业的排污行为与孙某某等18人的损害结果之间具有因果关系。化工公司虽属排污达标,但化工公司不能充分证明其排放的污水与孙某某等18人的损害事实不存在因果关系,应承担损害赔偿责任,遂判决某造纸厂等9家企业对孙某某等18人的经济损失连带赔偿1365.97万元。天津市高级人民法院二审认为,化工公司已被当地环保部门确定为排污达标企业,属于国家许可的正常经营活动,虽然化工公司不能提供排放工业废水入海的行为与孙某某等18人养殖损失不存在因果关系的相关证据,但在承担民事责任上应与超标企业有所区分。天津市高级人民法院于2003年3月24日改判化工公司单独承担受害人损失14万元,某造纸厂等其他8家企业连带承担受害人损失655.325万元。

【典型意义】

本案系人民法院以司法判决形式明确,对于陆源污染案件,即使排放达标亦

---

① 参见《迁安某造纸厂等九企业与孙某某等十八人养殖损害赔偿纠纷案》,载中国法院网2014年9月21日,http://www.chinacourt.org/article/detail/2014/09/id/1430946.shtml。

应适当承担环境污染损害赔偿责任,有力惩戒了陆源污染制造者,有效地维护了环渤海地区海洋环境,标志着我国环境保护工作与国际先进水平的进一步接轨,是我国环境保护法治进程的重要里程碑,也对随后的环境污染司法实践乃至侵权责任法相关条文的制定起到了参考与借鉴作用。对于此类案件的审理,法院一方面要发挥裁判的重要功能,惩戒污染者,维护受害人权益,另一方面也要基于公平原则,按照排放行为是否超标科学合理划分侵权人的责任。本案审理期间,有关共同侵权、环境污染的法律法规均不完备。本案酌情判令化工公司承担独立的民事责任而非连带责任,充分体现了过错与责任相一致的原则,也有利于鼓励企业达标排放的积极性,维护法律的公平,在当时特定的历史条件下起到了很好的效果。

2. 环境侵权的举证责任倒置

在民事诉讼中,当事人对自己提出的主张,有责任提供证据,即通常所说的"谁主张,谁举证",这是民事诉讼的一个基本原则。

但是如前所述,环境污染涉及复杂的科学技术问题,环境污染行为具有隐蔽性、环境污染具有累积性等特点,特别对污染行为与损害后果之间的因果关系,受害者往往很难证明。

基于这种实体法上因果关系的特殊性,理论和实务中大多主张以因果关系的推定原则代替因果关系的直接、严格认定。即在环境侵权责任中,只要证明行为人已经排放了可能危及人身健康或者造成财产损害的物质,或者实施了相关破坏生态的行为,而当事人的人身或者财产或者环境本身受到了损害,即可推定这种危害是由该污染环境、破坏生态的行为所致。

环境侵权这种举证责任倒置原则的建立,在我国也经历了较长的一个过程。最典型的案例莫过于最高人民法院再审的俞某某(一审原告,原浙江省平湖师范农场特种养殖场场长)诉嘉兴平湖 A 染化厂、B 染料厂、C 化工厂、D 化工厂和 E 印染厂等 5 家上游企业环境污染责任纠纷案。① 该案历经两级人民检察院的抗诉和四级人民法院的审理。在基层人民法院、中级人民法院、高级人民法院的审理过程中,各方当事人对原告的损害后果、被告的排污行为均无争议,有争议的

① 参见郄建荣:《两级检院抗诉四级法院审理,最高院终审 15 年污染案》,载《法制与经济》(下旬刊)2009 年第 5 期。

是5家企业的污染行为与养殖场的损失是否存在因果关系，特别是应由哪一方举证证明该因果关系是否存在。地方三级法院均认为应由原告举证证明其损失是由5被告的排放行为所致。在原告举证不能的情况下，判决原告败诉。

最高人民法院经过3年的审理后认为，作为侵权人的污染企业只有能够证明其侵权行为与损害后果不存在因果关系或者法律规定的免责事由成立的情况下，才能免除侵权损害赔偿责任。因此，本案的举证责任应由被告5家企业承担。原审法院要求受损害的养殖场举证证明该因果关系存在不当，应予以纠正。本案中5被告没有证据证明其排污行为与损害后果不存在因果关系。因此，最高人民法院判令5家企业赔偿浙江省平湖师范农场特种养殖场损失48.3万元及利息（每家96,600元及利息），并判令5个被告对上述债务承担连带清偿责任。

2010年7月1日施行的《侵权责任法》第66条中规定，因污染环境发生纠纷，污染者应当就法律规定的不承担责任或者减轻责任的情形及其行为与损害之间不存在因果关系承担举证责任。由此在法律层面正式确立了环境侵权案件中举证责任倒置的原则。

2021年1月1日施行的《民法典》第1230条规定，因污染环境、破坏生态发生纠纷，行为人应当就法律规定的不承担责任或者减轻责任的情形及其行为与损害之间不存在因果关系承担举证责任。

环境侵权中的举证责任倒置规则，是否意味着受害人（被侵权人）不需要提供任何证据？并非如此。事实上，被侵权人应当对环境侵权行为、损害后果以及行为与损害后果之间具备关联性承担举证责任。对此，最高人民法院《关于审理环境侵权责任纠纷案件适用法律若干问题的解释》进行了规定。该司法解释第6条规定，被侵权人根据《民法典》第七编第七章的规定请求赔偿的，应当提供证明以下事实的证据材料：（1）侵权人排放了污染物或者破坏了生态；（2）被侵权人的损害；（3）侵权人排放的污染物或者其次生污染物、破坏生态行为与损害之间具有关联性。

需要注意的是，被侵权人对侵权行为与损害后果之间的因果关系仅承担初步的举证责任，侵权人就侵权行为与损害后果之间不存在因果关系承担的则是“高度盖然性”的证明责任。被侵权人提供证据证明侵权人排放的污染物或者次生污染物，或者实施的生态破坏行为与损害之间具有关联性，即推定因果关系成立。有关污染环境、破坏生态行为与损害之间不存在因果关系的事项,则由污染环境、破坏生态行为人负责举证;如其举证不能,则认定因果关系成立。

在侵权人提供了相应的证据的情况下,如何判断侵权人的行为与损害结果之间不存在因果关系,最高人民法院《关于审理环境侵权责任纠纷案件适用法律若干问题的解释》第7条规定,侵权人举证证明下列情形之一的,人民法院应当认定其污染环境、破坏生态行为与损害之间不存在因果关系:(1)排放污染物、破坏生态的行为没有造成该损害可能的;(2)排放的可造成该损害的污染物未到达该损害发生地的;(3)该损害于排放污染物、破坏生态行为实施之前已发生的;(4)其他可以认定污染环境、破坏生态行为与损害之间不存在因果关系的情形。

二、环境侵权民事责任的承担

1. 民事责任承担概述

《民法通则》第134条规定了10种民事责任承担方式,包括:(1)停止侵害;(2)排除妨碍;(3)消除危险;(4)返还财产;(5)恢复原状;(6)修理、重作、更换;(7)赔偿损失;(8)支付违约金;(9)消除影响、恢复名誉;(10)赔礼道歉。以上承担民事责任的方式,可以单独适用,也可以合并适用。

《民法典》第179条规定了11种民事责任承担方式:(1)停止侵害;(2)排除妨碍;(3)消除危险;(4)返还财产;(5)恢复原状;(6)修理、重作、更换;(7)继续履行;(8)赔偿损失;(9)支付违约金;(10)消除影响、恢复名誉;(11)赔礼道歉。法律规定惩罚性赔偿的,依照其规定。本条规定的承担民事责任的方式,可以单独适用,也可以合并适用。相比《民法通则》,增加了一项“继续履行”,并规定了惩罚性赔偿。

2. 惩罚性赔偿

惩罚性赔偿,是指由法庭判决赔偿数额超出实际损害数额的赔偿,它具有补偿受害人遭受的损失、惩罚和遏制不法行为等多重功能。[①]《民法典》首次将惩罚性赔偿责任引入生态环境侵权领域。《民法典》第1232条规定:“侵权人违反法律规定故意污染环境、破坏生态造成严重后果的,被侵权人有权请求相应的惩罚性赔偿。”

---

① 参见王利明:《惩罚性赔偿研究》,载《中国社会科学》2000年第4期。

根据上述规定,环境侵权诉讼中适用惩罚性赔偿责任需要同时具备三个条件:一是行为人的行为需违反法律规定,即具有违法性(以违法为前提,无过错归责原则不能适用于惩罚性赔偿);二是行为人需存在污染环境、破坏生态的故意(过失情况下不能适用);三是行为人的违法行为需造成严重后果(如果只是一般后果,也不能适用)。

为正确适用惩罚性赔偿,2022 年 1 月 12 日,最高人民法院公布了《关于审理生态环境侵权纠纷案件适用惩罚性赔偿的解释》(法释〔2022〕1 号),自 2022 年 1 月 20 日起施行。该司法解释对生态环境侵权纠纷案件适用惩罚性赔偿的范围、认定要件、计算基数和倍数等具体问题予以规范。

根据该司法解释的规定,被侵权人主张侵权人承担惩罚性赔偿责任的,应当提供证据证明以下事实:(1)侵权人污染环境、破坏生态的行为违反法律规定;(2)侵权人具有污染环境、破坏生态的故意;(3)侵权人污染环境、破坏生态的行为造成严重后果。

关于其中的"法律",该司法解释明确,应当以法律、法规为依据,可以参照规章的规定。

关于如何认定"故意",该司法解释明确,人民法院认定侵权人是否具有污染环境、破坏生态的故意,应当根据侵权人的职业经历、专业背景或者经营范围,因同一或者同类行为受到行政处罚或者刑事追究的情况,以及污染物的种类,污染环境、破坏生态行为的方式等因素综合判断。该司法解释第 7 条明确规定,具有下列情形之一的,人民法院应当认定侵权人具有污染环境、破坏生态的故意:(1)因同一污染环境、破坏生态行为,已被人民法院认定构成破坏环境资源保护犯罪的;(2)建设项目未依法进行环境影响评价,或者提供虚假材料导致环境影响评价文件严重失实,被行政主管部门责令停止建设后拒不执行的;(3)未取得排污许可证排放污染物,被行政主管部门责令停止排污后拒不执行,或者超过污染物排放标准或者重点污染物排放总量控制指标排放污染物,经行政主管机关责令限制生产、停产整治或者给予其他行政处罚后仍不改正的;(4)生产、使用国家明令禁止生产、使用的农药,被行政主管部门责令改正后拒不改正的;(5)无危险废物经营许可证而从事收集、贮存、利用、处置危险废物经营活动,或者知道或者应当知道他人无许可证而将危险废物提供或者委托给其从事收集、贮存、利用、处置等活动的;(6)将未经处理的废水、废气、废渣直接排放或者倾倒的;

(7)通过暗管、渗井、渗坑、灌注，篡改、伪造监测数据，或者以不正常运行防治污染设施等逃避监管的方式，违法排放污染物的；(8)在相关自然保护区域、禁猎(渔)区、禁猎(渔)期使用禁止使用的猎捕工具、方法猎捕、杀害国家重点保护野生动物、破坏野生动物栖息地的；(9)未取得勘查许可证、采矿许可证，或者采取破坏性方法勘查开采矿产资源的；(10)其他故意情形。

对于是否造成“严重后果”的认定，该司法解释第8条规定，人民法院认定侵权人污染环境、破坏生态行为是否造成严重后果，应当根据污染环境、破坏生态行为的持续时间、地域范围，造成环境污染、生态破坏的范围和程度，以及造成的社会影响等因素综合判断。侵权人污染环境、破坏生态行为造成他人死亡、健康严重损害，重大财产损失，生态环境严重损害或者重大不良社会影响的，人民法院应当认定为造成严重后果。

对于惩罚性赔偿金额的确定，该司法解释第9条规定，人民法院确定惩罚性赔偿金数额，应当以环境污染、生态破坏造成的人身损害赔偿金、财产损失数额作为计算基数。第10条规定，人民法院确定惩罚性赔偿金数额，应当综合考虑侵权人的恶意程度、侵权后果的严重程度、侵权人因污染环境、破坏生态行为所获得的利益或者侵权人所采取的修复措施及其效果等因素，但一般不超过人身损害赔偿金、财产损失数额的2倍。

该司法解释的颁布，对于严格审慎适用生态环境的惩罚性赔偿制度，依法保护民事主体合法权益，统筹生态环境保护和经济社会发展，具有积极意义。

案例3-3　H公司环境污染责任纠纷案①

【基本案情】

2018年3月，被告H公司的叠氮化钠蒸馏系统设备损坏，致使生产过程中产生大量的硫酸钠废液无法按照正常生产工艺进行处理。为不影响公司生产，该公司生产部经理吴某向该公司法定代表人叶某请示后，于2018年3月3日至7月31日将该公司生产的硫酸钠废液交由无危险废物处置资质的吴某处理。吴某雇请李某将30车共计1124.1吨硫酸钠废液运输到浮梁县寿安镇八角井、浮梁县湘湖镇洞口村的山上倾倒，共倾倒硫酸钠废液共计1124.1吨，造成浮梁县寿

① 参见江西省浮梁县人民法院民事判决书，(2020)赣0222民初796号。

安镇八角井周边约8.08亩范围内的环境和浮梁县湘湖镇洞口村洞口组、江村组地表水、地下水受到了污染,影响了浮梁县湘湖镇洞口村约6.6平方公里流域的环境,对当地1000余名居民饮用水安全造成威胁。

2019年7月15日,江西求实司法鉴定中心对生态环境损害进行鉴定,认为浮梁县湘湖镇洞口村洞口组和寿安镇八角井倾倒点表层土壤均存在叠氮化钠污染,两处地块修复总费用为216万余元。2020年11月,江西求实司法鉴定中心对涉案倾倒点环境功能性损失费用进行补充鉴定,认为吴某等人在浮梁县湘湖镇洞口村洞口组和寿安镇八角井倾倒废液造成环境功能性损失费用共计5万余元。浮梁县湘湖镇洞口村村民委员会采取了新建饮水、洗衣码头工程等应急处置措施,产生应急处置费用53万余元。

2020年11月19日,江西省浮梁县人民法院受江西省高级人民法院指定管辖后对该案进行了立案,并于11月20日书面告知景德镇浮梁生态环境局。公益诉讼起诉人江西省浮梁县人民检察院诉至浮梁县人民法院,要求判令被告H公司赔偿倾倒硫酸钠废液造成的环境污染修复、环境功能性损失等费用,并承担污染环境惩罚性赔偿17万余元(2021年1月3日江西省浮梁县检察院新增诉讼请求),共计302万余元;并对本次违法倾倒硫酸钠废液的行为在国家级新闻媒体上向社会公众赔礼道歉。

【法院观点】

江西省浮梁县人民法院经审理后认为,被告H公司生产部经理吴某在生产叠氮化钠的蒸馏系统设备损坏后,为处理硫酸钠废液,经法定代表人叶某同意后交由无危险废物处置资质的吴某处理,导致1124.1吨硫酸钠废液被运输到浮梁县寿安镇八角井、浮梁县湘湖镇洞口村的山上倾倒,造成当地水体、土壤等环境污染的严重后果,并造成他人损害,应当承担侵权责任。且至该案审理期间,涉案倾倒废液行为所致的环境污染并未得到修复,损害后果仍在持续,适用《民法典》的相关规定有利于保护生态环境,更有利于维护社会公共秩序和公共利益,更有利于弘扬和谐、文明等社会主义核心价值观,符合最高人民法院《关于适用〈中华人民共和国民法典〉时间效力的若干规定》第2条规定的溯及情形,浮梁县检察院增加的惩罚性赔偿诉讼请求于法有据。

故依照《民法典》第120条、第179条、第1191条第1款、第1229条、第1232条,《环境保护法》第6条第3款、第48条,最高人民法院《关于审理环境民事公益诉讼案件适用法律若干问题的解释》第18条、第19条、第20条第2款、第21条、第22条,最高人民法院、最高人民检察院《关于检察公益诉讼案件适用法律若干问题的解释》第13条第1~2款、第26条,《民事诉讼法》第55条、第64条第1款、第142条之规定,判决被告H公司赔偿环境修复费用216万余元、环境功能性损失费用5万余元、应急处置费用53万余元、检测鉴定费9万余元,并承担环境污染惩罚性赔偿17万余元(环境功能性损失费用的3倍);对违法倾倒硫酸钠废液污染环境的行为在国家级新闻媒体上向社会公众赔礼道歉。

【典型意义】

本案是《民法典》实施之后,全国首例适用《民法典》第1232条有关环境侵权惩罚性赔偿条款的案件。为彰显国家对环境保护的重视以及对环境公共利益的司法保护,践行习近平总书记"绿水青山就是金山银山"理念,《民法典》在第1232条中规定了故意污染环境、破坏生态的侵权人除应承担一般的侵权责任外,还应承担惩罚性赔偿责任,通过提高侵权行为的成本,达到避免侵权行为发生,进而更好地保护生态环境的根本目的。

本案虽然发生在《民法典》施行之前,但损害结果在《民法典》实施后仍在持续。该法院基于更有利于保护民事主体合法权益、更有利于维护社会和经济秩序以及更有利于弘扬社会主义核心价值观背景及宗旨的角度,依法适用惩罚性赔偿制度,与《民法典》所体现出的严格保护环境的宗旨和本义相符。同时,也向社会传达了司法机关积极推进生态文明进程,以最严格的法治保护生态环境的态度,对提升社会公众的环境保护意识具有重要意义。在适用《民法典》第1232条有关环境侵权惩罚性赔偿规定时,对于赔偿标准,更是借鉴了《消费者权益保护法》《食品安全法》等涉及社会公共利益的惩罚性赔偿规定,对同属于涉及社会公共利益的环境保护领域,参照前述惩罚性赔偿标准对本案侵权人作出要求承担环境功能损失费用的3倍惩罚性赔偿,合理且更易于被公众接受,对后续类似环境污染侵权案件的处理也具有一定的指导意义和示范作用。

3. 生态环境损害修复责任

《民法典》第1234条新增生态环境损害修复责任条款:违反国家规定造成生态环境损害,生态环境能够修复的,国家规定的机关或者法律规定的组织有权请求侵权人在合理期限内承担修复责任。侵权人在期限内未修复的,国家规定的机关或者法律规定的组织可以自行或者委托他人进行修复,所需费用由侵权人负担。

根据上述规定,生态环境损害修复责任可以区分为两种责任承担形式。一是本位责任。生态环境能够修复的,侵权人应在合理期限内承担修复责任,并以此为首选。二是替代责任。造成的生态环境损害若能修复,但侵权人未在期限内修复的,国家规定的机关或者法律规定的组织可以自行或者委托他人进行修复,并由侵权人承担所需全部费用,此为替代责任。“替代责任”是在侵权人不在期限内修复的情形下,由国家规定的机关或者法律规定的组织承担对生态环境损害的及时救济,既是为了防止因侵权人不及时修复而扩大生态环境损害困境的出现,又是国家规定的机关负有《宪法》所规定的保护生态环境义务的重要体现,同时也是《环境保护法》所赋予的环保组织职能的彰显。环境修复费用由侵权人承担,既贯彻了“环境有价,损害担责”原则,又为推进生态文明建设提供了资金保障。

最高人民法院《关于审理生态环境损害赔偿案件的若干规定(试行)》(2020年修正)第12条规定,受损生态环境能够修复的,人民法院应当依法判决被告承担修复责任,并同时确定被告不履行修复义务时应承担的生态环境修复费用。并明确生态环境修复费用,包括制定、实施修复方案的费用,修复期间的监测、监管费用,以及修复完成后的验收费用、修复效果后评估费用等。原告请求被告赔偿生态环境受到损害至修复完成期间服务功能损失的,人民法院根据具体案情予以判决。第13条规定,受损生态环境无法修复或者无法完全修复,原告请求被告赔偿生态环境功能永久性损害造成的损失的,人民法院根据具体案情予以判决。

在北京市朝阳区自然之友环境研究所、福建省绿家园环境友好中心诉谢某某等四人破坏林地民事公益诉讼案①中,福建省南平市中级人民法院一审认为,谢某某等四人为采矿占用林地,破坏了林地的原有植被,还造成了林地植被受损至恢复原状期间生态服务功能的损失,依法应共同承担恢复林地植被、赔偿生态功能损失的侵权责任。遂判令谢某某等四人一定期限内恢复被破坏的林地功

① 该案为2015年12月29日最高人民法院发布的2015年十大环境侵权典型案例之一,载最高人民法院网2015年12月29日,http://www.court.gov.cn/zixun-xiangqing-16396.html。

能，在该林地上补种林木并抚育管护3年，如不能在指定期限内恢复林地植被，则共同赔偿生态环境修复费用110万余元等。这种"替代性修复"的模式，也是生态环境损害修复责任的一种形式。

而在2019年南京某公司的污染环境刑事附带民事公益诉讼案①中，在法院的主持下，检察机关与该公司及其股东分四期支付2.37亿元的现金赔偿及承担2.33亿元替代性修复义务的"现金赔偿+替代性修复"调解方案，并确定承担替代性修复义务的具体措施，包括新建污水处理厂、现有污水处理厂提标改造、设立保护江豚公益项目等内容。

案例3-4 郑州市生态环境局与河南X公司生态环境损害赔偿司法确认案②

【基本案情】

2017年11月，河南X公司在新郑市龙湖镇非法倾倒有毒土壤。经鉴定，土壤中含有"六六六"与"滴滴涕"等农药因子，受污染土壤共计14.89万立方米。在有关部门采取紧急控制措施、查清污染事实、鉴定损害后果后，根据河南省郑州市人民政府授权，郑州市生态环境局与X公司进行磋商，达成了《新郑市龙湖镇李木咀村与刘口村土壤污染案件生态环境损害赔偿协议》。主要内容为，(1)由X公司赔偿应急处理及调查评估，土壤修复效果评估、监理与验收，恢复性补偿等费用共929.82万元。(2)由X公司承担土壤修复责任，委托第三方进行受污染土壤无害化处置，直至评估达标；否则须按司法鉴定土壤修复估算费用的130%计算违约金，计1.9亿元，同时还应就损害扩大部分承担全部法律责任。(3)若X公司不履行或不完全履行协议，郑州市生态环境局有向河南省郑州市中级人民法院申请强制执行的权利。协议达成后，双方共同向人民法院申请要求确认协议有效。

【裁判结果】

河南省郑州市中级人民法院受理司法确认申请后，依法对《新郑市龙湖镇李木咀村与刘口村土壤污染案件生态环境损害赔偿协议》内容进行了公告。公告

① 参见《最高检发布第二十三批指导性案例》，载最高人民检察院网，https://www.spp.gov.cn/jczdal/202012/t20201214_488891.shtml。

② 参见《黄河流域生态环境司法保护典型案例》，载最高人民法院网2020年6月5日，http://www.court.gov.cn/zixun-xiangqing-234011.html。

期内，未收到异议或意见。河南省郑州市中级人民法院对协议内容的真实性、合法性审查后认为，申请人达成的协议符合司法确认的条件，遂裁定确认协议有效；拒绝履行或者未全部履行协议时，可以向人民法院申请强制执行。

【典型意义】

本案系土壤污染引发的生态环境损害赔偿司法确认案件。涉案磋商协议对赔偿权利人和赔偿义务人的身份，生态环境损害的事实、程度和有关证据，双方对生态损害鉴定报告的意见，生态环境损害修复模式及费用支付方式，修复工程持续期间，修复效果评估以及不履行或不完全履行协议的责任等内容做了全面约定，不仅确保生态环境损害修复工作落到实处，也便于接受公众监督，充分保障公众的知情权和参与权。受案法院对生态环境损害磋商协议司法确认的程序、规则等进行了积极探索，提供了有益的经验。人民法院通过司法确认，赋予磋商协议强制执行效力，促进磋商在生态环境损害赔偿工作中的积极作用，引导企业积极履行生态环境保护主体责任，强化土壤污染管控和修复，促进流域生态环境保护修复。

第三节　环境民事公益诉讼和生态环境损害赔偿制度

环境公益诉讼，是指环境保护方面的公益性诉讼，是指由于自然人、法人或其他组织的违法行为或不作为，使环境公共利益遭受侵害或即将遭受侵害时，法律允许一定机构、组织或个人为维护公共利益而向法院提起的诉讼。环境公益诉讼可以分为环境民事公益诉讼和环境行政公益诉讼，本节主要对环境民事公益诉讼进行探讨。环境民事公益诉讼按照原告的不同，可分为环保组织提起的环境民事公益诉讼和检察机关提起的环境民事公益诉讼。

生态环境损害赔偿制度，是依据中共中央办公厅、国务院办公厅 2015 年 12 月 3 日印发的《生态环境损害赔偿制度改革试点方案》（已失效）而建立的制度。

一、环保组织提起的环境民事公益诉讼

《民事诉讼法》（2017 年修正）第 55 条第 1 款规定："对污染环境、侵害众多消费者合法权益等损害社会公共利益的行为，法律规定的机关和有关组织可以

向人民法院提起诉讼。”

2015 年 1 月 1 日实施的《环境保护法》第 58 条第 1 款对可以提起环境公益诉讼的社会组织做出了明确规定，即对污染环境、破坏生态，损害社会公共利益的行为，符合下列条件的社会组织可以向人民法院提起诉讼：(1)依法在设区的市级以上人民政府民政部门登记；(2)专门从事环境保护公益活动连续 5 年以上且无违法记录。按照该规定，“依法在设区的市级以上人民政府民政部门登记”和“专门从事环境保护公益活动连续五年以上且无违法记录”的社会组织可以提起公益诉讼。

最高人民法院《关于审理环境民事公益诉讼案件适用法律若干问题的解释》(2020 年修正)明确，“在设区的市级以上人民政府民政部门登记的社会团体、基金会以及社会服务机构等”，认定为《环境保护法》第 58 条规定的社会组织。认定社会组织为《环境保护法》第 58 条规定的“专门从事环境保护公益活动”的，应以该社会组织章程确定的宗旨和主要业务范围是维护社会公共利益，且从事环境保护公益活动为判断标准。社会组织在提起诉讼前 5 年内未因从事业务活动违反法律、法规的规定而受过行政、刑事处罚的，可以认定为《环境保护法》第 58 条规定的“无违法记录”。

在引起广泛关注的腾格里沙漠污染事件中，宁夏某化工有限公司违规将超标生产废水直接排入蒸发池，造成腾格里沙漠严重污染。在有关部门责令整改后，整改进度缓慢。中国生物多样性保护与绿色发展基金会(以下简称绿发会)向当地法院提起环境公益诉讼。然而，围绕中国绿发会是否具备原告主体资格的问题，经历了一审、二审和最高人民法院的再审，最后最高人民法院认定中国绿发会具备原告主体资格。①

案例 3－5　常州“毒地”案②

据《法制日报》报道，2018 年 12 月 27 日上午，备受关注的常州“毒地”案二审宣判，江苏省高级人民法院经审理后作出终审判决，撤销一审判决，三家污染

① 参见《指导案例 75 号：中国生物多样性保护与绿色发展基金会诉宁夏某公司环境污染公益诉讼案》，载最高人民法院网 2017 年 1 月 3 日，http://www.court.gov.cn/zixun-xiangqing-34322.html。

② 《江苏高院对“常州毒地案”作出终审判决》，载法治网，http://www.legaldaily.com.cn/index/content/2018-12/27/content_7730492.htm。

企业在判决生效后在国家级媒体上就其污染行为向社会公众赔礼道歉，向两环保组织支付律师费及差旅费共计46万元，并承担一审案件受理费100元、二审案件受理费100元，驳回两环保组织的其他诉讼请求。

2016年，江苏常州市外国语学校数百名学生体检查出皮炎、湿疹、支气管炎、血液指标异常、白细胞减少等症状。学校附近正在进行土壤修复施工的“毒地”成为学生家长怀疑的对象，此地曾先后被三家化工企业使用。

2016年4月29日，北京市朝阳区环保组织自然之友和中国生物多样性保护与绿发会对造成污染的三家化工企业江苏常隆化工有限公司、常州市常宇化工有限公司、江苏华达化工集团有限公司提起公益诉讼，要求三家公司承担污染土壤和地下水的环境修复费用3.7亿元，向公众赔礼道歉，承担原告因本诉讼支出的相关费用。

常州市中级人民法院一审判决认为，案涉地块的环境污染修复工作已由常州市新北区政府组织开展，环境污染风险得到了有效控制，两原告的诉讼目的已在逐步实现，遂判决两原告败诉，共同承担189.18万元的案件受理费。

后两原告不服分别提起上诉，此案二审于2016年12月19日在江苏省高院开庭审理。庭审中，两环保组织认为，三家化工企业是环境修复责任主体，政府实施环境修复仅为履行管理职能，政府已支出的费用、将来支出费用应由被上诉人承担。三家被诉化工企业则认为，土地已被政府收储，环境污染修复责任应由土地受让人承担，且地方政府已经在组织实施修复，污染危害已得到初步控制。

针对被上诉人是否应当承担环境污染侵权责任，二审判决认为，根据相关调查、评估，三被上诉人各自原厂区内土壤和地下水超标污染物种类，重点污染物的区域、点位、种类、浓度和生物毒性的区域、级别等与三被上诉人公司在案涉地块厂区内各类产品生产区、辅助生产区、办公生活区、污水处理与仓储区等区域基本对应，可以印证案涉场地污染主要系三被上诉人从事农药、化工生产所致。

因此，三被上诉人应当就其生产经营行为对案涉场地造成的环境污染承担相应的侵权责任。三被上诉人认为案涉地块国有土地使用权已被收储，土地使用权已经依法转让，相关侵权责任应当由土地受让人地方政府承担，并非法律规定的不承担责任或者减轻责任的情形，法院不予支持。

关于被上诉人是否应当承担污染风险管控和修复责任，判决认为，组织实施污染风险管控和修复是污染者的法律义务，尽管当地政府已组织实施污染风险管控、修复工作，但与污染者担责的归责原则并不冲突。同时，当地政府收储案涉地块后根据不同时期的用地规划，先后以居住用地、绿化用地为标准制定了污染风险管控和修复方案，且已经取得阶段性成效，方案已涵盖了被上诉人应当承担的案涉场地污染风险防控和修复责任范围。目前，没有判决被上诉人再另行组织实施污染场地修复治理的必要性。

针对被上诉人是否要承担地方政府支出的污染治理费用，判决认为，当地政府在本案诉讼前已经组织实施案涉地块的污染风险管控和修复，若其认为相关费用应由被上诉人负担或分担，可以依法向被上诉人追偿。在本案中，上诉人提出由三被上诉人负担政府支出的修复费用的诉求超出了环境公益诉讼的请求范围，不予支持。

判决还认为，上诉人提出的由被上诉人承担修复费用的诉求因无法确定后续治理所需费用，不能作为案件受理费的计算依据。且上诉人优先诉求是由被上诉人修复受损环境，承担修复费用系优先诉求不能实现时的备位诉求，应当按照优先诉求确定案件受理费。因此，本案按照非财产案件计算案件受理费。

律师手记

吴荣良律师、万美律师作为本案二审中环保组织自然之友及支持起诉单位的代理律师，和其他代理律师一起，经过将近两年时间的艰苦努力，江苏省高级人民法院最终部分支持了原告的诉讼请求，认定污染企业应承担环境侵权责任，判决其向社会公开赔礼道歉并承担环保组织为本案支出的费用以及本案的诉讼费，但是驳回了环保组织的其他要求。

二审宣判后，中国绿发会向最高人民法院申请再审。最高人民法院认为中国绿发会的再审申请符合《民事诉讼法》第200条第6款规定的情形，并裁定由最高人民法院提审，再审期间，不中止原判决的执行。截至本书完稿之时，再审尚未有结果。

二、检察机关提起的环境民事公益诉讼

党的十八届四中全会通过的中共中央《关于全面推进依法治国若干重大问题的决定》提出“探索建立检察机关提起公益诉讼制度”。2015年7月1日第十二届全国人民代表大会常务委员会第十五次会议通过《关于授权最高人民检察院在部分地区开展公益诉讼试点工作的决定》，授权最高人民检察院在生态环境

和资源保护、国有资产保护、国有土地使用权出让、食品药品安全等领域开展提起公益诉讼试点。试点地区确定为北京、内蒙古、吉林、江苏、安徽、福建、山东、湖北、广东、贵州、云南、陕西、甘肃 13 个省、自治区、直辖市。

2015 年 7 月 2 日，最高人民检察院发布《检察机关提起公益诉讼改革试点方案》。2015 年 12 月 24 日，最高人民检察院发布《人民检察院提起公益诉讼试点工作实施办法》(已失效)，对检察机关提起民事公益诉讼和行政公益诉讼做了具体规定。

2017 年《民事诉讼法》再次进行修改，第 55 条增加了第 2 款，规定“人民检察院在履行职责中发现破坏生态环境和资源保护、食品药品安全领域侵害众多消费者合法权益等损害社会公共利益的行为，在没有前款规定的机关和组织或者前款规定的机关和组织不提起诉讼的情况下，可以向人民法院提起诉讼。前款规定的机关或者组织提起诉讼的，人民检察院可以支持起诉”。检察机关提起民事公益诉讼的制度在立法层面上正式确立。

最高人民法院、最高人民检察院《关于检察公益诉讼案件适用法律若干问题的解释》(2018 年发布，2020 年修正)第 13 条第 1 款、第 2 款规定，“人民检察院在履行职责中发现破坏生态环境和资源保护，食品药品安全领域侵害众多消费者合法权益，侵害英雄烈士等的姓名、肖像、名誉、荣誉等损害社会公共利益的行为，拟提起公益诉讼的，应当依法公告，公告期间为三十日。公告期满，法律规定的机关和有关组织、英雄烈士等的近亲属不提起诉讼的，人民检察院可以向人民法院提起诉讼”。据此，检察机关在提起民事公益诉讼前必须履行公告 30 日的前置程序。该解释第 20 条规定，人民检察院对破坏生态环境和资源保护、食品药品安全领域侵害众多消费者合法权益等损害社会公共利益的犯罪行为提起刑事公诉时，可以向人民法院一并提起附带民事公益诉讼，由人民法院同一审判组织审理。人民检察院提起的刑事附带民事公益诉讼案件由审理刑事案件的人民法院管辖。

2021 年 6 月 29 日，最高人民检察院发布《人民检察院公益诉讼办案规则》，自 2021 年 7 月 1 日起施行。该办案规则总结提炼了各地办理公益诉讼案件的经验做法和探索实践，进一步明确和细化办案各阶段、各环节的标准和要求，并在优化诉前程序、丰富调查手段、增强建议刚性、完善诉讼请求等方面探索创设一些新机制、新举措。

据统计,从2017年7月至2021年6月,全国检察机关共提起诉讼19,695件,包括行政公益诉讼2336件,民事公益诉讼17,356件(含刑事附带民事公益诉讼15,320件),从领域分布来看,生态环境和资源保护14,175件,占71.97%。[①]

案例3-6 全国检察机关首起调解结案的环境民事公益诉讼案[②]

2016年7月18日,广东省肇庆市中级人民法院作出民事调解书,对肇庆市人民检察院于6月17日与被告签订的《调解协议》进行确认。根据《调解协议》,被告同意按照肇庆市人民检察院起诉的全部诉讼请求承担环境污染赔偿责任。这是广东省检察机关自开展提起公益诉讼试点以来起诉的首起公益诉讼案件,也是试点以来全国首起调解结案的案件。

肇庆市广宁县某金属制品厂(以下简称X厂)为个人独资企业,麦某1、麦某2分别为其实际承包人和法定代表人。2008年至2013年1月,该厂违反国家规定,向北江的一级支流漫水河排放电镀生产废水。2012年12月18日,该厂被限令停产整业,但2012年12月24日该厂未经批准擅自恢复生产并继续非法排放含有氰化物的废水直至2013年1月17日,共计23天。北江下游一家自来水厂发现水源氰化物异常向环保部门举报,2013年1月17日,广宁县环保局排查发现X厂排污口与漫水河交汇处河段至其下游合坑桥处氰化物超标,最大超标195.3倍,确定X厂为漫水河氰化物超标异常的污染源。受到行政处罚后,X厂于2013年1月17日下午停产,并于2013年3月26日被注销登记,麦某1、麦某2因污染环境罪被依法追究刑事责任。经广宁县环保局委托环境保护部华南环境科学研究所进行评估,此次污染事件造成的农业、工业及市政工业损失共计321,900元。

肇庆市人民检察院在履行职责中发现该案线索,审查发现麦某1、麦某2污染水资源造成的公益损失至今未获得赔偿。在依法履行诉前程序后,肇庆市人民检察院于2016年1月18日向肇庆市中级人民法院提起民事公益诉讼,请求法

① 参见《以诉的形式履行法律监督本职,不断发展和完善中国特色检察公益诉讼制度——最高检第八检察厅负责人就检察公益诉讼起诉典型案例答记者问》,载微信公众号"最高人民检察院"2021年9月15日,https://mp.weixin.qq.com/s/4DcsdEaov3ec59aqhP8Y4g。

② 参见《广东省肇庆市人民检察院提起的麦某1、麦某2污染环境民事公益诉讼案调解结案》,载最高人民检察院网,https://www.spp.gov.cn/xwfbh/wsfbh/201607/t20160729_160483.shtml。

院判令二被告连带赔偿环境污染经济损失321,900元及委托鉴定费80,000元。法院立案后,肇庆市人民检察院就审理程序与法院进行了深入沟通,详细研判证据材料,做好了充分的庭审准备。在充分的事实根据和明确的法律依据面前,被告方自愿按照检察机关的诉讼请求支付因环境污染造成的经济损失401,900元,并承担案件诉讼费3664.25元。6月17日,肇庆市人民检察院与被告签订了《调解协议》。一个月公告期满后,肇庆市中级人民法院依法作出民事调解书予以确认。

本案中受到污染的漫水河是珠江流域第二大水系北江的一级支流,也是广宁县部分地区农作物的灌溉水体,该次污染事件影响范围较大,对农产品、饮用水安全等公共利益造成损害,具有典型性,检察机关对本案提起民事公益诉讼并开展普法教育工作,促使被告认识到自身污染行为的严重性主动承担责任,节约了司法资源,对于抑制水资源污染行为起到了警示作用。

三、生态环境损害赔偿制度

1. 生态环境损害赔偿制度的探索和建立

党的十八届三中全会明确提出对造成生态环境损害的责任者严格实行赔偿制度。中共中央办公厅、国务院办公厅于2015年12月3日印发的《生态环境损害赔偿制度改革试点方案》(已失效)提出,通过试点逐步明确生态环境损害赔偿范围、责任主体、索赔主体和损害赔偿解决途径等,形成相应的鉴定评估管理与技术体系、资金保障及运行机制,探索建立生态环境损害的修复和赔偿制度,加快推进生态文明建设。

《生态环境损害赔偿制度改革试点方案》(已失效)确定2015~2017年选择部分省份开展试点工作,2018年起在全国试行,到2020年,力争初步构建责任明确、途径畅通、技术规范、保障有力、赔偿到位、修复有效的生态环境损害赔偿制度。

经过两年试点,2017年12月17日,中共中央办公厅、国务院办公厅印发了《生态环境损害赔偿制度改革方案》(以下简称《改革方案》),意味着生态环境损害赔偿制度改革已从先行试点进入全国试行的阶段。《改革方案》提出到2020年力争在全国范围内初步构建责任明确、途径畅通、技术规范、保障有力、赔偿到位、修复有效的生态环境损害赔偿制度的目标。

《改革方案》提出,造成生态环境损害的单位或个人,应当承担生态环境损害赔偿责任，做到应赔尽赔。现行民事法律和资源环境保护法律有相关免除或减轻生态环境损害赔偿责任规定的，按相应规定执行。各地区可根据需要扩大生态环境损害赔偿义务人范围，提出相关立法建议。《改革方案》明确省级、市地级政府及其指定的部门或机构均有权提起诉讼。跨省域的生态环境损害，由生态环境损害地的相关省级政府协商开展生态环境损害赔偿工作。

最高人民法院发布的《关于审理生态环境损害赔偿案件的若干规定（试行）》（2020 年修正）（以下简称《生态环境损害赔偿司法解释》），明确生态环境损害赔偿诉讼的原告主体为省级、市地级人民政府及其指定的相关部门、机构，或者受国务院委托行使全民所有自然资源资产所有权的部门。

2. 磋商程序

《改革方案》规定，生态环境损害需要修复或赔偿的，赔偿权利人根据生态环境损害鉴定评估报告，就损害事实和程度、修复启动时间和期限、赔偿的责任承担方式和期限等具体问题与赔偿义务人进行磋商，统筹考虑修复方案技术可行性、成本效益最优化、赔偿义务人赔偿能力、第三方治理可行性等情况，达成赔偿协议。对经磋商达成的赔偿协议，可以依照《民事诉讼法》向人民法院申请司法确认。

因此，磋商程序是启动生态环境损害赔偿诉讼的前置程序。作为一种非对抗性、创新的纠纷解决方式，磋商有助于权利人与义务人高效达成赔偿协议、及时进行生态环境修复。启动磋商的前提条件是完成三项工作：（1）完成生态环境损害调查；（2）完成生态环境损害鉴定评估；（3）生态环境需要修复的，制定或至少初步完成修复方案（含替代修复）。各地在生态环境损害赔偿磋商程序中积极探索，积累了不少具有特色的经验的案例。

案例 3－7　生态环境损害赔偿“南通模式”有看点①

中国环境报见习记者　韩东良

记者近日从有关部门了解到，截至 2019 年 9 月，江苏省南通市共有 56 家企业（个人）签订《生态环境损害赔偿（修复）协议》，涉案金额 1. 2092 亿元，实际缴

① 参见韩东良：《生态环境损害赔偿“南通模式”有看点》，载中国环境网，https://www.cenews.com.cn/news/201910/t20191029_914396.html。

纳生态环境损害赔偿(修复保证)金逾1亿元,案例实践数与赔偿资金到账额均位居全国各地级市前列。

为破解"企业污染、群众受害、政府埋单"困局,2017年9月,南通结合地方实际,在江苏省内率先出台《生态环境损害赔偿制度改革试点实施方案》(以下简称《方案》)、《生态环境损害赔偿磋商办法(试行)》(以下简称《办法》)等规范性文件,明确生态环境损害赔偿制度实施范围、责任主体、索赔途径、案例实践等相关内容。

近年来,南通市结合地方实际积极探索,形成了一批可复制、可借鉴的试点经验。生态环境损害赔偿"南通模式"获评第二届江苏省生态环境十大先进典型案例,被列入生态环境治理体系部省共建引领区建设试点项目。

损害事实不协商,修复方案可商议

南通市将生态环境损害赔偿纳入全市污染防治攻坚和"263"专项行动中,初步形成责任明确、途径畅通、保障有力、赔偿到位、修复有效的工作机制。

在案件办理中,生态环境部门坚持问题导向、大胆探索,针对不同情况采取不同措施,确保责任落实到位。对已发生的生态损害案件及早开展磋商谈判,不拘泥于文件规定,既可以在损害评估完成前签订协议,也可以在评估后签订协议。

在磋商内容上,坚持原则性和灵活性相结合,做到损害事实不协商,修复方案可商议。多起案件办理过程中,地方政府牵头生态环境等部门积极做好应急处置,将生态修复与市政工程实施相结合,妥善处理相关历史遗留问题,既落实了生态损害赔偿责任,也避免了简单操作可能引发的不良社会影响。

生态环境部门牵头做好组织协调工作,注重发挥地区部门间"横向联动"和上下级的"纵向互动"作用。适度拓展磋商谈判的主体范围,在当事人认可的前提下,积极鼓励基层生态环境部门开展磋商索赔,市级生态环境部门做好指导、协调、见证工作。既发挥了基层部门的积极性、主动性,也为市级层面统筹协调、二次磋商、强化推进留足了空间和余地。

依托环境应急专家库开展小额案件评估

生态环境损害鉴定评估周期长、费用大、成本高,南通从提高工作效率、提升综合效果的角度提出了简易鉴定评估程序。《办法》规定,"对事实清楚、案情简单、损害明显的小额案件,索赔部门可邀请专家按照相关技术规范提出评估报告及修复方案"。

在此基础上,依托南通市环境应急专家库专家开展小额案件的生态环境损害评估工作,解决部分案件鉴定评估与损害赔偿费用倒挂、鉴定机构不足、案件办理周期长等难题。

生态环境部门聘请专家出具损害评估意见,推动案件快速进入司法程序,避免了社会资源的浪费,实现了案件办理法律效果和社会效果的有机结合。此项举措获得地方司法部门支持,为广泛深入推进生态环境损害赔偿工作奠定了良好基础。

允许实施分期赔付,确保赔偿得到落实

南通市生态环境部门与公、检、法等司法部门紧密协作,依法履职、尽职尽责推进生态损害赔偿工作。针对有些企业不愿磋商、不愿赔偿等心理,在环境污染犯罪案件侦办、公诉、审理过程中,同步推进生态环境损害赔偿磋商,确保尽快达成协议,将赔偿协议履行情况作为司法机关量罚或者行政处罚时的重要参考因素,赔偿磋商成功率提升明显。

强化赔偿资金的属地化、归口化管理,通过磋商谈判、调解结案等方式确定的生态环境损害赔偿资金,明确由生态环境损害结果发生地相关单位、部门负责执收,财政部门加强监督,实现了赔偿资金的规范管理。

在损害赔偿追偿工作中,考虑当事人的赔偿能力,允许实施分期赔付,同时引入第三方担保、司法确认,实现了赔款支付的可持续,确保赔偿能够得到落实。

在具体修复实施上,以有资质的鉴定评估机构出具的鉴定评估报告、修复方案为基础,强调生态环境损害者的主体责任,鼓励生态环境损害者"自行修复"或者"自行委托第三方修复"。

为确保修复工作落实到位,南通市创造性地设置履约担保内容,规定企业采取自行修复方式的,应按照修复工程预算的10%交纳履约保证金。在实际案例操作中,企业均按照修复工程预算全额交纳了履约保证金。保证金到账后,索赔部门负责对修复进程、实效等进行监督,确保修复效果。

3. 生态环境损害赔偿诉讼

根据《民法典》第1235条的规定,违反国家规定造成生态环境损害的,国家规定的机关或者法律规定的组织有权请求侵权人赔偿下列损失和费用:(1)生态环境受到损害至修复完成期间服务功能丧失导致的损失;(2)生态环境功能永久性损害造成的损失；(3)生态环境损害调查、鉴定评估等费用；(4)清除污染、修复生态环境费用；(5)防止损害的发生和扩大所支出的合理费用。

《民法典》出台之前，生态环境损害赔偿具体范围的相关规定仅散见于《关于审理环境民事公益诉讼案件适用法律若干问题的解释》(2020 年修正)、《生态环境损害赔偿司法解释》等司法解释及相关政策性文件中。《民法典》第 1235 条首次明确规定了生态环境损害赔偿的范围，为实践提供了清晰指导。

最高人民法院《生态环境损害赔偿司法解释》对原告主体资格、受案范围、起诉条件、举证责任、赔偿范围等进行了明确规定。其中第 1 条明确规定，具有下列情形之一，省级、市地级人民政府及其指定的相关部门、机构，或者受国务院委托行使全民所有自然资源资产所有权的部门，因与造成生态环境损害的自然人、法人或者其他组织经磋商未达成一致或者无法进行磋商的，可以作为原告提起生态环境损害赔偿诉讼：(1)发生较大、重大、特别重大突发环境事件的；(2)在国家和省级主体功能区规划中划定的重点生态功能区、禁止开发区发生环境污染、生态破坏事件的；(3)发生其他严重影响生态环境后果的。前款规定的市地级人民政府包括设区的市，自治州、盟、地区，不设区的地级市，直辖市的区、县人民政府。在第 2 条中明确，因污染环境、破坏生态造成人身损害、个人和集体财产损失要求赔偿或因海洋生态环境损害要求赔偿的，不适用本规定。

案例 3-8　江苏省人民政府诉安徽某化工科技有限公司生态环境损害赔偿案①

【裁判要点】

企业事业单位和其他生产经营者将生产经营过程中产生的危险废物交由不具备危险废物处置资质的企业或者个人进行处置，造成环境污染的，应当承担生态环境损害责任。人民法院可以综合考虑企业事业单位和其他生产经营者的主观过错、经营状况等因素，在责任人提供有效担保后判决其分期支付赔偿费用。

【基本案情】

2014 年 4 月 28 日，安徽某化工科技有限公司(以下简称 H 公司)营销部经理杨某将该公司在生产过程中产生的 29.1 吨废碱液，交给无危险废物处置资质

① 参见《指导案例 129 号：江苏省人民政府诉安徽某化工科技有限公司生态环境损害赔偿案》，载最高人民法院网 2020 年 1 月 14 日，http://www.court.gov.cn/fabu-xiangqing-216911.html。

的李某某等人处置。李某某等人将上述废碱液交给无危险废物处置资质的孙某某处置。2014 年 4 月 30 日,孙某某等人将废碱液倾倒进长江,造成了严重环境污染。2014 年 5 月 7 日,杨某将 H 公司的 20 吨废碱液交给李某某等人处置,李某某等人将上述废碱液交给孙某某处置。孙某某等人于 2014 年 5 月 7 日及同年 6 月 17 日,分两次将废碱液倾倒进长江,造成江苏省靖江市城区 2014 年 5 月 9 日至 11 日集中式饮用水源中断取水 40 多个小时。2014 年 5 月 8 日至 9 日,杨某将 53.34 吨废碱液交给李某某等人处置,李某某等人将上述废碱液交给丁某某处置。丁某某等人于 2014 年 5 月 14 日将该废碱液倾倒进新通扬运河,导致江苏省兴化市城区集中式饮用水源中断取水超过 14 小时。上述污染事件发生后,靖江市环境保护局和靖江市人民检察院联合委托江苏省环境科学学会对污染损害进行评估。江苏省环境科学学会经调查、评估,于 2015 年 6 月作出了《评估报告》。江苏省人民政府向江苏省泰州市中级人民法院提起诉讼,请求判令 H 公司赔偿生态环境修复费用 3637.90 万元,生态环境服务功能损失费用 1818.95 万元,承担评估费用 26 万元及诉讼费等。

【裁判结果】

江苏省泰州市中级人民法院于 2018 年 8 月 16 日作出(2017)苏 12 民初 51 号民事判决:(1)被告 H 公司赔偿环境修复费用 3637.90 万元;(2)被告 H 公司赔偿生态环境服务功能损失费用 1818.95 万元;(3)被告 H 公司赔偿评估费用 26 万元。宣判后,H 公司提出上诉,江苏省高级人民法院于 2018 年 12 月 4 日作出(2018)苏民终 1316 号民事判决:(1)维持江苏省泰州市中级人民法院(2017)苏 12 民初 51 号民事判决。H 公司应于本判决生效之日起 60 日内将赔偿款项 5482.85 万元支付至泰州市环境公益诉讼资金账户。(2)H 公司在向江苏省泰州市中级人民法院提供有效担保后,可于本判决生效之日起 60 日内支付上述款项的 20%(1096.57 万元),并于 2019 年 12 月 4 日、2020 年 12 月 4 日、2021 年 12 月 4 日、2022 年 12 月 4 日前各支付上述款项的 20%(每期 1096.57 万元)。如有一期未按时履行,江苏省人民政府可以就全部未赔偿款项申请法院强制执行。如 H 公司未按本判决指定的期限履行给付义务,应当依照《民事诉讼法》第 253 条之规定,加倍支付迟延履行期间的债务利息。

【裁判理由】

法院生效裁判认为,H 公司作为化工企业,对其在生产经营过程中产生的危险废物废碱液，负有防止污染环境的义务。H公司放任该公司营销部负责人杨某将废碱液交给不具备危险废物处置资质的个人进行处置，导致废碱液被倾倒进长江和新通扬运河，严重污染环境。《环境保护法》第64条规定，因污染环境和破坏生态造成损害的，应当依照《侵权责任法》（已失效）的有关规定承担侵权责任。《侵权责任法》（已失效）第65条规定，因污染环境造成损害的，污染者应当承担侵权责任。《侵权责任法》（已失效）第15条将恢复原状、赔偿损失确定为承担责任的方式。环境修复费用、生态环境服务功能损失、评估费等均为恢复原状、赔偿损失等法律责任的具体表现形式。依照《侵权责任法》（已失效）第15条第1款第6项、第65条，最高人民法院《关于审理环境侵权责任纠纷案件适用法律若干问题的解释》第1条第1款、第13条之规定，判决H公司承担侵权赔偿责任并无不当。

H公司以企业负担过重、资金紧张，如短期内全部支付赔偿将导致企业破产为由，申请分期支付赔偿费用。为保障保护生态环境与经济发展的有效衔接，江苏省人民政府在庭后表示，在H公司能够提供证据证明其符合国家经济结构调整方向、能够实现绿色生产转型，在有效提供担保的情况下，同意H公司依照《民事诉讼法》第231条之规定，分5期支付赔偿款。

第四节　环境民事争议相关实务

一、诉讼时效

《民法典》第188条就诉讼时效作出了规定：向人民法院请求保护民事权利的诉讼时效期间为3年。法律另有规定的，依照其规定。诉讼时效期间自权利人知道或者应当知道权利受到损害以及义务人之日起计算。法律另有规定的，依照其规定。但是自权利受到损害之日起超过20年的，人民法院不予保护；有特殊情况的，人民法院可以根据权利人的申请决定延长。根据《民法典》第196条第1项的规定，请求停止侵害、排除妨碍、消除危险的请求权，不适用诉讼时效的规定。《环境保护法》也就环境损害赔偿的诉讼时效做了规定，该法第66条规定，提起环境损害赔偿诉讼的时效期间为3年，从当事人知道或者应当知道其受到损害时起计算。

诉讼时效存在中止和中断这两种特殊情形,需要特别留意,并保留相应的证据。

1. 诉讼时效中止。根据《民法典》第194条的规定,在诉讼时效期间的最后6个月内,因下列障碍,不能行使请求权的,诉讼时效中止:(1)不可抗力;(2)无民事行为能力人或者限制民事行为能力人没有法定代理人,或者法定代理人死亡、丧失民事行为能力、丧失代理权;(3)继承开始后未确定继承人或者遗产管理人;(4)权利人被义务人或者其他人控制;(5)其他导致权利人不能行使请求权的障碍。自中止时效的原因消除之日起满6个月,诉讼时效期间届满。

2. 诉讼时效中断。根据《民法典》第195条的规定,有下列情形之一的,诉讼时效中断,从中断、有关程序终结时起,诉讼时效期间重新计算:(1)权利人向义务人提出履行请求;(2)义务人同意履行义务;(3)权利人提起诉讼或者申请仲裁;(4)与提起诉讼或者申请仲裁具有同等效力的其他情形。

二、诉权顺位

根据《生态环境损害赔偿司法解释》第17条的规定,人民法院受理因同一损害生态环境行为提起的生态环境损害赔偿诉讼案件和民事公益诉讼案件,应先中止民事公益诉讼案件的审理,待生态环境损害赔偿诉讼案件审理完毕后,就民事公益诉讼案件未被涵盖的诉讼请求依法作出裁判。从该规定可以看出,生态环境损害赔偿诉讼优先于环境民事公益诉讼。

而根据最高人民法院、最高人民检察院《关于检察公益诉讼案件适用法律若干问题的解释》(2020年修正)第13条第1~2款的规定,人民检察院在提起公益诉讼前,应当依法公告,公告期间为30日满,法律规定的机关和有关组织不提起诉讼的,人民检察院才可以向人民法院提起诉讼。也就是说,环保组织提起公益诉讼的优先于检察机关提起的公益诉讼。

三、评估鉴定

环境民事案件中,行为—结果—因果关系这三要素中,都涉及很强的技术性,多数情况下都会涉及评估鉴定问题(包括损害金额、修复费用、因果关系等)。《改革方案》要求各地区要加快推进生态环境损害鉴定评估专业力量建设,推动组建符合条件的专业评估队伍，尽快形成评估能力。研究制定鉴定评估管理制度和工作程序，保障独立开展生态环境损害鉴定评估，并做好与司法程序的衔接。为磋商提供鉴定意见的鉴定评估机构应当符合国家有关要求；为诉讼提供鉴定意见的鉴定评估机构应当遵守司法行政机关等的相关规定规范。

《生态环境损害赔偿司法解释》第10条规定，当事人在诉前委托具备环境司法鉴定资质的鉴定机构出具的鉴定意见，以及委托国务院环境资源保护监督管理相关主管部门推荐的机构出具的检验报告、检测报告、评估报告、监测数据等，经当事人质证并符合证据标准的，可以作为认定案件事实的根据。

依据上述规定，生态环境损害鉴定评估是专业性极强的工作，各地亟待加强相关专业能力建设。只有具备环境司法鉴定资质的鉴定机构及国务院环境资源保护监督管理相关主管部门推荐的机构出具的环境损害评估鉴定等文件，在符合证据标准等的前提下才可以在诉讼中作为证据使用；但在诉讼之外的磋商等程序中，国家层面对损害评估鉴定机构的资质未提出明确限定，仅明确“应当符合国家有关要求”。

在地方层面，天津、辽宁、吉林、江苏、浙江、广西、重庆、陕西、甘肃、宁夏等地出台了专门的损害鉴定评估管理办法，一些地方关于生态环境损害赔偿的总体工作办法等也对鉴定评估机构资质提出了要求。

在实践中，已有生态环境部门聘请专家出具损害评估意见，推动案件快速进入司法程序的做法。如江苏省南通市已出台《生态环境损害赔偿磋商办法（试行）》明确，“对事实清楚、案情简单、损害明显的小额案件，索赔部门可邀请专家按照相关技术规范提出评估报告及修复方案”。此项举措获得地方司法部门支持，为广泛深入推进生态环境损害赔偿工作奠定了良好基础。

四、环境民事责任的免责事由

环境民事责任的免责事由是指环境法律所规定的行为人在因环境污染致人财产或人身损害时可据以主张不承担民事赔偿责任的法定事由。环境民事责任的免责事由包括：

1. 不可抗力

根据《民法典》第180条第2款之规定，不可抗力是指“不能预见、不能避免且不能克服的客观情况”，即在当时、当地条件下，主观上无法预见，客观上也无法避免和克服的情况,如地震、火山爆发、山崩、海啸、台风等自然灾害。对于因自然或社会原因造成的非人力所能预见、避免并克服的客观情况所导致的环境损害,强行规定由排污者承担由此而产生的法律责任不仅对于责任承担者有失公正,而且也不能发挥法律责任的教育警戒作用,但排污者也不可消极应对不可抗力的发生,应积极采取合理措施避免污染损害的发生。

《水污染防治法》(2017 年修正)第 96 条第 2 款规定,由于不可抗力造成水污染损害的,排污方不承担赔偿责任;法律另有规定的除外。根据《海洋环境保护法》(2017 年修正)第 91 条规定,完全属于下列情形之一,经过及时采取合理措施,仍然不能避免对海洋环境造成污染损害的,造成污染损害的有关责任者免予承担责任:(1)战争;(2)不可抗拒的自然灾害;(3)负责灯塔或者其他助航设备的主管部门,在执行职责时的疏忽,或者其他过失行为。

2. 受害人过错

受害人过错,是指环境污染损害的受害人因为自己的故意或者过失,没有尽到自身应尽的注意义务而造成其人身或财产遭受损失。对于完全由于受害人自身的过错导致其人身或财产遭受损害,由无过错的排污者承担环境民事责任不符合法律制定的本义,因而对于有证据证明完全是由受害者自身的责任引起的污染损害,排污单位不承担责任。

另外,在发生侵害人与受害人混合过错的情况下,也可以减轻侵害人的环境民事责任。当排污者能够证明受害人对于损害结果有过失,亦即污染损害是由于排污方与受害方双方的混合过错造成时,排污者不能免责,但可以减轻责任。

《民法典》第 1173 条规定:“被侵权人对同一损害的发生或者扩大有过错的,可以减轻侵权人的责任。”第 1174 条规定:“损害是因受害人故意造成的,行为人不承担责任。”

《水污染防治法》第 96 条第 3 款中规定:“水污染损害是由受害人故意造成的,排污方不承担赔偿责任。水污染损害是由受害人重大过失造成的,可以减轻排污方的赔偿责任。”

最高人民法院《关于审理环境侵权责任纠纷案件适用法律若干问题的解释》第 1 条第 3 款规定:“侵权人不承担责任或者减轻责任的情形,适用海洋环境保护法、水污染防治法、大气污染防治法等环境保护单行法的规定;相关环境保护单行法没有规定的,适用民法典的规定。”

3. 第三人过错

第三人过错是指由于排污方和受害方之外的第三人的故意或过失，使受害方的人身或财产因环境污染遭受损失。第三人过错并不当然成为环境污染民事责任的抗辩事由，需要区分具体的污染情况。如果企业存在排污行为，且未能举证证明其排污行为与受害者的受害结果不存在因果关系的，需要先向受害者进行赔偿。

《民法典》第1175条规定："损害是因第三人造成的，第三人应当承担侵权责任。"也就是说，由第三人的故意或过失造成的污染损害，由第三人承担赔偿责任，但是当污染者对于损害结果也有过错时，污染者不能免除相应的责任。

《民法典》第1233条规定："因第三人的过错污染环境、破坏生态的，被侵权人可以向侵权人请求赔偿，也可以向第三人请求赔偿。侵权人赔偿后，有权向第三人追偿。"

《水污染防治法》第96条第4款规定，"水污染损害是由第三人造成的，排污方承担赔偿责任后，有权向第三人追偿"。《海洋环境保护法》第89条第1款中规定，"完全由于第三者的故意或者过失，造成海洋环境污染损害的，由第三者排除危害，并承担赔偿责任"。

最高人民法院《关于审理环境侵权责任纠纷案件适用法律若干问题的解释》第1条第1～2款规定，因污染环境、破坏生态造成他人损害，不论侵权人有无过错，侵权人应当承担侵权责任。侵权人以排污符合国家或者地方污染物排放标准为由主张不承担责任的，人民法院不予支持。

环境合规管理篇

防范环境法律风险，做好环境合规是关键。

合规这个词含义很广泛，适用的场合也很多。在环境领域，依法合规是常识。但是，要做到也并不容易。

本篇主要介绍企业全生命周期的环境合规管理，从项目开始，到日常营运，再到关停并转。知晓并理解法律的规定很重要，但更重要的是，要把法律规定转化为管理体系、制度，并落实到具体的行动中，这样才能防患于未然。

第四章　建设项目的合规管理

第一节　环境影响评价制度

一、环境影响评价制度的演变

环境影响评价制度，是指在进行建设活动之前，对建设项目的选址、设计和建成投产使用后可能对周围环境产生的不良影响进行调查、预测和评定，提出防治措施，并按照法定程序进行报批的法律制度。

环境影响评价制度，是实现经济建设、城乡建设和环境保护同步发展的重要制度。建设项目不但要进行经济评价，而且要进行环境影响评价，科学地分析开发建设活动对环境可能产生的影响，并提出防治措施。通过环境影响评价，可以为建设项目合理选址提供依据，防止由于布局不合理给环境带来难以消除的损害；通过环境影响评价，可以调查清楚周围环境的现状，预测建设项目对环境影响的范围、程度和趋势，提出有针对性的环境保护和污染防治措施；环境影响评价还可以为建设项目的后期运营提供科学依据。

我国早在1973年就提出了环境影响评价的概念，1979年颁布的《环境保护法（试行）》（已失效）使环境影响评价制度化、法律化。1981年发布的《基本建设项目环境保护管理办法》专门对环境影响评价的基本内容和程序作了规定。1989年颁布《环境保护法》（已修改）规定，建设项目的环境影响报告书必须对建设项目产生的污染和对环境的影响作出评价。

2003年9月1日起施行的《环境影响评价法》（已修改）是我国环境影响评价制度发展历史上的一个新的里程碑，是我国环境影响评价走向完善的标志。

根据《环境影响评价法》（2018年修正），环境影响评价包括规划环评和建设项目的环评。该法第7条指出，国务院有关部门、设区的市级以上地方人民政府及其有关部门，对其组织编制的土地利用的有关规划，区域、流域、海域的建设、开发利用规划，应当在规划编制过程中组织进行环境影响评价，编写该规划有关环境影响的篇章或者说明。规划有关环境影响的篇章或者说明，应当对规划实施后可能造成的环境影响作出分析、预测和评估，提出预防或者减轻不良环境影响的对策和措施，作为规划草案的组成部分一并报送规划审批机关。未编写有关环境影响的篇章或者说明的规划草案，审批机关不予审批。该法第 8 条第 1 款指出，国务院有关部门、设区的市级以上地方人民政府及其有关部门，对其组织编制的工业、农业、畜牧业、林业、能源、水利、交通、城市建设、旅游、自然资源开发的有关专项规划，应当在该专项规划草案上报审批前，组织进行环境影响评价，并向审批该专项规划的机关提出环境影响报告书。

《环境影响评价法》第 16 条第 2 款规定，建设单位应当按照下列规定组织编制环境影响报告书、环境影响报告表或者填报环境影响登记表（以下统称环境影响评价文件）：

（1）可能造成重大环境影响的，应当编制环境影响报告书，对产生的环境影响进行全面评价；

（2）可能造成轻度环境影响的，应当编制环境影响报告表，对产生的环境影响进行分析或者专项评价；

（3）对环境影响很小、不需要进行环境影响评价的，应当填报环境影响登记表。

国家对建设项目环境影响评价进行分类管理，国务院生态环境主管部门负责制定并公布《建设项目环境影响评价分类管理名录》，并进行动态调整。该名录明确了应当编制环境影响报告书、环境影响报告表或者填报环境影响登记表的建设项目范围。

《环境影响评价法》规定，建设项目的环境影响评价文件未依法经审批部门审查或者审查后未予批准的（未批先建），建设单位不得开工建设，否则要承担相应的法律责任。

为持续优化营商环境和促进区域高质量发展，生态环境部和各地也在积极地进行探索，并出台了相关的规定。

原环境保护部 2015 年 12 月 30 日发布的《关于加强规划环境影响评价与建设项目环境影响评价联动工作的意见》规定，对符合规划环评结论及审查意见要求的建设项目，其环境评价文件不仅可以按照规划环评的意见进行简化，还可以减少建设项目环境评价文件内容或章节。

二、环境影响评价制度的改革

1. 2016 年《环境影响评价法》的第一次修正

2016 年 7 月 2 日，全国人大常委会对《环境影响评价法》第一次修正。此次修改主要有以下重点：

（1）环境影响评价审批不再作为核准的前置条件。

修改后，环境影响评价文件的行政审批不再作为可行性研究报告审批或项目核准的前置条件，而是与可行性研究报告审批或项目核准同时进行，但仍须在开工前完成。

（2）将环境影响登记表审批改为备案。

修改前所有环境影响评价文件均需报环保部门审批。修改后环境影响报告书、报告表仍需审批，但环境影响登记表仅需备案。

（3）不再将水土保持方案的审批作为环评审批的前置条件。

修改后，不再将水行政主管部门对水土保持方案的审批作为环境影响评价审批的前置条件。

（4）取消行业预审。

修改后，环境影响报告书或者环境影响报告表不再需要经行业主管部门预审后，只需要直接报环保部门审批即可。

（5）“未批先建”最高罚款 20 万元改为总投资额的 1% 至 5%。

修改后，对于“未批先建”违法行为的罚款数额改为总投资额的 1% 至 5%。根据总投资额的比例来计算，大的建设项目的罚款金额可能达到数百万元，甚至更高，加大了惩处力度。

2. 2018 年《环境影响评价法》的第二次修正

2018 年 12 月 29 日，全国人民代表大会常务委员会对《环境影响评价法》进行第二次修正。本次修改主要内容为：

（1）落实政府职能转变和“放管服”改革，取消了环境影响评价编制机构的资质要求。

（2）将原来由环境影响评价编制机构对评价结论负责的规定，修改为“建设单位应当对建设项目环境影响报告书、环境影响报告表的内容和结论负责”，技术单位承担“相应责任”。

(3)增加了违法的处罚力度,规定了“双罚制”。修正后的《环境影响评价法》规定:建设项目环境影响报告书、环境影响报告表存在基础资料明显不实,内容存在重大缺陷、遗漏或者虚假,环境影响评价结论不正确或者不合理等严重质量问题的,由设区的市级以上人民政府生态环境主管部门对建设单位处50万元以上200万元以下的罚款,并对建设单位的法定代表人、主要负责人、直接负责的主管人员和其他直接责任人员,处5万元以上20万元以下的罚款。

接受委托编制建设项目环境影响报告书、环境影响报告表的技术单位违反国家有关环境影响评价标准和技术规范等规定,致使其编制的建设项目环境影响报告书、环境影响报告表存在基础资料明显不实,内容存在重大缺陷、遗漏或者虚假,环境影响评价结论不正确或者不合理等严重质量问题的,由设区的市级以上人民政府生态环境主管部门对技术单位处所收费用3倍以上5倍以下的罚款;情节严重的,禁止从事环境影响报告书、环境影响报告表编制工作;有违法所得的,没收违法所得。

3.《建设项目环境影响评价分类管理名录》

根据《环境影响评价法》第16条第1款的规定,国家根据建设项目对环境的影响程度,对建设项目的环境影响评价实行分类管理。生态环境部先后发布了多个版本的《建设项目环境影响评价分类管理名录》。现行有效的是《建设项目环境影响评价分类管理名录》(2021年版)(生态环境部令第16号)。

根据该名录的规定,建设单位应当严格按照本名录确定建设项目环境影响评价类别,不得擅自改变环境影响评价类别。建设内容涉及本名录中两个及以上项目类别的建设项目,其环境影响评价类别按照其中单项等级最高的确定。建设内容不涉及主体工程的改建、扩建项目,其环境影响评价类别按照改建、扩建的工程内容确定。

本名录未作规定的建设项目,不纳入建设项目环境影响评价管理;省级生态环境主管部门对本名录未作规定的建设项目,认为确有必要纳入建设项目环境影响评价管理的,可以根据建设项目的污染因子、生态影响因子特征及其所处环境的敏感性质和敏感程度等,提出环境影响评价分类管理的建议,报生态环境部认定后实施。

4. 环境影响评价文件质量的管理

环境影响评价编制机构资质取消后,为规范影响报告书(表)的编制,生态环境部2019年9月20日发布了《建设项目环境影响报告书(表)编制监督管理办法》(生态环境部令第9号),自2019年11月1日起施行。2015年9月28日原环境保护部发布的《建设项目环境影响评价资质管理办法》(环境保护部令第36号)、2019年1月19日生态环境部发布的《关于取消建设项目环境影响评价资质行政许可事项后续相关工作要求的公告(暂行)》(生态环境部公告2019年第2号)同时废止。

为确保上述管理办法得到落实,2019年10月24日生态环境部发布了如下三个配套文件:《建设项目环境影响报告书(表)编制能力建设指南(试行)》《建设项目环境影响报告书(表)编制单位和编制人员信息公开管理规定(试行)》《建设项目环境影响报告书(表)编制单位和编制人员失信行为记分办法(试行)》。

根据上述管理办法及配套文件,环境影响报告书(表)的编制单位需要配备一定数量的全职专业技术人员(包括一定数量的环境影响评价工程师)、具备完善的质量保证体系、配备相应的专业软件和仪器设备等,编制重点项目的环境影响报告书的,对编制主持人、环评工程的年限和工作经历等都提出了要求,并对编制单位和编制人员的信息公开和失信行为记分等作出了具体规定。

5. 各地的环评制度改革实践

根据中央关于“放管服”改革的要求,为进一步优化营商环境、转变政府职能,提高环境影响评价审批效率,强化环境管理,助推经济高质量发展,近年来各地在深化环评制度改革方面做了很多有益的探索。

建议企业在开展建设项目环境影响评价前,在遵守国家相关规定的基础上,加强与当地生态环境部门的沟通,充分了解并遵守当地的规定和要求。

三、碳排放纳入环境影响评价管理

为更好应对气候变化、推动绿色低碳发展,实现“2030年前碳达峰和2060年前碳中和”的愿景,国家和地方正在积极探索将碳排放纳入环评制度中。

2021年1月9日,生态环境部发布了《关于统筹和加强应对气候变化与生态环境保护相关工作的指导意见》,该意见要求将应对气候变化要求纳入“三线一单”(生态保护红线、环境质量底线、资源利用上线和生态环境准入清单)生态环境分区管控体系,通过规划环评、项目环评推动区域、行业和企业落实煤炭消费削减替代、温室气体排放控制等政策要求,推动将气候变化影响纳入环境影响评价。

2021 年 5 月 30 日,生态环境部发布《关于加强高耗能、高排放建设项目生态环境源头防控的指导意见》(环环评〔2021〕45 号)。该指导意见指出,将碳排放影响评价纳入环境影响评价体系。各级生态环境部门和行政审批部门应积极推进“两高”项目环评开展试点工作,衔接落实有关区域和行业碳达峰行动方案、清洁能源替代、清洁运输、煤炭消费总量控制等政策要求。在环评工作中,统筹开展污染物和碳排放的源项识别、源强核算、减污降碳措施可行性论证及方案比选,提出协同控制最优方案。鼓励有条件的地区、企业探索实施减污降碳协同治理和碳捕集、封存、综合利用工程试点、示范。

2021 年 7 月 21 日,生态环境部发布《关于开展重点行业建设项目碳排放环境影响评价试点的通知》(环办环评函〔2021〕346 号)。根据该通知,生态环境部决定在河北、吉林、浙江、山东、广东、重庆、陕西等七省市开展重点行业建设项目碳排放环境影响评价试点,以推动污染物和碳排放评价管理统筹融合,促进应对气候变化与环境治理协同增效,实现固定污染源减污降碳源头管控。《重点行业建设项目碳排放环境影响评价试点技术指南(试行)》同时发布。

根据该通知,试点行业为电力、钢铁、建材、有色、石化和化工等重点行业,试点地区根据各地实际选取试点行业和建设项目。本次试点主要开展建设项目二氧化碳(CO_2)排放环境影响评价,有条件的地区还可开展以甲烷(CH_4)、氧化亚氮(N_2O)、氢氟碳化物(HFCs)、全氟碳化物(PFCs)、六氟化硫(SF_6)、三氟化氮(NF_3)等其他温室气体排放为主的建设项目环境影响评价试点。

各地对此也积极开展相关的探索。例如,重庆市生态环境局于 2021 年 1 月 26 日发布了《重庆市规划环境影响评价技术指南——碳排放评价(试行)》和《重庆市建设项目环境影响评价技术指南——碳排放评价(试行)》,明确规定将碳排放纳入环评范围,成为第一个将碳排放纳入建设项目环境影响评价的地方。

四、环境影响评价中的信息公开和公众参与

2015 年施行的《环境保护法》设专章规定了信息公开与公众参与,并明确规定对于应当编制环境影响报告书的建设项目,建设单位应当在编制时向可能受影响的公众说明情况,充分征求意见;负责审批建设项目环境影响评价文件的部门在收

到建设项目环境影响报告书后，除涉及国家秘密和商业秘密的事项外，应当全文公开；发现建设项目未充分征求公众意见的，应当责成建设单位征求公众意见。

《环境影响评价法》第21条规定，除国家规定需要保密的情形外，对环境可能造成重大影响、应当编制环境影响报告书的建设项目，建设单位应当在报批建设项目环境影响报告书前，举行论证会、听证会，或者采取其他形式，征求有关单位、专家和公众的意见。建设单位报批的环境影响报告书应当附具对有关单位、专家和公众的意见采纳或者不采纳的说明。

2018年7月，生态环境部发布了《环境影响评价公众参与办法》（生态环境部令第4号），自2019年1月1日起施行。《环境影响评价公众参与暂行办法》自本办法施行之日起废止。其他文件中有关环境影响评价公众参与的规定与本办法规定不一致的，适用本办法。

《环境影响评价公众参与办法》主要针对建设项目环境影响评价公众参与相关规定进行了全面修订，主要变化如下：

（1）更加明确地规定了建设单位主体责任，由其对公众参与组织实施的真实性和结果负责。

（2）依照《环境保护法》的规定，将听取意见的公众范围明确为环境影响评价范围内公民、法人和其他组织，优先保障受影响公众参与的权利，并鼓励建设单位听取范围外公众的意见，保障更广泛公众的参与权利。

（3）进一步将信息公开的方式细化为网络、报纸、张贴公告等三种方式；明确了公众意见的作用，优化了公众意见调查方式，建立健全了公众意见采纳或不采纳反馈方式，针对弄虚作假提出了惩戒措施，确保公众参与的有效性和真实性；全面优化了参与程序细节，实施分类公众参与，不断提高效率。

（4）对生态环境主管部门环评行政许可的公众参与等进行了明确。通过修订，进一步优化建设项目环评公众参与，解决公众参与主体不清、范围和定位不明、流于形式、弄虚作假、违法成本低、有效性受到质疑等突出问题，增强其可操作性和有效性。该办法对规划环评的公众参与相关规定未作原则性调整，主要是按照《环境影响评价法》和《规划环境影响评价条例》执行。

同时，为保障公众参与的充分性和有效性，该办法规定：①建设单位应单独编制公众参与说明，并纳入环评审批的受理要件。②明确生态环境主管部门的审查义务，要求生态环境主管部门对公众参与说明的格式是否符合要求、公众参与程序是否符合本办法规定进行审查。③严惩违法和失信行为,对未充分征求公众意见的情形,由生态环境主管部门责成建设单位重新征求公众意见,退回环境影响报告书;对建设单位违反规定,公众参与过程中弄虚作假,致使公众参与说明内容严重失实的,由生态环境主管部门将该建设单位及其法定代表人或主要负责人失信信息记入其环境信用记录。

需要注意的是,在依法公开建设项目环境影响文件时,应注意对国家秘密、商业秘密和个人隐私的保护。涉及商业秘密的部分,如评价报告书中涉及的物料平衡图、关键配方、工艺和技术等,需要与编制单位及生态环境主管部门进行充分沟通,采用合理合法的方式保护商业秘密。

同时,部分地方为了落实"放管服"改革精神,针对公示的平台、阶段、形式、发布要求和时限等,也出台了具体的规定。因此,建设单位在公示过程中,还需要参照当地的相关规定。

案例4-1　杭州一垃圾焚烧项目历经"坎坷"后原址落地　政府信息公开必不可少①

新华社杭州2016年8月3日专电(记者谢云挺)　3000吨大型垃圾焚烧发电厂项目,从两年前遇阻到如今顺利在原址杭州市余杭区中泰街道南峰村的一个小山湾落地,当地政府努力协调、打开多"结"的做法,为缓解"垃圾围城"问题提供借鉴。

据住房城乡建设部公开的信息显示,600多座大中城市中,四分之一的城市已没有合适场所堆放垃圾。而在一些环境项目遭遇建设困局的背后,折射的就是垃圾焚烧厂的选址、知情权、技术等一些矛盾。要想走出环境项目"上马"中的困境,就需平衡好个体诉求与公共理性的关系,不断提升和完善治理方式和治理能力。

据了解,杭州市有关部门当初把这个垃圾焚烧发电厂项目看作平常简单的工程建设项目,确定了一家市国有公司为业主单位。在面对群众"健康权""发展权"的诉求时,由于市级部门和业主单位与群众缺少沟通和协商,造成信任危机,使得项目落地遇阻。

杭州余杭区中泰街道党工委书记郭云伟说:"该项目成了余杭区最难应对的

---

① 谢云挺:《杭州一垃圾焚烧项目历经"坎坷"后原址落地,设身处地为群众着想,重视与群众协商沟通,平衡诉求和利益是关键》,载新华网,http://news.xinhuanet.com/ttgg/2016-08/03/c_1119330068.htm。

挑战与考验。而最终达成原址落地建设，在于设身处地为群众着想，重视与群众协商沟通，真正维护群众利益。”

2015 年 4 月 14 日，余杭区通过近 1 年时间与群众协商沟通，切实提出补贴“利益”等实时办法，最终让垃圾焚烧发电厂项目实现原址开工建设。

尊重知情权，聆听群众声音。为解决群众担心的环境污染和项目影响问题，余杭区采取让当地群众自己组织队伍到国内多地同类项目运营企业去考察的方法。“因为与村民切身利益相关，村民到外地考察都很认真。不仅问得具体，去现场看烟气、渗透液、炉渣、飞灰等处理情况，还要听当地居民反映。”中泰街道南峰村党支部书记施坤良说，通过实地考察，村民转变了对项目的印象。

余杭区政府让群众对同类项目建设和运营标准进行比选，自主选择业主单位，并先后组织群众外出考察 82 批次。

尊重发展权，切实考虑群众生存利益。杭州市委常委、余杭区委书记徐文光表示，对于此类民生项目，政府仅靠苦口婆心做群众工作，没有相关的政策和利益保障是“苍白无力”的。徐文光说：“余杭区对项目所在地的群众提出，要让群众看见实实在在的好处，不因项目落户失去发展机会，反而因项目落地带来更大发展机会和前景。”

为此，余杭区制定出台了扶持该区域旅游景区开发和智慧产业园等建设方案。杭州市政府也单独为中泰区域下达了 1000 亩土地空间指标，以及给予每吨 75 元的垃圾异地处置补贴等政策支持。此外，余杭区在当地提前实施道路、公交、饮水、文体等一大批民生实事工程。群众明显的获得感成为促进项目落实的重要驱动力。

强化监督权，上上下下为群众生活环境考虑。针对项目建成运营后，群众担心会出现业主“偷排、漏排”问题，余杭区引入第三方监管机制，建立了“居民随时监督”模式，以政府公告形式向社会承诺，若发现有“偷排、漏排”问题，就立刻让项目关门，真正做到让群众放心。

近年来，特别是“不要建在我家后院”的“邻避效应”，让一些环保设施的建设陷入困局。浙江大学非传统安全与和平发展研究中心主任余潇枫教授说，如果地方政府对项目的规划与选址、立项与实施，遮遮掩掩走过场，甚至先斩后奏，就容易陷入自挖的“塔西佗陷阱”①。

“该建的项目还是需要建设的，要顺利达成项目落地，最重要的是要与民众协商沟通，做到全程公开透明。”余潇枫认为，一些地方政府在垃圾焚烧建设项目信息公开上的表现受到群众指摘，群众的知情权未能得到保障，是项目遇阻的重要原因。

徐文光谈到，此类项目要顺利达成建设，需要改变“习惯内部人决策，体制内循环”传统意识，转化为“参与—协商—共识—执行”模式。

五、关于“重大变动”的界定

《环境影响评价法》第24条规定，建设项目的环境影响评价文件经批准后，建设项目的性质、规模、地点、采用的生产工艺或者防治污染、防止生态破坏的措施发生重大变动的，建设单位应当重新报批建设项目的环境影响评价文件。《建设项目环境保护管理条例》中也有相关的规定。

2015年至2019年年底，生态环境部分四批发布了共29个行业的建设项目重大变动清单。这些行业包括：水电、水利、火电、煤炭、油气管道、铁路、高速公路、港口、石油炼制与石油化工、输变电、制浆造纸、制药、农药、化肥（氮肥）、纺织印染、制革、制糖、电镀、钢铁、炼焦化学、平板玻璃、水泥、铜铅锌冶炼、铝冶炼、淀粉、水处理、肥料制造、镁钛冶炼、镍钴锡锑汞冶炼等。

2020年12月13日，生态环境部发布了《污染影响类建设项目重大变动清单（试行）》（环办环评函〔2020〕688号）。该清单开头即明确指出，生态环境部已发布行业建设项目重大变动清单的，按行业建设项目重大变动清单执行。本清单适用于化学原料和制品制造、煤化工、铁合金、铸造、固体废物利用及处置、城镇生活垃圾（含餐厨废弃物）集中处置、家具制造等尚未发布重大变动清单的污染影响类建设项目。②

---

① “塔西佗陷阱”即Tacitus Trap，得名于古罗马时代的历史学家塔西佗。通俗地讲，就是指当政府部门或某一组织失去公信力时，无论说真话还是假话，做好事还是坏事，都会被认为是说假话、做坏事。这个卓越的见解后来成为西方政治学里的定律之一“塔西佗陷阱”。

② 《生态环境部环境影响评价与排放管理司有关负责人就〈污染影响类建设项目重大变动清单（试行）〉答记者问》，载生态环境部网，https://www.mee.gov.cn/xxgk2018/xxgk/xxgk15/202012/t20201230_815443.html。

该清单从建设项目的性质、规模、地点、生产工艺和环境保护措施 5 个因素（共计 13 项）对重大变动作了界定。以常见的规模变化为例，如符合以下情形之一，即构成重大变动：(1)生产、处置或储存能力增大 30% 及以上的。(2)生产、处置或储存能力增大，导致废水第一类污染物排放量增加的。(3)位于环境质量不达标区的建设项目生产、处置或储存能力增大，导致相应污染物排放量增加的（细颗粒物不达标区，相应污染物为二氧化硫、氮氧化物、可吸入颗粒物、挥发性有机物；臭氧不达标区，相应污染物为氮氧化物、挥发性有机物；其他大气、水污染物因子不达标区，相应污染物为超标污染因子）；位于达标区的建设项目生产、处置或储存能力增大，导致污染物排放量增加 10% 及以上的。

根据规定，各省级生态环境部门可结合本地区实际，制定本行政区特殊行业重大变动清单，报生态环境部备案。为此，部分省市在生态环境部发布的《污染影响类建设项目重大变动清单（试行）》基础上，制定了当地的建设项目重大变动清单。

例如，江苏省生态环境厅 2021 年 4 月 6 日发布了《关于加强涉变动项目环评与排污许可管理衔接的通知》（苏环办〔2021〕122 号）。该通知规定：涉及一般变动的环境影响报告书、表项目，建设单位编制《建设项目一般变动环境影响分析》，逐条分析变动内容环境影响，明确环境影响结论。建设单位对分析结论负责。《建设项目一般变动环境影响分析》通过其网站或其他便于公众知晓的方式向社会公开，接受社会监督。

上述清单的发布，很大程度上解决了困扰企业多年的关于“重大变动”的界定问题。

六、环境影响后评价

建设项目在建设和运营过程中，如何确定环境保护措施的有效性？《环境影响评价法》第 27 条规定：在项目建设、运行过程中产生不符合经审批的环境影响评价文件的情形的，建设单位应当组织环境影响的后评价，采取改进措施，并报原环境影响评价文件审批部门和建设项目审批部门备案；原环境影响评价文件审批部门也可以责成建设单位进行环境影响的后评价，采取改进措施。其中，产生不符合经审批的环境影响评价文件的情形一般可归纳为以下几方面：

(1)在建设、运行过程中产品方案、主要工艺、主要原材料或污染处理设施和生态保护措施发生重大变化，致使污染物种类、污染物的排放强度或生态影响与环境影响评价预测情况相比有较大变化；

（2）在建设、运行过程中，建设项目的选址、选线发生较大变化，或运行方式发生较大变化可能对新的环境敏感目标产生影响，或可能产生新的重要生态影响的；

（3）建设、运行过程中，当地人民政府对项目所涉及区域的环境功能做出重大调整，要求建设单位进行后评价的；

（4）跨行政区域、存在争议或存在重大环境风险的。

2015 年 12 月 10 日原环保部发布了《建设项目环境影响后评价管理办法（试行）》，自 2016 年 1 月 1 日起施行。该管理办法第 2 条、第 8 条规定，环境影响后评价是指编制环境影响报告书的建设项目在通过环境保护设施竣工验收且稳定运行一定时期后，对其实际产生的环境影响以及污染防治、生态保护和风险防范措施的有效性进行跟踪监测和验证评价，并提出补救方案或者改进措施，提高环境影响评价有效性的方法与制度。建设项目环境影响后评价应当在建设项目正式投入生产或者运营后 3～5 年内开展。原审批环境影响报告书的环境保护主管部门也可以根据建设项目的环境影响和环境要素变化特征，确定开展环境影响后评价的时限。

该管理办法第 3 条规定了应当开展环境影响后评价的情形，包括以下三大类：

（1）水利、水电、采掘、港口、铁路行业中实际环境影响程度和范围较大，且主要环境影响在项目建成运行一定时期后逐步显现的建设项目，以及其他行业中穿越重要生态环境敏感区的建设项目；

（2）冶金、石化和化工行业中有重大环境风险，建设地点敏感，且持续排放重金属或者持久性有机污染物的建设项目；

（3）审批环境影响报告书的环境保护主管部门认为应当开展环境影响后评价的其他建设项目。

关于后评价文件的编制，《建设项目环境影响后评价管理办法（试行）》第 6 条规定，建设单位或者生产经营单位负责组织开展环境影响后评价工作，编制环境影响后评价文件，并对环境影响后评价结论负责。建设单位或者生产经营单位可以委托环境影响评价机构、工程设计单位、大专院校和相关评估机构等编制环境影响后评价文件。编制建设项目环境影响报告书的环境影响评价机构,原则上不得承担该建设项目环境影响后评价文件的编制工作。建设单位或者生产经营单位应当将环境影响后评价文件报原审批环境影响报告书的环境保护主管部门备案,并接受环境保护主管部门的监督检查。

根据《建设项目环境影响后评价管理办法(试行)》第7条的规定,后评价文件的内容包括:

(1)建设项目过程回顾。包括环境影响评价、环境保护措施落实、环境保护设施竣工验收、环境监测情况,以及公众意见收集调查情况等。

(2)建设项目工程评价。包括项目地点、规模、生产工艺或者运行调度方式,环境污染或者生态影响的来源、影响方式、程度和范围等。

(3)区域环境变化评价。包括建设项目周围区域环境敏感目标变化、污染源或者其他影响源变化、环境质量现状和变化趋势分析等。

(4)环境保护措施有效性评估。包括环境影响报告书规定的污染防治、生态保护和风险防范措施是否适用、有效,能否达到国家或者地方相关法律、法规、标准的要求等。

(5)环境影响预测验证。包括主要环境要素的预测影响与实际影响差异,原环境影响报告书内容和结论有无重大漏项或者明显错误,持久性、累积性和不确定性环境影响的表现等。

(6)环境保护补救方案和改进措施。

(7)环境影响后评价结论。

第二节 建设项目"三同时"制度

一、建设项目"三同时"制度的演变

建设项目"三同时"制度是指建设项目中的环境保护设施必须与主体工程同时设计、同时施工、同时投产使用,是我国环保制度中的一项创举。其演变经历了如下过程:

1972年国务院批准的国家计委、国家建委《关于官厅水库污染情况和解决意

见的报告》中，首次提出“工厂建设和三废利用工程要同时设计、同时施工、同时投产”的要求。①

1979 年颁布的《环境保护法（试行）》（已失效）正式确认了建设项目“三同时”的法律地位。1989 年颁布实施的《环境保护法》（已修改）第 26 条第 1 款规定：“建设项目中防治污染的设施，必须与主体工程同时设计、同时施工、同时投产使用。防治污染的设施必须经原审批环境影响报告书的环境保护行政主管部门验收合格后，该建设项目方可投入生产或者使用。”

2015 年施行的《环境保护法》第 41 条对建设项目“三同时”做了规定，要求建设项目中防治污染的设施与主体工程同时设计、同时施工、同时投产使用。同时，防治污染的设施应当符合经批准的环境影响评价文件的要求，不得擅自拆除或者闲置。

此外，《水污染防治法》《固体废物污染环境防治法》《环境噪声污染防治法》《建设项目环境保护管理条例》等环保法律法规，也对“三同时”制度做了相应的规定。

由此可见，建设项目环境保护“三同时”制度已成为我国环境保护的一项基本制度，并且“三同时”制度也对企业的环境保护提出了具体要求，对减少污染物排放、保护和改善环境起到了重要作用。

二、建设项目试生产

建设项目的厂房、生产设备、环境保护设施设备等安装完成并完成单机测试后，往往需要投料才能验证这些设施设备是否能满足设计要求和生产的实际需要，并对工艺参数、设施设备运转条件等进行调整，这就是通常说的试生产。试生产过程中，往往会有废水、废气、噪声、固体废物等产生。因此，对试生产过程进行管理是必要的。

根据 1998 年《建设项目环境保护管理条例》（已修改）及相关规章的规定，建设项目试生产前，建设单位应向环保部门提出试生产申请。只有在获得环保部门的同意后，建设单位方可进行试生产。建设项目试生产期间，建设单位应当对环保设施运行情况和建设项目对环境的影响进行监测。根据国家环境保护总局

① 参见彭峰：《环境法律制度比较研究》，法律出版社 2013 年版，第 70 页。

(已撤销,以下简称原国家环保局)2001 年年底发布的《建设项目竣工环境保护验收管理办法》(已失效),试生产期限一般为 3 个月,如需延期,要向环保部门提出申请并获得批准。试生产的期限最长不超过 1 年。核设施建设项目试生产的期限最长不超过 2 年。

2015 年 10 月 11 日,国务院发布了《关于第一批取消 62 项中央指定地方实施行政审批事项的决定》(国发〔2015〕57 号),其中第 25 项取消了省、市、县级环境保护行政主管部门实施的建设项目试生产审批。该决定要求,对以部门规章、规范性文件等形式设定的具有行政许可性质的审批事项进行清理,原则上 2015 年年底前全部取消。自上述决定发布后,各地陆续停止了建设项目试生产审批。

2016 年 4 月 11 日,原环保部发布 2016 年第 29 号公告,宣布自本公告发布之日起,省、市、县级环境保护主管部门不再受理建设项目试生产申请,也不再进行建设项目试生产审批。2017 年修订的《建设项目环境保护条例》和颁布的《建设项目竣工环境保护验收暂行办法》(国环规环评〔2017〕4 号),均不再要求建设单位应向环保部门提出试生产申请。

根据《建设项目竣工环境保护验收暂行办法》第 11 条的规定,对建设项目配套建设的环境保护设施进行调试前,建设单位应当向社会公开调试的起止日期;建设单位公开上述信息的同时,应当向所在地县级以上环境保护主管部门报送相关信息,并接受监督检查。

同时需要注意的是,取消试生产审批,并不意味着在试生产前不需要采取任何污染防治措施。为保证污染物合规排放,笔者建议:(1)企业应确保污染防治设施已经同步建成;(2)确保企业有专门的环境管理机构和受过良好培训的环境管理人员;(3)企业应制定环境管理制度,对废水、废气、固体废物等产生污染物的各个环节进行有效管控;(4)与相关机构已经签署协议,如废水如果是间接排放,则应事先和下游的污水处理厂签订污水处理合同,对产生的固体废物,应事先和固体废物处置机构(特别是危险废物的合法处置)签订委托处置协议;(5)针对可能产生的突发环境事件,应当制订突发环境事件应急预案并进行演练。

生态环境部部长信箱
关于化工企业试生产是否仍需要请示地方环保局的回复①

日期：2019年4月30日

来信：

1. 新建化工企业建成后开车运行，地方环保局告知我公司需要上报试生产请示。据了解，试生产已经取消了，那就意味着不需要上报试生产请示了。不知道环保局为什么还要这个东西？

2. 国家是否有新建化工项目开展环境保护竣工验收的明确时间节点？企业具备验收条件是如何划分的。对整体工况负荷是否有明确要求？

回复：

一、《建设项目环境保护管理条例》（国务院第682号令）2017年10月1日起实施，环境保护主管部门不再进行建设项目试生产审批。但根据《建设项目竣工环境保护验收暂行办法》，建设单位应公开该项目配套建设的环境保护设施调试起止日期的同时，需将相关信息报送项目所在地县级以上环境保护主管部门，并接受监督检查。

二、关于建设项目验收期限、工况负荷等具体要求，在《建设项目竣工环境保护验收暂行办法》《建设项目竣工环境保护验收技术指南　污染影响类》等规章制度中已详细说明，请您查阅。

三、环境保护设施"三同时"竣工验收

1. 建设项目环境保护设施竣工验收制度的演变

1998年实施的《建设项目环境保护管理条例》（已修改）规定，建设项目竣工后，建设单位应当向审批该建设项目环境影响评价文件的环境行政主管部门，申请配套建设的环境保护设施竣工验收；环境保护行政主管部门应当自收到环境保护设施竣工验收申请之日起30日内，完成验收；建设项目需要配套建设的环境保护设施经验收合格，该建设项目方可正式投入生产或者使用。

随着"放管服"改革的深入推进，原来由环保部门负责对建设项目的环境保

① 《关于化工企业试生产是否仍需要请示地方环保局的回复》，载生态环境部网2019年4月30日，http://www.mee.gov.cn/hdjl/hfhz/201905/t20190527_704186.shtml。

护设施进行竣工验收的规定，已经修改为由建设单位自主竣工验收，不再需要环保部门的验收审批。相关的法律法规，如《环境保护法》《大气污染防治法》《水污染防治法》《环境噪声污染防治法》《固体废物污染环境防治法》《建设项目环境保护管理条例》等先后进行了修改，将污染防治设施的竣工验收由原来规定的环保部门组织验收改为建设单位自行组织验收。

2017 年 11 月 20 日，原环保部颁布了《建设项目竣工环境保护验收暂行办法》。该暂行办法明确指出，建设单位是建设项目竣工环境保护验收的责任主体，应当按照本办法规定的程序和标准，组织对配套建设的环境保护设施进行验收，编制验收报告，公开相关信息，接受社会监督，确保建设项目需要配套建设的环境保护设施与主体工程同时投产或者使用，并对验收内容、结论和所公开信息的真实性、准确性和完整性负责，不得在验收过程中弄虚作假。

从上述法律法规和规章的变化可以看出，不变的是"建设项目需要配套建设的环境保护设施，必须与主体工程同时设计、同时施工、同时投产使用"的规定，也即"三同时"制度没有变化。变化的是环境保护设施竣工验收的主体从原来规定的环保部门，转为建设单位，也即环保部门不再为企业的"三同时"竣工验收"背书"，责任由建设单位自行承担。

2. 编制验收监测（调查）报告

建设单位应参照《建设项目竣工环境保护验收技术指南　污染影响类》（生态环境部公告 2018 年第 9 号）或《建设项目竣工环境保护验收技术规范　生态影响类》（HJ/T 394 – 2007）编制验收监测报告或验收调查报告。

为规范竣工验收，生态环境部陆续发布 20 多个行业的建设项目竣工环境保护验收技术规范，包括制药、纺织染整、汽车制造、城市轨道交通、石油炼制、电解铝等。

建设单位不具备编制验收监测（调查）报告能力的，可以委托有能力的技术机构编制。建设单位对受委托的技术机构编制的验收监测（调查）报告结论负责。建设单位与受委托的技术机构之间的权利义务关系，以及受委托的技术机构应当承担的责任，可以通过合同形式约定。

3. 工作组验收

报告编制完成后，建设单位应当根据验收监测（调查）报告结论，逐一检查是否存在《建设项目竣工环境保护验收暂行办法》第 8 条所列验收不合格的情形，提出验收意见。存在问题的,建设单位应当进行整改,整改完成后方可提出验收意见。验收意见包括工程建设基本情况、工程变动情况、环境保护设施落实情况、环境保护设施调试效果、工程建设对环境的影响、验收结论和后续要求等内容,验收结论应当明确该建设项目环境保护设施是否验收合格。

4. 信息公开

根据《建设项目竣工环境保护验收暂行办法》第 11 条的规定,除按照国家需要保密的情形外,建设单位应当通过其网站或其他便于公众知晓的方式,向社会公开下列信息:(1)建设项目配套建设的环境保护设施竣工后,公开竣工日期;(2)对建设项目配套建设的环境保护设施进行调试前,公开调试的起止日期;(3)验收报告编制完成后 5 个工作日内,公开验收报告,公示的期限不得少于 20 个工作日。建设单位公开上述信息的同时,应当向所在地县级以上环境保护主管部门报送相关信息,并接受监督检查。

该暂行办法第 13 条规定,验收报告公示期满后 5 个工作日内,建设单位应当登录全国建设项目竣工环境保护验收信息平台①,填报建设项目基本信息、环境保护设施验收情况等相关信息,环境保护主管部门对上述信息予以公开。建设单位应当将验收报告以及其他档案资料存档备查。

四、生态环境部门的事中事后监督

根据上述《建设项目竣工环境保护验收暂行办法》的规定,各级生态环境主管部门应当按照《建设项目环境保护事中事后监督管理办法(试行)》等规定,通过"双随机一公开"抽查制度,强化建设项目环境保护事中事后监督管理。

生态环境部门充分依托建设项目竣工环境保护验收信息平台,采取随机抽取检查对象和随机选派执法检查人员的方式,同时结合重点建设项目定点检查,对建设项目环境保护设施"三同时"落实情况、竣工验收等情况进行监督性检查,监督结果向社会公开。

---

① 全国建设项目环境影响评价管理信息平台网址:http://114.251.10.205。

第三节　建设项目环境法律风险防范

一、项目建设单位

1. 未批先建

《环境影响评价法》(2018 年修正)第 31 条规定,建设单位未依法报批建设项目环境影响报告书或报告表或报批后未经审核同意,而擅自开工建设的,可以责令停止建设,处总投资额 1% 以上 5% 以下的罚款,并可以责令恢复原状;同时对建设单位直接负责的主管人员和其他直接责任人员给予行政处分。对于未依法备案登记的,处 5 万元以下的罚款。

2. 对建设项目的概念理解不清

实践中,有的建设单位对建设项目的概念理解不清,自认为新建的小项目、简单的技改以及小范围的扩建、租赁已建成的厂房仓库进行生产等不属于建设项目,认为没有履行环境影响评价的必要,最终导致违反了上述法律的规定。由于对"新改扩"项目并没有非常清晰的界定,实践中,在没有房屋建设(包括厂房、仓库、办公楼等)的项目中,建议在改、扩建之前参考本章第一节中"关于'重大变动'的界定"来作出初步判断,然后再咨询当地生态环境部门,以降低相关的风险。

3. 环境影响评价文件相关的问题

《环境影响评价法》第 20 条第 1 款规定,建设单位应当对建设项目环境影响报告书、环境影响报告表的内容和结论负责。第 28 条规定,若存在基础资料明显不实,内容存在重大缺陷、遗漏或者虚假,环境影响评价结论不正确或者不合理等严重质量问题的,根据该法第 32 条的规定,处 50 万元以上 200 万元以下的罚款,并对建设单位的法定代表人、主要负责人、直接负责的主管人员和其他直接责任人员,处 5 万元以上 20 万元以下的罚款。

实践中,部分建设单位没有意识到法律法规的修改,仍然认为第三方机构应对环境影响评价文件的内容和结论负责,对于第三方编制的环境影响评价报告书或报告表未认真审查。笔者建议建设单位对提供给第三方公司的材料需要进行事前审查,确保材料真实和完整;同时,对于第三方要求建设单位确认的环境影响评价报告书或报告表初稿，应当通篇审查，必要时聘请有相应能力的独立的专家协助建设单位进行审查。

4. 建设项目验收存在问题

2020 年 11 月至 12 月，生态环境部联合 19 个省（区、市）生态环境部门对“十三五”以来生态环境部审批的 35 个重点建设项目环境保护“三同时”制度落实和竣工环境保护自主验收工作开展专项检查，并于 2021 年 3 月 31 日发布了《关于“十三五”以来生态环境部审批部分重点建设项目环境保护“三同时”和竣工自主验收工作检查发现问题的通报》（环办执法函〔2021〕136 号）①。

该通报指出，在被检查的 35 个项目中，有 25 个项目环境保护“三同时”制度落实和竣工环境保护自主验收工作存在问题，问题率高达 71.4%。验收方面主要存在的问题包括：（1）未经验收擅自投产；（2）项目建设中发生重大变动未重新报批环评文件；（3）环评要求措施未落实到位；（4）部分生产废水未有效收集；（5）验收中存在弄虚作假行为；（6）环境保护设施建设进度明显落后于主体工程施工进度。

为防范环境法律风险，笔者建议建设单位：（1）严禁“未验先投”的行为；（2）加强施工过程监管，属于重大变动的，应当重新报批；（3）严格履行验收责任，对环评文件中明确规定的污染防治设备设施，应当一一进行验收，存在问题的，应当进行整改。

二、第三方服务机构

《环境影响评价法》第 32 条规定，接受委托编制的单位，若违反国家有关环境影响评价标准和技术规范等规定，致使内容存在重大缺陷、遗漏、虚假，或者评价结论不正确或者不合理的，处所收费用 3 倍以上 5 倍以下的罚款；情节严重的，禁止从事环境影响报告书和报告表编制工作；有违法所得的，没收违法所得。同时，对于编制主持人和主要编制人员，处 5 年内禁止从事环境影响报告书和报告表的编制工作；构成犯罪的，追究刑事责任，并终身禁止从事环境影响报告书

① 《关于“十三五”以来生态环境部审批部分重点建设项目环境保护“三同时”和竣工自主验收工作检查发现问题的通报》，载生态环境部网，https://www.mee.gov.cn/xxgk2018/xxgk/xxgk06/202103/t20210331_826803.html。

和报告表的编制工作。

关于刑事责任,为加强对第三方评价机构违法行为的打击力度,2021 年 3 月 1 日实施的《刑法修正案(十一)》规定,承担环境影响评价、环境监测等职责的中介组织的人员,故意提供虚假证明文件,情节严重的,处 5 年以下有期徒刑或者拘役,并处罚金;对于涉及公共安全的重大工程、项目中提供虚假的环境影响评价等证明文件,致使公共财产、国家和人民利益遭受特别重大损失的,处 5 年以上 10 年以下有期徒刑,并处罚金。同时规定,上述规定的人员,严重不负责任,出具的证明文件有重大失实,造成严重后果的,处 3 年以下有期徒刑或者拘役,并处或者单处罚金。

第五章　营运过程中的环境合规管理

第一节　排污许可管理

一、排污许可制度的演变

控制污染物排放许可制度(以下简称排污许可制度)是依法规范企事业单位排污行为的基础性环境管理制度,是企业环境守法的依据、政府环境执法的工具、社会监督护法的平台。

我国排污许可制度,从探索、试点到建立经历了相当长的时期。早在1988年,原国家环保局制定了《水污染物排放许可证管理暂行办法》(已失效),下达了排污许可证试点工作通知。2001年,原国家环保局颁布《淮河和太湖流域排放重点水污染物许可证管理办法(试行)》(已失效),这是我国第一部流域层面的排污许可证管理规定,为在全国范围实施许可证管理制度探索积累经验。

《环境保护法》第45条规定,国家依照法律规定实行排污许可管理制度。实行排污许可管理的企业事业单位和其他生产经营者应当按照排污许可证的要求排放污染物;未取得排污许可证的,不得排放污染物。《大气污染防治法》《水污染防治法》《固体废物污染环境防治法》等法律均提出要实行排污许可制度。

2016年11月10日,国务院发布了《关于印发控制污染物排放许可制实施方案的通知》,作为中国实施排污许可制度的纲领性文件。该方案要求,到2020年,完成覆盖所有固定污染源的排污许可证核发工作,全国排污许可证管理信息平台有效运转,各项环境管理制度精简合理、有机衔接,企事业单位环保主体责任得到落实,基本建立法规体系完备、技术体系科学、管理体系高效的排污许可制,对固定污染源实施全过程管理和多污染物协同控制,实现系统化、科学化、法治化、精细化、信息化的“一证式”管理。

2016 年 12 月,原环保部发布了《排污许可证管理暂行规定》(环水体〔2016〕186 号,已失效),从国家层面统一了排污许可管理的相关规定,用于指导各地排污许可证申请、核发等工作,是实现 2020 年排污许可证覆盖所有固定污染源的重要支撑。该规定明确,“环境保护部按行业制订并公布排污许可分类管理名录,分批分步骤推进排污许可证管理”。

2018 年 1 月 10 日,原环保部发布了《排污许可管理办法(试行)》(环境保护部令第 48 号,已修改),自公布之日起施行,2019 年根据生态环境部令第 7 号修正。

2021 年 1 月 24 日,国务院发布《排污许可管理条例》(国务院令第 736 号),自 2021 年 3 月 1 日起施行。

二、排污许可与排污登记

1.《排污许可管理条例》

《排污许可管理条例》对排污许可证的申请、审批、记载事项、管理以及监督检查和法律责任作了规定,并规定排污许可证的申请、受理、审核、发放、变更、延续、注销、撤销、遗失补办,以及排污单位的自行监测结果和执行报告应当在全国排污许可证管理信息平台上进行公示。

该条例在总结近年来改革实践经验的基础上,借鉴国外经验,广泛听取有关部门、企业和社会各界意见,将实践证明行之有效的改革举措用法规制度的形式固定下来,同时在落实“放管服”改革、减轻企业负担方面进行创新,主要体现在三个方面。

一是规范制度。该条例明确规定,排污许可证是对排污单位进行生态环境监管的主要依据。对排污单位实行分类管理,明确实行排污许可管理的范围和管理类别。规范申请与审批排污许可证的程序,明确审批部门、申请方式、材料要求、审批期限,以及颁发排污许可证的条件和排污许可证应当记载的具体内容。

二是加强监管。规定排污单位应当按证排污,排污行为必须与排污许可证相符,要求排污单位开展自行监测、如实记录主要生产设施及污染防治设施运行情况,如实提交执行报告及公开排放信息。要求生态环境主管部门应当按证监管,将排污许可证执法检查纳入生态环境执法年度计划。

三是强化责任。对未取得排污许可证排放污染物等违法行为,规定了按日连续处罚,责令限制生产、关闭等处罚。对逃避监管违法排污的,依法拘留或者追究刑事责任。

2.《固定污染源排污许可分类管理名录》

2017 年 7 月 28 日,原环保部发布了《固定污染源排污许可分类管理名录》(2017 年版,已失效)。根据该管理名录的规定,国家根据排放污染物的企业事业单位和其他生产经营者污染物产生量、排放量和环境危害程度,实行排污许可重点管理和简化管理。

2019 年 12 月 20 日,生态环境部发布《固定污染源排污许可分类管理名录》(2019 年版,生态环境部令第 11 号),自公布之日起施行,2017 年版的管理名录同时废止。

根据《固定污染源排污许可分类管理名录》(2019 年版),国家根据排放污染物的企业事业单位和其他生产经营者(以下简称排污单位)污染物产生量、排放量、对环境的影响程度等因素,实行排污许可重点管理、简化管理和登记管理。

(1)对污染物产生量、排放量或者对环境的影响程度较大的排污单位,实行排污许可重点管理。

(2)对污染物产生量、排放量和对环境的影响程度较小的排污单位,实行排污许可简化管理。

(3)对污染物产生量、排放量和对环境的影响程度很小的排污单位,实行排污登记管理。实行登记管理的排污单位,不需要申请取得排污许可证,应当在全国排污许可证管理信息平台填报排污登记表,登记基本信息、污染物排放去向、执行的污染物排放标准以及采取的污染防治措施等信息。

实行排污许可重点管理、简化管理和登记管理的排污单位的具体范围,依照《固定污染源排污许可分类管理名录》(2019 年版)规定执行。

3. 排污许可证申请

2019 年 12 月 20 日,生态环境部发布《关于做好固定污染源排污许可清理整顿和 2020 年排污许可发证登记工作的通知》(环办环评函〔2019〕939 号)。该通知要求 2020 年 9 月底前基本完成排污许可发证和登记工作。

排污单位可以通过全国排污许可证管理信息平台提交申请表,向当地生态环境主管部门申请排污许可证,审查通过后,颁发排污许可证。许可证有效期为

5 年,记载了如下 11 项信息:(1)排污单位名称、住所、法定代表人或者主要负责人、生产经营场所所在地等;(2)排污许可证有效期限、发证机关、发证日期、证书编号和二维码等;(3)产生和排放污染物环节、污染防治设施等;(4)污染物排放口位置和数量、污染物排放方式和排放去向等;(5)污染物排放种类、许可排放浓度、许可排放量等;(6)污染防治设施运行和维护要求、污染物排放口规范化建设要求等;(7)特殊时段禁止或者限制污染物排放的要求;(8)自行监测、环境管理台账记录、排污许可证执行报告的内容和频次等要求;(9)排污单位环境信息公开要求;(10)存在大气污染物无组织排放情形时的无组织排放控制要求;(11)法律法规规定排污单位应当遵守的其他控制污染物排放的要求。

4. 固定污染源排污登记

2020 年 1 月 6 日,生态环境部办公厅发布《固定污染源排污登记工作指南(试行)》(环办环评函〔2020〕9 号)。该指南指出,固定污染源排污登记,是指污染物产生量、排放量和对环境的影响程度很小,依法不需要申请取得排污许可证的企业事业单位和其他生产经营者,应当填报排污登记表。

排污单位在全国排污许可证管理信息平台上填报排污登记表后,自动即时生成登记编号和回执,排污单位可以自行打印留存。

排污登记表有效期为 5 年,排污登记表的内容包括排污单位名称、注册地址、法定代表人或者实际负责人、联系方式、生产经营场所地址、行业类别、统一社会信用代码或组织机构代码、主要产品及产能等排污单位基本情况,污染物排放去向,执行的污染物排放标准以及采取的污染防治措施等信息。排污单位对填报信息的真实性、准确性和完整性负责。

5. 排污许可证申请与核发技术规范

排污许可证的申请和核发是技术性很强的工作。为指导和规范不同行业的排污许可证申请与核发,生态环境部陆续发布了多个技术规范,作为排污许可的技术支撑。有行业排污许可证申请与核发技术规范(以下简称行业技术规范)的,执行行业技术规范;无行业技术规范的,执行《排污许可证申请与核发技术规范　总则》(HJ 942 - 2018)的规定。行业或通用工序排污许可证申请与核发技术规范的编制也可参考本标准。

已经颁布的行业排污许可证申请与核发技术规范包括钢铁、水泥、石化、炼焦、电镀、玻璃、原料药制造、制革、制糖、淀粉、化肥、屠宰及肉类加工、纺织印染、金属冶炼、汽车制造、电子、食品、无机化学、水处理、工业固体废物和危险废物治理、生活垃圾焚烧、废弃资源加工等数十个行业。

三、排污许可的日常管理

1. 排污许可证变更

《排污许可管理条例》第 15 条规定,在排污许可证有效期内,排污单位有下列情形之一的,应当重新申请取得排污许可证:(1)新建、改建、扩建排放污染物的项目;(2)生产经营场所、污染物排放口位置或者污染物排放方式、排放去向发生变化;(3)污染物排放口数量或者污染物排放种类、排放量、排放浓度增加。

违反上述规定的,《排污许可管理条例》第 33 ~ 34 条和第 36 条,均明确了处罚的规定,包括罚款和责令停产整治,处罚金额从 2 万元以上到 100 万元以下不等。

对于填报排污登记表的排污单位,《排污许可管理条例》第 24 条规定,填报的信息发生变动的,应当自发生变动之日起 20 日内进行变更填报。

2. 日常监测

《排污许可管理条例》规定,领取排污许可证的排污单位,应当按照排污许可证的规定和有关标准规范,制定监测方案,监测方案包括监测点位、指标和频次等。

排污单位应当按照监测方案的要求,进行自行监测,并对自行监测数据的真实性、准确性负责,不得篡改、伪造。监测记录保存期限不得少于 5 年。

未履行上述义务的,根据《排污许可管理条例》第 36 条的规定,处 2 万元以上 20 万元以下的罚款;拒不改正的,责令停产整治。

对于填报排污登记表的排污单位,条例未做具体规定。实践当中,若地方有具体规定,按照地方的要求进行监测;没有规定的,建议排污单位每年至少自行监测一次。

3. 台账管理

《排污许可管理条例》规定,排污单位应当建立环境管理台账记录制度,按照排污许可证规定的格式、内容和频次,如实记录主要生产设施、污染防治设施运行情况以及污染物排放浓度、排放量。环境管理台账记录保存期限不得少于 5 年。

未履行上述义务的,根据《排污许可管理条例》第 37 条的规定,处每次 5000

元以上 2 万元以下的罚款。

对于填报排污登记表的排污单位,条例未做具体规定。建议此类排污单位,参照相关的排污许可证申请与核发技术规范,记录污染防治设施的运行情况。

4. 执行报告

《排污许可管理条例》规定,排污单位应当按照排污许可证规定的内容、频次和时间要求,向审批部门提交排污许可证执行报告,如实报告污染物排放行为、排放浓度、排放量等。

《排污单位环境管理台账及排污许可证执行报告技术规范　总则(试行)》(HJ 944 -2018)规定,报告周期分为年度执行报告、季度执行报告和月度执行报告。

年度执行报告包括排污单位基本情况、污染防治设施运行情况、自行监测执行情况、环境管理台账执行情况、实际排放情况及合规判定分析、信息公开情况、排污单位内部环境管理体系建设与运行情况、其他排污许可证规定的内容执行情况、其他需要说明的问题、结论、附图附件等。对于排污单位信息有变化和违证排污等情形,应分析与排污许可证内容的差异,并说明原因。

季度执行报告和月度执行报告至少包括污染物实际排放浓度和排放量,合规判定分析,超标排放或污染防治设施异常情况说明等内容。其中,季度执行报告还应包括各月度生产小时数、主要产品及其产量、主要原料及其消耗量、新水用量及废水排放量、主要污染物排放量等信息。

实行简化管理的排污单位,应提交年度执行报告与季度执行报告,其中年度执行报告内容应至少包括排污单位基本情况、污染防治设施运行情况、自行监测执行情况、环境管理台账执行情况、实际排放情况及合规判定分析、结论等;季度执行报告至少包括污染物实际排放浓度和排放量,合规判定分析,超标排放或污染防治设施异常情况说明等内容。

未履行上述义务的,根据《排污许可管理条例》第 37 条的规定,处每次 5000 元以上 2 万元以下的罚款。

5. 信息公开

《排污许可管理条例》规定,排污单位应当按照排污许可证规定,如实在全国排污许可证管理信息平台上公开污染物排放信息。

污染物排放信息应当包括污染物排放种类、排放浓度和排放量,以及污染防治设施的建设运行情况、排污许可证执行报告、自行监测数据等；其中，水污染物排入市政排水管网的，还应当包括污水接入市政排水管网位置、排放方式等信息。

未按照排污许可证规定公开或者不如实公开污染物排放信息的，由生态环境主管部门责令改正，处2万元以上20万元以下的罚款；拒不改正的，责令停产整治。

第二节　废水合规管理

一、水污染防治法规标准体系

水污染，是指水体因某种物质的介入，而导致其化学、物理、生物或者放射性等方面特性的改变，从而影响水的有效利用，危害人体健康或者破坏生态环境，造成水质恶化的现象。造成水污染的主要是水污染物，水污染物是致使水质恶化的污染物质。工业废水是水域的重要污染源，具有量大、面广、成分复杂、毒性大、不易净化、难处理等特点。

改革开放后随着我国经济的快速发展，水污染问题突出成为人类健康、经济和社会可持续发展的重大障碍。为了防治水污染，保护和改善环境，保障饮用水安全，促进经济社会全面协调可持续发展，我国制定了以《水污染防治法》为核心的法律体系，以规范排污者的排污行为。

1.《水污染防治法》

1984年5月11日，《水污染防治法》（已修改）在第六届全国人民代表大会常务委员会第五次会议通过。1996年5月15日，第八届全国人民代表大会常务委员会第十九次会议通过《关于修改〈中华人民共和国水污染防治法〉的决定》（第一次修正）。2008年2月28日第十届全国人民代表大会常务委员会第三十二次会议修订，自2008年6月1日起施行。2017年6月27日第十二届全国人民代表大会常务委员会第二十八次会议通过《关于修改〈中华人民共和国水污染防治法〉的决定》（第二次修正），自2018年1月1日起施行。

2.《地下水管理条例》

2021年10月21日，国务院发布第748号国务院令，公布《地下水管理条例》,自 2021 年 12 月 1 日起施行。该条例旨在加强地下水管理,防治地下水超采和污染,保障地下水质量和可持续利用。地下水调查与规划、节约与保护、超采治理、污染防治、监督管理等活动,适用本条例。

该条例规定,实行地下水取水总量控制和水位控制制度;严格地下水超采治理,完善地下水污染防治措施,强化对污染地下水行为的管控,禁止以逃避监管的方式排放水污染物,禁止利用无防渗漏措施的沟渠、坑塘等输送或者贮存含有毒污染物的废水等行为;细化防止生产建设活动污染地下水、细化防止土壤污染导致地下水污染等规定,对违反条例的行为设定了严格的法律责任,强化责任追究。

3.《水污染防治行动计划》

2015 年 4 月,国务院出台了《水污染防治行动计划》(以下简称"水十条")。作为全国水污染防治工作的行动指南,"水十条"提出了 10 个方面、共 238 项具体治理措施,其中包括 90 项改革创新措施。在自然资源用途管制、水节约集约使用、生态保护红线、资源环境承载能力监测预警机制、资源有偿使用、生态补偿、环保市场、社会资本投入、环境信息公开、社会监督等方面体现了改革创新的新要求。具体治理措施包括①:(1)全面控制污染物排放;(2)推动经济结构转型升级;(3)着力节约保护水资源;(4)强化科技支撑;(5)充分发挥市场机制作用;(6)严格环境执法监管;(7)切实加强水环境管理;(8)全力保障水生态环境安全;(9)明确和落实各方责任;(10)强化公众参与和社会监督。

4.《地表水环境质量标准》(GB 3838 - 2002)

依据地表水水域环境功能和保护目标,《地表水环境质量标准》(GB 3838 - 2002)将地表水按功能高低依次划分为五类:Ⅰ类主要适用于源头水、国家自然保护区;Ⅱ类主要适用于集中式生活饮用水地表水源地一级保护区、珍稀水生生物栖息地、鱼虾类产卵场、仔稚幼鱼的梭饵场等;Ⅲ类主要适用于集中式生活饮用水地表水源地二级保护区、鱼虾类越冬场、洄游通道、水产养殖区等渔业水域及游泳区;Ⅳ类主要适用于一般工业用水区及人体非直接接触的娱乐用水区;Ⅴ类主要适用于农业用水区及一般景观要求水域。

---

① 参见《水污染防治行动计划》,载中国政府网,http://www.gov.cn/zhengce/content/2015-04/16/content_9613.htm。

5.《污水综合排放标准》(GB 8978 – 1996)

《污水综合排放标准》按照污水排放去向,分年限规定了69种水污染物最高允许排放浓度及部分行业最高允许排水量。该标准适用于现有单位水污染物的排放管理,以及建设项目的环境影响评价、建设项目环境保护设施设计、竣工验收及其投产后的排放管理。除属于国家行业排放标准的工业外,其他水污染物排放均执行本标准。

根据该标准,污染物可按性质及控制方式分为第一类和第二类污染物,第一类污染物(主要为重金属)需要在车间排放口采样,第二类污染物在排污单位排放口采样。本标准按年限规定了第一类污染物和第二类污染物最高允许排放浓度及部分行业最高允许排水量。

二、《长江保护法》要点

长江流域以约全国20%的面积,养育着全国约40%的人口,承载着全国40%的经济总量。长江全长6300多公里,为世界第三大流域,全流域涉及19个省份、市、自治区,流域面积180万平方公里,横跨东、中、西部,是我国重要的战略水源地、生态宝库和黄金水道,地位十分重要。长江拥有独特的生态系统,是我国重要的生态宝库。随着长江流域经济的快速发展,生态资源透支比较严重,环境污染问题日益凸显。

2016年1月5日,习近平总书记在重庆召开的推动长江经济带发展座谈会上指出,当前和今后相当长一个时期,要把修复长江生态环境摆在压倒性位置,共抓大保护,不搞大开发。2018年4月26日,习近平总书记在武汉主持召开深入推动长江经济带发展座谈会。2020年11月14日,习近平总书记在南京主持召开全面推动长江经济带发展座谈会,这是长江经济带发展的第三次座谈会。

2020年12月26日,第十三届全国人民代表大会常务委员会第二十四次会议审议通过《长江保护法》,自2021年3月1日起施行。这是我国第一部流域专门法律,对于贯彻落实习近平生态文明思想和党中央决策部署,加强长江流域生态环境保护和修复,促进长江经济带建设和发展,实现人与自然和谐共生、中华民族永续发展,具有重大意义。

《长江保护法》包括总则、规划与管控、资源保护、水污染防治、生态环境修复、绿色发展、保障与监督、法律责任和附则9章,共96条。

《长江保护法》中所称长江流域，是指由长江干流、支流和湖泊形成的集水区域所涉及的青海省、四川省、西藏自治区、云南省、重庆市、湖北省、湖南省、江西省、安徽省、江苏省、上海市，以及甘肃省、陕西省、河南省、贵州省、广西壮族自治区、广东省、浙江省、福建省的相关县级行政区域。

《长江保护法》的突出的亮点和特点为①：

1. 坚持生态优先、绿色发展的战略定位

《长江保护法》的定位，首先是一部生态环境的保护法，坚持生态优先、保护优先的原则，把保护和修复长江流域生态环境放在压倒性位置，建立健全一系列硬约束机制，强化规划管控和负面清单管理，严格规范流域内的各类生产生活和开发建设活动。同时，注重在发展中保护、在保护中发展，在优化产业布局，调整产业结构，推动重点产业升级改造，促进城乡融合发展，提升长江黄金水道功能等方面规定了许多支持、保障措施，以促进长江流域经济社会发展全面绿色转型，实现长江流域科学、绿色、高质量发展。

2. 突出共抓大保护、不搞大开发的基本要求

《长江保护法》坚持更高的保护标准、更严格的保护措施，强化资源保护、污染防治和生态修复。在资源保护方面，加强饮用水水源、地下水和岸线保护，完善水量分配和用水调度制度，保证河湖生态用水需求；落实党中央决策部署，加强长江流域禁捕、采砂管理和执法工作；加强长江源头保护、水生生物保护、文化保护。在污染防治方面，严格控制总磷排放，加强城乡污水处理能力建设，强化排污口管理、农业面源污染防治，加强固体废弃物处置和水上危险货物运输的管理，加强生态环境风险报告、监测预警和应急处置能力建设；在生态环境修复方面，对河湖岸线、森林、草原、湿地、重点湖泊、长江河口、重点库区消落区等规定了一系列生态修复措施。

3. 做好统筹协调、系统保护的顶层设计

《长江保护法》突出强调长江保护的系统性、整体性、协同性。主要是：建立长江流域协调机制，统一指导、监督长江保护工作；支持地方根据需要在地方性法规和政府规章制定、规划编制、监督执法等方面开展协同协作；充分发挥长江

① 参见《全国人大常委会办公厅举行〈长江保护法〉实施专题新闻发布会》，载农业农村部网，http://www.cjyzbgs.moa.gov.cn/ztzl/202103/t20210301_6362496.htm。

流域发展规划、国土空间规划,以及生态环境保护规划、水资源规划等的引领和约束作用;推动山水林田湖草整体保护、系统修复、综合治理。

4. 坚持责任导向,加大处罚力度

《长江保护法》强化考核评价与监督,实行长江流域生态环境保护责任制和考核评价制度,建立长江保护约谈制度;针对长江禁渔、岸线保护、非法采砂等重点问题,在现有相关法律的基础上补充和细化有关规定,并大幅提高罚款额度,增加处罚方式,加大处罚力度。

三、污水排放的基本要求和法律责任

《水污染防治法》第四章第一节第32条至第43条规定了水污染防治措施的一般规定,例如:(1)禁止向水体排放油类、酸液、碱液或者剧毒废液。(2)禁止在水体清洗装贮过油类或者有毒污染物的车辆和容器。(3)禁止向水体排放、倾倒放射性固体废物或者含有高放射性和中放射性物质的废水;向水体排放含低放射性物质的废水,应当符合国家有关放射性污染防治的规定和标准。(4)向水体排放含热废水,应当采取措施,保证水体的水温符合水环境质量标准。(5)含病原体的污水应当经过消毒处理;符合国家有关标准后,方可排放。(6)禁止向水体排放、倾倒工业废渣、城镇垃圾和其他废弃物。(7)禁止将含有汞、镉、砷、铬、铅、氰化物、黄磷等的可溶性剧毒废渣向水体排放、倾倒或者直接埋入地下。(8)存放可溶性剧毒废渣的场所,应当采取防水、防渗漏、防流失的措施。(9)禁止在江河、湖泊、运河、渠道、水库最高水位线以下的滩地和岸坡堆放、存贮固体废弃物和其他污染物。(10)禁止利用渗井、渗坑、裂隙、溶洞,私设暗管,篡改、伪造监测数据,或者不正常运行水污染防治设施等逃避监管的方式排放水污染物。(11)化学品生产企业以及工业集聚区、矿山开采区、尾矿库、危险废物处置场、垃圾填埋场等的运营、管理单位,应当采取防渗漏等措施,并建设地下水水质监测井进行监测,防止地下水污染。加油站等的地下油罐应当使用双层罐或者采取建造防渗池等其他有效措施,并进行防渗漏监测,防止地下水污染。(12)禁止利用无防渗漏措施的沟渠、坑塘等输送或者存贮含有毒污染物的废水、含病原体的污水和其他废弃物。(13)多层地下水的含水层水质差异大的,应当分层开采;对已受污染的潜水和承压水,不得混合开采。(14)兴建地下工程设施或者进行地下勘探、采矿等活动,应当采取防护性措施,防止地下水污染。报废矿井、钻井或者取水井等,应当实施封井或者回填。(15)人工回灌补给地下水,不得恶化地下水质,等等。

《水污染防治法》第 82 条规定,违反本法规定,有下列行为之一的,由县级以上人民政府环境保护主管部门责令限期改正,处 2 万元以上 20 万元以下的罚款;逾期不改正的,责令停产整治:(1)未按照规定对所排放的水污染物自行监测,或者未保存原始监测记录的;(2)未按照规定安装水污染物排放自动监测设备,未按照规定与环境保护主管部门的监控设备联网,或者未保证监测设备正常运行的;(3)未按照规定对有毒有害水污染物的排污口和周边环境进行监测,或者未公开有毒有害水污染物信息的。

《水污染防治法》第 83 条规定,违反本法规定,有下列行为之一的,由县级以上人民政府环境保护主管部门责令改正或者责令限制生产、停产整治,并处 10 万元以上 100 万元以下的罚款;情节严重的,报经有批准权的人民政府批准,责令停业、关闭:(1)未依法取得排污许可证排放水污染物的;(2)超过水污染物排放标准或者超过重点水污染物排放总量控制指标排放水污染物的;(3)利用渗井、渗坑、裂隙、溶洞,私设暗管,篡改、伪造监测数据,或者不正常运行水污染防治设施等逃避监管的方式排放水污染物的;(4)未按照规定进行预处理,向污水集中处理设施排放不符合处理工艺要求的工业废水的。

《水污染防治法》第 95 条规定,企业事业单位和其他生产经营者违法排放水污染物,受到罚款处罚,被责令改正的,依法作出处罚决定的行政机关应当组织复查,发现其继续违法排放水污染物或者拒绝、阻挠复查的,依照《环境保护法》的规定按日连续处罚。

四、优先控制化学品名录与有毒有害水污染物

1. 优先控制化学品名录

2015 年国务院出台的“水十条”中明确提出,要严格管控水环境的风险,公布优先控制化学品名录。2017 年 12 月 27 日,原环保部、工业和信息化部、原国家卫生和计划生育委员会联合发布了《关于发布〈优先控制化学品名录(第一批)〉的公告》(原环保部公告 2017 年第 83 号)。(见表 5 - 1)

表 5-1 优先控制化学品名录(第一批)

编号	化学品名称	CAS 号
PC001	1,2,4-三氯苯	120-82-1
PC002	1,3-丁二烯	106-99-0
PC003	5-叔丁基-2,4,6-三硝基间二甲苯(二甲苯麝香)	81-15-2
PC004	N,N′-二甲苯基-对苯二胺	27417-40-9
PC005	短链氯化石蜡	85535-84-8 68920-70-7 71011-12-6 85536-22-7 85681-73-8 108171-26-2
PC006	二氯甲烷	75-09-2
PC007	镉及镉化合物	7440-43-9(镉)
PC008	汞及汞化合物	7439-97-6(汞)
PC009	甲醛	50-00-0
PC010	六价铬化合物	
PC011	六氯代-1,3-环戊二烯	77-47-4
PC012	六溴环十二烷	25637-99-4 3194-55-6 134237-50-6 134237-51-7 134237-52-8
PC013	萘	91-20-3
PC014	铅化合物	
PC015	全氟辛基磺酸及其盐类和全氟辛基磺酰氟	1763-23-1 307-35-7 2795-39-3 29457-72-5 29081-56-9 70225-14-8 56773-42-3 251099-16-8

续表

编号	化学品名称	CAS 号
PC016	壬基酚及壬基酚聚氧乙烯醚	25154 – 52 – 3 84852 – 15 – 3 9016 – 45 – 9
PC017	三氯甲烷	67 – 66 – 3
PC018	三氯乙烯	79 – 01 – 6
PC019	砷及砷化合物	7440 – 38 – 2(砷)
PC020	十溴二苯醚	1163 – 19 – 5
PC021	四氯乙烯	127 – 18 – 4
PC022	乙醛	75 – 07 – 0

该公告指出,《优先控制化学品名录》重点识别和关注固有危害属性较大,环境中可能长期存在的并可能对环境和人体健康造成较大风险的化学品。对列入《优先控制化学品名录》的化学品,应当针对其产生环境与健康风险的主要环节,依据相关政策法规,结合经济技术可行性,采取以下一种或几种风险管控措施,最大限度降低化学品的生产、使用对人类健康和环境的重大影响:(1)纳入排污许可制度管理。(2)实行限制措施。其一,限制使用:修订国家有关强制性标准,限制在某些产品中的使用;其二,鼓励替代:纳入《国家鼓励的有毒有害原料(产品)替代品目录》。(3)实施清洁生产审核及信息公开制度。

2. 有毒有害水污染物

《水污染防治法》第 32 条第 1 款规定,国务院环境保护主管部门应当会同国务院卫生主管部门,根据对公众健康和生态环境的危害和影响程度,公布有毒有害水污染物名录,实行风险管理。

2019 年 7 月,生态环境部联合国家卫生健康委员会发布《有毒有害水污染物名录(第一批)》(生态环境部公告 2019 年第 28 号)。(见表 5 – 2)

表 5 – 2　有毒有害水污染物名录(第一批)

序号	污染物名称	CAS 号
1	二氯甲烷	75 – 09 – 2
2	三氯甲烷	67 – 66 – 3

续表

序号	污染物名称	CAS 号
3	三氯乙烯	79－01－6
4	四氯乙烯	127－18－4
5	甲醛	50－00－0
6	镉及镉化合物	—
7	汞及汞化合物	—
8	六价铬化合物	—
9	铅及铅化合物	—
10	砷及砷化合物	—

根据《水污染防治法》的规定，排放上述名录中所列有毒有害水污染物的企业事业单位和其他生产经营者，应当对排污口和周边环境进行监测，评估环境风险，排查环境安全隐患，并公开有毒有害水污染物信息，采取有效措施防范环境风险。

《水污染防治法》第 45 条第 1 款规定，排放工业废水的企业应当采取有效措施，收集和处理产生的全部废水，防止污染环境。含有毒有害水污染物的工业废水应当分类收集和处理，不得稀释排放。该法第 82 条规定，未按照上述规定对有毒有害水污染物的排污口和周边环境进行监测，或者未公开有毒有害水污染物信息的，由县级以上人民政府环境保护主管部门责令限期改正，处 2 万元以上 20 万元以下的罚款；逾期不改正的，责令停产整治。

五、排水许可证

根据《水污染防治法》的规定，直接或者间接向水体排放工业废水和医疗污水以及其他按照规定应当取得排污许可证方可排放的废水、污水的企业事业单位，应当取得排污许可证。具体参见前一节的有关论述。

对于排水户而言，除了排污许可证之外，还需关注污水排入排水管网许可证，即通常所称的排水许可证。

1. 申请人和监管部门

2013 年 10 月，国务院颁布《城镇排水与污水处理条例》（国务院令第 641

号),自2014年1月1日起施行。根据该条例,从事工业、建筑、餐饮、医疗等活动的企业事业单位、个体工商户(以下统称排水户)向城镇排水设施排放污水的,应当向城镇排水主管部门申请领取污水排入排水管网许可证。排水户应当按照污水排入排水管网许可证的要求排放污水。

城镇排水主管部门,根据各地部门职责划分,通常为建设主管部门,有的是水务主管部门。在该条例的附则中,特别强调依照《水污染防治法》的规定,排水户需要取得排污许可证的,由环境保护主管部门核发;违反《水污染防治法》的规定排放污水的,由环境保护主管部门处罚。也即,排污许可证和污水排入排水管网许可证为两项独立的许可。

2. 申请材料

住房和城乡建设部2015年1月22日发布《城镇污水排入排水管网许可管理办法》(住房和城乡建设部令第21号)。该管理办法第7条规定,申请领取排水许可证,应当如实提交下列材料:(1)排水许可申请表。(2)排水户内部排水管网、专用检测井、污水排放口位置和口径的图纸及说明等材料。(3)按规定建设污水预处理设施的有关材料。(4)排水隐蔽工程竣工报告。(5)排水许可申请受理之日前一个月内由具有计量认证资质的水质检测机构出具的排水水质、水量检测报告;拟排放污水的排水户提交水质、水量预测报告。(6)列入重点排污单位名录的排水户应当提供已安装的主要水污染物排放自动监测设备有关材料。(7)法律、法规规定的其他材料。

根据《城镇排水与污水处理条例》的规定,排水户未取得污水排入排水管网许可证向城镇排水设施排放污水的,由城镇排水主管部门责令停止违法行为,限期采取治理措施,补办污水排入排水管网许可证,可以处50万元以下罚款;造成损失的,依法承担赔偿责任;构成犯罪的,依法追究刑事责任。

第三节　废气合规管理

一、大气污染防治法规标准

大气污染物,是指由于人类活动或自然过程排入大气的并对环境或人产生有害影响的那些物质。大气污染物按其存在状态可分为两大类：一种是气溶胶状态污染物，另一种是气体状态污染物；若按形成过程分类则可分为一次污染物和二次污染物。一次污染物是指直接从污染源排放的污染物质，二次污染物则是由一次污染物经过化学反应或光化学反应形成的与一次污染物的物理化学性质完全不同的新的污染物，其毒性比一次污染物强。大气主要污染物包括：(1)气溶胶状态污染物，这类污染物有粉尘、烟液滴、雾、降尘、飘尘、悬浮物等；(2)气体状态污染物，这类污染物有硫氧化合物、氮的氧化物、碳的氧化物、碳氢化合物、含卤素化合物等。

为了防治大气污染，保护和改善空气环境状况，保障公众人体健康，促进经济社会全面协调可持续发展，我国制定了以《大气污染防治法》为核心的法律体系，以规范排污者的排污行为。

1.《大气污染防治法》

《大气污染防治法》最早制定于1987年9月，自1988年6月1日起施行。期间经过两次修正和两次修订。

1995年8月29日，第八届全国人民代表大会常务委员会第十五次会议通过《关于修改〈中华人民共和国大气污染防治法〉的决定》进行修正。

2000年4月29日，第九届全国人民代表大会常务委员会第十五次会议第一次修订，自2000年9月1日起施行。

2015年8月29日，第十二届全国人民代表大会常务委员会第十六次会议第二次修订，自2016年1月1日起施行。

2018年10月26日，第十三届全国人民代表大会常务委员会第六次会议通过《关于修改〈中华人民共和国野生动物保护法〉等十五部法律的决定》第二次修正。

2.《大气污染防治行动计划》和《打赢蓝天保卫战三年行动计划》

2013年9月10日，国务院印发了《大气污染防治行动计划》(以下简称《大气十条》)，目标是到2017年，全国地级及以上城市可吸入颗粒物浓度比2012年下降10%以上，优良天数逐年提高；京津冀、长三角、珠三角等区域细颗粒物(PM2.5)浓度分别下降25%、20%、15%左右，其中北京市细颗粒物年均浓度控制在60微克/立方米左右。

2018年6月27日，国务院发布《打赢蓝天保卫战三年行动计划》，着重强化以PM2.5为重点的大气污染防治工作，明确要求经过3年努力，大幅减少主要大气污染物排放总量,协同减少温室气体排放,进一步明显降低 PM2.5 浓度,明显减少重污染天数,明显改善环境空气质量,明显增强人民的蓝天幸福感。

《打赢蓝天保卫战三年行动计划》将产业结构优化调整作为推动我国高质量发展的重要突破口,包括:(1)优化产业布局;(2)严控“两高”行业产能;(3)将“散乱污”企业及集群综合整治工作推向全国;(4)深化工业污染治理;(5)大力培育绿色环保产业。①

根据生态环境部门发布的信息,近年来,我国各地方的环境空气质量,确实有了较大的改善,但仍面临较大的压力,如京津冀及周边地区和汾渭平原污染相对较重,个别地区、个别时段重污染天气仍有发生。全年重度及以上污染天数主要发生在冬春交替时段,集中在京津冀及周边地区、汾渭平原、东北地区、西北地区等。“十四五”完成“基本消除重污染天气”的目标任重道远。

3. 大气污染物排放标准

关于大气污染物排放,最常用的是《大气污染物综合排放标准》(GB 16297－1996)。该标准规定了 33 种大气污染物的排放限值,同时规定了标准执行中的各种要求。大气污染物排放速率标准需要按照污染源所在环境空气质量功能区类别进行分类执行,即位于一类区的污染源执行一级标准,位于二类区的污染源执行二级标准,位于三类区的污染源执行三级标准。有组织排放污染物根据污染物类型、执行标准、排气筒高度,可查询对应最高允许排放浓度和速率。无组织排放污染物根据污染物类型可查询对应最高允许排放浓度、监控的设置要求以及监控浓度限值。

综合性排放标准与行业性排放标准不交叉执行,有行业排放标准的,执行行业排放标准。部分已经制定的行业排放标准有《制药工业大气污染物排放标准》(GB 37823－2019)、《涂料、油墨及胶粘剂工业大气污染物排放标准》(GB 37824－2019)、《烧碱、聚氯乙烯工业污染物排放标准》(GB 15581－2016)、《石油炼制工业污染物排放标准》(GB 31570－2015)、《石油化学工业污染物排放标准》(GB 31571－2015)、《无机化学工业污染物排放标准》(GB 31573－2015)。

根据法律规定,省、自治区、直辖市人民政府对国家污染物排放标准中未作

① 参见《专家解读〈打赢蓝天保卫战三年行动计划〉》,载生态环境部网,http://www.gov.cn/zhengce/2018－07/06/content_5303964.htm。

规定的项目，可以制定地方污染物排放标准；对国家污染物排放标准中已作规定的项目，可以制定严于国家污染物排放标准的地方污染物排放标准。地方污染物排放标准应当报国务院环境保护主管部门备案。因此，有地方标准的，优先适用地方标准。

二、大气污染防治的基本要求

1. 完善制度，坚持源头治理

一直以来，大气污染治理之所以难，重要原因就在于很多手段都是末端治理，不但成本高，效果也不太理想。此次《大气污染防治法》在修改过程中，尤其注重加强源头治理，从制定产业政策、调整能源结构、提高燃煤质量、机动车污染治理等几个方面着手，从推动转变经济发展方式、优化产业结构、调整能源结构的角度完善相关的制度。

《大气污染防治法》第 2 条规定，防治大气污染，应当以改善大气环境质量为目标，坚持源头治理，规划先行，转变经济发展方式，优化产业结构和布局，调整能源结构。防治大气污染，应当加强对燃煤、工业、机动车船、扬尘、农业等大气污染的综合防治，推行区域大气污染联合防治，对颗粒物、二氧化硫、氮氧化物、挥发性有机物、氨等大气污染物和温室气体实施协同控制。

2. 重典震慑，加大处罚力度

《大气污染防治法》共 129 条，其中涉及法律责任的条款就有 30 条。这无疑表明，对于违法行为，该法将采取重典手段，加强震慑，加大处罚，让违法者付出沉重代价，增加其违法成本，对污染企业产生巨大的震慑作用。不仅规定了大量的具体的有针对性的措施，2018 年修正的《大气污染防治法》还规定了相应的处罚责任。具体的处罚行为和种类接近 90 种，提高了这部法的可操作性和针对性。

《大气污染防治法》第 122 条规定，违反本法规定，造成大气污染事故的，由县级以上人民政府生态环境部门依照本条第 2 款的规定处以罚款；对直接负责的主管人员和其他直接责任人员可以处上一年度从本企业事业单位取得收入 50% 以下的罚款。对造成一般或者较大大气污染事故的，按照污染事故造成直接损失的 1 倍以上 3 倍以下计算罚款；对造成重大或者特大大气污染事故的，按照污染事故造成的直接损失的 3 倍以上 5 倍以下计算罚款。

案例5-1 中华环保联合会诉德州某公司大气污染责任民事公益诉讼案①

本案为最高人民法院审判委员会讨论通过、2019年12月26日发布的第131号指导案例。

【裁判要点】

企业事业单位和其他生产经营者多次超过污染物排放标准或者重点污染物排放总量控制指标排放污染物,环境保护行政管理部门作出行政处罚后仍未改正,原告依据最高人民法院《关于审理环境民事公益诉讼案件适用法律若干问题的解释》第1条规定的“具有损害社会公共利益重大风险的污染环境、破坏生态的行为”对其提起环境民事公益诉讼的,人民法院应予受理。

【相关法条】

《民事诉讼法》第55条,《环境保护法》第58条

【基本案情】

被告德州某公司(以下简称Z公司)成立于2000年,经营范围包括电力生产、平板玻璃、玻璃空心砖、玻璃深加工、玻璃制品制造等。2002年12月,该公司600t/d优质超厚玻璃项目通过环境影响评价的审批,2003年11月,通过“三同时”验收。2007年11月,该公司高档优质汽车原片项目通过环境影响评价的审批,2009年2月,通过“三同时”验收。

根据德州市环境保护监测中心站的监测,2012年3月、5月、8月、12月,2013年1月、5月、8月,Z公司废气排放均能达标。2013年11月,2014年1月、5月、6月、11月,2015年2月二氧化硫、氮氧化物及烟粉尘存在超标排放情况。德州市环境保护局分别于2013年12月,2014年9月、11月,2015年2月对Z公司进行行政处罚,处罚数额均为10万元。2014年12月,山东省环境保护厅对其进行行政处罚,处罚数额10万元。2015年3月23日,德州市环境保护局责令Z公司立即停产整治,2015年4月1日之前全部停产,停止超标排放废气污染物。原告中华环保联合会起诉之后,2015年3月27日,Z公司生产线全部放水停产,并于德城区天衢工业园以北养马村新选厂址,原厂区准备搬迁。

---

① 参见《指导案例131号:中华环保联合会诉德州某公司大气污染责任民事公益诉讼案》,载最高人民法院网2020年1月14日,http://www.court.gov.cn/fabu-xiangqing-216931.html。

本案审理阶段,为证明被告Z公司超标排放造成的损失,2015年12月,原告中华环保联合会与环境保护部环境规划院订立技术咨询合同,委托其对Z公司排放大气污染物致使公私财产遭受损失的数额,包括污染行为直接造成的财产损坏、减少的实际价值,以及为防止污染扩大、消除污染而采取必要合理措施所产生的费用进行鉴定。2016年5月,环境保护部环境规划院环境风险与损害鉴定评估研究中心根据已经双方质证的人民法院调取的证据作出评估意见,鉴定结果为:Z公司位于德州市德城区市区内,周围多为居民小区,原有浮法玻璃生产线三条,1#浮法玻璃生产线已于2011年10月全面停产,2#生产线600t/d优质超厚玻璃生产线和3#生产线400t/d高档优质汽车玻璃原片生产线仍在生产。(1)污染物性质,主要为烟粉尘、二氧化硫和氮氧化物。德州晶华集团振华有限公司关于落实整改工作的情况汇报有关资料显示:截至2015年3月17日,Z公司浮法二线未安装或未运行脱硫和脱硝治理设施;浮法三线除尘、脱硫设施已于2014年9月投入运行。(2)污染物超标排放时段的确认。二氧化硫超标排放时段为2014年6月10日至8月17日,共计68天;氮氧化物超标排放时段为2013年11月5日至2014年6月23日、2014年10月22日至2015年1月27日,共计327天;烟粉尘超标排放时段为2013年11月5日至2014年6月23日,共计230天。(3)污染物排放量。在鉴定时段内,由于企业未安装脱硫设施造成二氧化硫全部直接排放进入大气的超标排放量为255吨,由于企业未安装脱硝设施造成氮氧化物全部直接排放进入大气的排放量为589吨,由于企业未安装除尘设施或除尘设施处理能力不够造成烟粉尘部分直接排放进入大气的排放量为19吨。(4)单位污染物处理成本。根据数据库资料,二氧化硫单位治理成本为0.56万元/吨,氮氧化物单位治理成本为0.68万元/吨,烟粉尘单位治理成本为0.33万元/吨。(5)虚拟治理成本。根据《环境空气质量标准》《环境损害鉴定评估推荐方法(第Ⅱ版)》《突发环境事件应急处置阶段环境损害评估工作程序规定》,本案项目处环境功能二类区,生态环境损害数额为虚拟治理成本的3~5倍,本报告取参数5,二氧化硫虚拟治理成本共计713万元,氮氧化物虚拟治理成本2002万元,烟粉尘虚拟治理成本31万元。鉴定结论:被告企业在鉴定期间超标向空气排放二氧化硫共计255吨、氮氧化物共计589吨、烟粉尘共计19吨,单位治理成本分别按0.56万元/吨、0.68万元/吨、0.33万元/吨计算,虚拟治理成本分别为713万元、2002万元、31万元,共计2746万元。

【裁判结果】

德州市中级人民法院于2016年7月20日作出(2015)德中环公民初字第1号民事判决:(1)被告Z公司于本判决生效之日起30日内赔偿因超标排放污染物造成的损失2198.36万元,支付至德州市专项基金账户,用于德州市大气环境质量修复;(2)被告Z公司在省级以上媒体向社会公开赔礼道歉;(3)被告Z公司于本判决生效之日起10日内支付原告中华环保联合会所支出的评估费10万元;(4)驳回原告中华环保联合会其他诉讼请求。

【裁判理由】

法院生效裁判认为,根据最高人民法院《关于审理环境民事公益诉讼案件适用法律若干问题的解释》第1条规定,法律规定的机关和有关组织依据《民事诉讼法》第55条、《环境保护法》第58条等法律的规定,对已经损害社会公共利益或者具有损害社会公共利益重大风险的污染环境、破坏生态的行为提起诉讼,符合《民事诉讼法》第119条第2~4项规定的,人民法院应予受理;第18条规定,对污染环境、破坏生态,已经损害社会公共利益或者具有损害社会公共利益重大风险的行为,原告可以请求被告承担停止侵害、排除妨碍、消除危险、恢复原状、赔偿损失、赔礼道歉等民事责任。法院认为,企业事业单位和其他生产经营者超过污染物排放标准或者重点污染物排放总量控制指标排放污染物的行为可以视为具有损害社会公共利益重大风险的行为。被告Z公司超量排放的二氧化硫、氮氧化物、烟粉尘会影响大气的服务价值功能。其中,二氧化硫、氮氧化物是酸雨的前导物,超量排放可致酸雨从而造成财产及人身损害,烟粉尘的超量排放将影响大气能见度及清洁度,亦会造成财产及人身损害。被告Z公司自2013年11月起,多次超标向大气排放二氧化硫、氮氧化物、烟粉尘等污染物,经环境保护行政管理部门多次行政处罚仍未改正,其行为属于司法解释规定的“具有损害社会公共利益重大风险的行为”,故被告Z公司是本案的适格被告。

3. 抓住主因,解决突出问题

(1)在燃煤、工业方面,《大气污染防治法》第32条规定,国务院有关部门和地方各级人民政府应当采取措施,调整能源结构,推广清洁能源的生产和使用;

优化煤炭使用方式，推广煤炭清洁高效利用，逐步降低煤炭在一次能源消费中的比重，减少煤炭生产、使用、转化过程中的大气污染物排放。明确国家采取措施逐步降低煤炭消费比重，细化对多种污染物的协同控制措施。

（2）在机动车方面，《大气污染防治法》第66条规定，发动机油、氮氧化物还原剂、燃料和润滑油添加剂以及其他添加剂的有害物质含量和其他大气环境保护指标，应当符合有关标准的要求，不得损害机动车船污染控制装置效果和耐久性，不得增加新的大气污染物排放。强化对新生产机动车、在用机动车、油品质量环保达标的监督管理。

（3）在扬尘污染防治方面，加强了建筑施工、物料运输等方面的扬尘污染防治措施。《大气污染防治法》第68条规定，地方各级人民政府应当加强对建设施工和运输的管理，保持道路清洁，控制料堆和渣土堆放，扩大绿地、水面、湿地和地面铺装面积，防治扬尘污染。住房城乡建设、市容环境卫生、交通运输、国土资源等有关部门，应当根据本级人民政府确定的职责，做好扬尘污染防治工作。

三、大气污染物排放总量控制

《大气污染防治法》规定，国家对重点大气污染物排放实行总量控制。重点大气污染物排放总量控制目标，由国务院生态环境主管部门在征求国务院有关部门和各省、自治区、直辖市人民政府意见后，会同国务院经济综合主管部门报国务院批准并下达实施。省、自治区、直辖市人民政府应当按照国务院下达的总量控制目标，控制或者削减本行政区域的重点大气污染物排放总量。

《大气污染防治法》第22条规定，对超过国家重点大气污染物排放总量控制指标或者未完成国家下达的大气环境质量改善目标的地区，省级以上人民政府生态环境主管部门应当会同有关部门约谈该地区人民政府的主要负责人，并暂停审批该地区新增重点大气污染物排放总量的建设项目环境影响评价文件。约谈情况应当向社会公开。

四、有毒有害大气污染物的排放管理

《大气污染防治法》第78条规定，国务院生态环境主管部门应当会同国务院卫生行政部门,根据大气污染物对公众健康和生态环境的危害和影响程度,公布有毒有害大气污染物名录,实行风险管理。2019 年 1 月 23 日,生态环境部会同卫生健康委印发了《有毒有害大气污染物名录(2018 年)》(见表 5 - 3)。

表 5 - 3 有毒有害大气污染物名录(2018 年)

序号	污染物	序号	污染物
1	二氯甲烷	7	镉及其化合物
2	甲醛	8	铬及其化合物
3	三氯甲烷	9	汞及其化合物
4	三氯乙烯	10	铅及其化合物
5	四氯乙烯	11	砷及其化合物
6	乙醛		

根据《大气污染防治法》,排放有毒有害大气污染物的企业事业单位既要对污染物实行源头风险管理,又要落实污染源环境管理制度。

实施风险防控的责任主体是排放有毒有害大气污染物的企业事业单位,这些单位除了履行大气污染防治义务外,还要履行风险防控义务,采取有效措施来降低环境与健康风险。

企业履行风险防控义务包括:一是按照国家有关规定建立环境风险预警体系;二是对排放口和周边环境定期监测;三是评估环境风险,排查环境安全隐患;四是采取技术改进等有效措施防范环境风险。

落实污染源环境管理制度主要包括两方面内容:一是落实排污许可证制度,按照《排污许可管理办法(试行)》和实施步骤取得排污许可证;二是开展监测,保存原始监测记录。其中,重点排污单位应当安装、使用大气污染物排放自动监测设备,与环境主管部门的监控设备联网,保证监测设备正常运行并依法公开排放信息。

《大气污染防治法》第 19 条规定,排放工业废气或者本法第 78 条规定名录中所列有毒有害大气污染物的企业事业单位、集中供热设施的燃煤热源生产运营单位以及其他依法实行排污许可管理的单位,应当取得排污许可证。具体参见第五章第一节的有关论述。

五、挥发性有机物治理

挥发性有机物（VOCs）是指参与大气光化学反应的有机化合物，包括非甲烷烃类（烷烃、烯烃、炔烃、芳香烃等）、含氧有机物（醛、酮、醇、醚等）、含氯有机物、含氮有机物、含硫有机物等，是形成臭氧（O_3）和细颗粒物污染的重要前体物。

2014年，原环保部发布《石化行业挥发性有机物综合整治方案》，要求全面开展石化行业VOCs综合整治，大幅减少石化行业VOCs排放，促进环境空气质量改善。主要任务包括：开展VOCs污染源排查；严格建设项目环境准入；完善VOCs监督管理体系；实施VOCs全过程污染控制；建立VOCs管理体系。

2017年9月，原环保部、国家发展改革委、财政部、交通运输部、质检总局和国家能源局联合发布《"十三五"挥发性有机物污染防治工作方案》（环大气〔2017〕121号），以落实《国民经济和社会发展第十三个五年规划纲要》《"十三五"生态环境保护规划》《"十三五"节能减排综合工作方案》相关要求，全面加强VOCs污染防治工作，强化重点地区、重点行业、重点污染物的减排，提高管理的科学性、针对性和有效性，遏制臭氧上升势头，促进环境空气质量持续改善。

2019年6月，生态环境部印发《重点行业挥发性有机物综合治理方案》（环大气〔2019〕53号）。该方案提出的控制思路与要求包括：大力推进源头替代、全面加强无组织排放控制、推进建设适宜高效的治污设施、深入实施精细化管控（推行"一厂一策"制度）和加强企业运行管理等。

2019年《挥发性有机物无组织排放控制标准》（GB 37822－2019）发布，自2019年7月1日起实施。本标准规定了VOCs物料储存无组织排放控制要求、VOCs物料转移和输送无组织排放控制要求、工艺过程VOCs无组织排放控制要求、设备与管线组件VOCs泄漏控制要求、敞开液面VOCs无组织排放控制要求、VOCs无组织排放废气收集处理系统要求以及企业厂区内及周边污染监控要求。

六、常见违法行为与法律责任

《大气污染防治法》第99条规定，违反本法规定，有下列行为之一的，由县级以上人民政府生态环境主管部门责令改正或者限制生产、停产整治，并处10万元以上100万元以下的罚款；情节严重的，报经有批准权的人民政府批准，责令停业、关闭：(1)未依法取得排污许可证排放大气污染物的；(2)超过大气污染物排放标准或者超过重点大气污染物排放总量控制指标排放大气污染物的；(3)通过逃避监管的方式排放大气污染物的。

关于"按日计罚"，《大气污染防治法》第123条规定，违反本法规定，企业事业单位和其他生产经营者有下列行为之一，受到罚款处罚，被责令改正，拒不改正的，依法作出处罚决定的行政机关可以自责令改正之日的次日起，按照原处罚数额按日连续处罚：(1)未依法取得排污许可证排放大气污染物的；(2)超过大气污染物排放标准或者超过重点大气污染物排放总量控制指标排放大气污染物的；(3)通过逃避监管的方式排放大气污染物的；(4)建筑施工或者贮存易产生扬尘的物料未采取有效措施防治扬尘污染的。

案例5-2　上海某建材开发有限公司诉上海市金山区环境保护局环境行政处罚案①

本案为最高人民法院审判委员会讨论通过、2019年12月26日发布的139号指导性案例。

【关键词】

行政/行政处罚/大气污染防治/固体废物污染环境防治/法律适用/超过排放标准

【裁判要点】

企业事业单位和其他生产经营者堆放、处理固体废物产生的臭气浓度超过大气污染物排放标准，环境保护主管部门适用处罚较重的《大气污染防治法》对其进行处罚，企业事业单位和其他生产经营者主张应当适用《固体废物污染环境防治法》对其进行处罚的，人民法院不予支持。

---

① 参见《指导案例139号：上海某建材开发有限公司诉上海市金山区环境保护局环境行政处罚案》，载最高人民法院网2020年1月14日，http://www.court.gov.cn/fabu-xiangqing-217011.html。

【基本案情】

原告上海某建材开发有限公司(以下简称建材公司)不服上海市金山区环境保护局(以下简称金山环保局)行政处罚提起行政诉讼,诉称:金山环保局以其厂区堆放污泥的臭气浓度超标适用《大气污染防治法》进行处罚不当,应当适用《固体废物污染环境防治法》处罚,请求予以撤销。

法院经审理查明:因群众举报,2016 年 8 月 17 日,被告金山环保局执法人员前往建材公司进行检查,并由金山环境监测站工作人员对该公司厂界臭气和废气排放口进行气体采样。26 日,金山环境监测站出具了编号为 XF 26 – 2016 的测试报告,该报告显示,依据《恶臭污染物排放标准》(GB 14554 – 93)规定,臭气浓度厂界标准值二级为 20,经对原告厂界四个监测点位各采集三次样品进行检测,3 号监测点位臭气浓度一次性最大值为 25。2016 年 9 月 5 日,被告收到前述测试报告,遂于当日进行立案。经调查,被告于 2016 年 11 月 9 日制作了金环保改字〔2016〕第 224 号责令改正通知书及行政处罚听证告知书,并向原告进行了送达。应原告要求,被告于 2016 年 11 月 23 日组织了听证。2016 年 12 月 2 日,被告作出第 2020160224 号行政处罚决定书,认定 2016 年 8 月 17 日,被告执法人员对原告无组织排放恶臭污染物进行检查、监测,在原告厂界采样后,经金山环境监测站检测,3 号监测点臭气浓度一次性最大值为 25,超出《恶臭污染物排放标准》(GB 14554 – 93)规定的排放限值 20,该行为违反了《大气污染防治法》第 18 条的规定,依据《大气污染防治法》第 99 条第 2 项的规定,决定对原告罚款 25 万元。

另查明,2009 年 11 月 13 日,被告审批通过了原告上报的多规格环保型淤泥烧结多孔砖技术改造项目环境影响报告表,2012 年 12 月 5 日前述技术改造项目通过被告竣工验收。2015 年以来,原告被群众投诉数十起,反映该公司排放刺激性臭气等环境问题。2015 年 9 月 9 日,因原告 7 月 20 日厂界两采样点臭气浓度最大测定值超标,被告对该公司作出金环保改字〔2015〕第 479 号责令改正通知书,并于 9 月 18 日作出第 2020150479 号行政处罚决定书,决定对原告罚款 35,000 元。

【裁判结果】

上海市金山区人民法院于 2017 年 3 月 27 日作出(2017)沪 0116 行初 3 号行政判决:驳回原告建材公司的诉讼请求。宣判后,当事人服判息诉,均未提起上诉,判决已发生法律效力。

【裁判理由】

法院生效裁判认为,本案核心争议焦点在于被告适用《大气污染防治法》对原告涉案行为进行处罚是否正确。其中涉及《固体废物污染环境防治法》第68条第1款第7项、第2款及《大气污染防治法》第99条第2项之间的选择适用问题。前者规定,未采取相应防范措施,造成工业固体废物扬散、流失、渗漏或者造成其他环境污染的,处1万元以上10万元以下的罚款;后者规定,超过大气污染物排放标准或者超过重点大气污染物排放总量控制指标排放大气污染物的,由县级以上人民政府环境保护主管部门责令改正或者限制生产、停产整治,并处10万元以上100万元以下的罚款;情节严重的,报经有批准权的人民政府批准,责令停业、关闭。前者规制的是未采取防范措施造成工业固体废物污染环境的行为,后者规制的是超标排放大气污染物的行为;前者有未采取防范措施的行为并具备一定环境污染后果即可构成,后者排污单位排放大气污染物必须超过排放标准或者重点大气污染物排放总量控制指标才可构成。本案并无证据可证实臭气是否源于任何工业固体废物,且被告接到群众有关原告排放臭气的投诉后进行执法检查,检查、监测对象是原告排放大气污染物的情况,适用对象方面与《大气污染防治法》更为匹配;监测报告显示臭气浓度超过大气污染物排放标准,行为后果方面适用《大气污染防治法》第99条第2项规定更为准确,故被诉行政处罚决定适用法律并无不当。

七、消耗臭氧层物质管理

1.《消耗臭氧层物质管理条例》

为使人类避免受到因臭氧层破坏带来的不利影响,并采取适当的合作与行动措施,国际社会于1985年通过了《保护臭氧层维也纳公约》,于1989年通过了《关于消耗臭氧层物质的蒙特利尔议定书》,我国于1991年加入后者。

2010年4月,国务院发布了《消耗臭氧层物质管理条例》(已修改),于2010年6月1日起施行。这是我国第一部将国际环境公约转化为国内法规的条例。2010年9月27日发布了配套的《中国受控消耗臭氧层物质清单》。

在我国境内从事消耗臭氧层物质(ODS)的生产、销售、使用和进出口等活动,适用本条例。国家对消耗臭氧层物质的生产、使用、进出口实行总量控制和配额管理。对于违反规定生产、销售、使用或者进出口的,依法追究法律责任,包括没收违法所得、罚款等,构成犯罪的,依法追究刑事责任。

案例5-3 全国首例违法使用ODS刑事案件宣判①

【基本案情】

被告单位M公司成立于2017年3月8日,主要从事聚氨酯硬泡组合聚醚保温材料的生产,以及聚氨酯保温材料、化工原料(除危险化学品及易制毒化学品)、塑料材料、建筑材料批发零售,法定代表人为被告人祁某某。2017年8月至2019年6月,被告人祁某某在明知三氯一氟甲烷(俗称氟利昂)系受控消耗臭氧层物质,且被明令禁止用于生产使用的情况下,仍向他人购买,并用于被告单位生产聚氨酯硬泡组合聚醚保温材料。其间,被告单位共计购买三氯一氟甲烷849.50吨。经核算,被告单位公司在使用三氯一氟甲烷生产过程中,造成三氯一氟甲烷废气排放为3049.70千克。

【裁判结果】

浙江省德清县人民法院一审认为,被告单位违反国家规定,使用三氯一氟甲烷用于生产保温材料并出售,严重污染环境,其行为已构成污染环境罪。被告人祁某某作为被告单位法定代表人,明知三氯一氟甲烷禁止用于生产,主动购入用于公司生产保温材料并销售,造成环境严重污染,亦应当以污染环境罪追究刑事责任。一审法院以污染环境罪,判处被告单位公司罚金70万元,判处被告人祁某某有期徒刑10个月,并处罚金5万元。该案一审判决已发生法律效力。

【典型意义】

本案系全国首例因违法使用受控消耗臭氧层物质被判处实刑的污染环境刑事案件。三氯一氟甲烷为受控消耗臭氧层物质,属于对大气污染的有害物质。我国是《保护臭氧层维也纳公约》和《关于消耗臭氧层物质的蒙特利尔议定书》的缔约国之一,一贯高度重视国际环境公约履约工作,于2010年9月27日发布《中国受控消耗臭氧层物质清单》,其中三氯一氟甲烷作为第一类全氯氟烃,被全面禁止使用。本案的正确审理和判决,明确表明人民法院严厉打击ODS违法行

---

① 参见《被告单位德清M公司、被告人祁某某污染环境案》,载中国法院网2021年6月4日,https://www.chinacourt.org/article/detail/2021/06/id/6079319.shtml。

为的“零容忍”态度，对聚氨酯泡沫等相关行业和社会公众具有良好的惩戒、警示和教育作用，体现了司法机关坚定维护全球臭氧层保护成果，推动构建人类命运共同体的责任担当。

案例5-4　全国首例违法使用ODS刑事案件后续：湖州市中级人民法院审结首例消耗臭氧层物质大气污染责任民事公益诉讼案①

2021年3月24日，浙江省湖州市中级人民法院公开开庭审理了全国首例消耗臭氧层物质大气污染责任民事公益诉讼案件，判决被告德清M公司承担746,421元生态损害赔偿费用和15万元鉴定评估费用。

2017年8月至2019年6月，该公司以及当时的法定代表人祁某某在明知三氯一氟甲烷系受控ODS，且被明令禁止用于生产使用的情况下，购入849.5吨用于生产，造成三氯一氟甲烷废气排放3049.7千克，严重污染生态环境。

2020年3月6日，德清县人民法院依法以污染环境罪对该公司判处罚金人民币70万元，追缴违法所得人民币140余万元；对被告人祁某某判处有期徒刑10个月，并处罚金人民币5万元。刑事判决生效后，公诉机关依法提起民事公益诉讼。

法院经审理认为，该公司在生产中产生的三氯一氟甲烷废气未经有效处置，排放至周围环境中，损害了环境及居住区空气质量。该物质扩散到大气同温层中，以催化分解的方式破坏臭氧层，导致过量的紫外线辐射到达地面，影响人类健康并造成环境生态损害。根据浙江省生态环境科学技术研究院出具的《生态环境损害鉴定评估报告》，确定了生态环境损害值。综合检测报告、《生态环境损害鉴定评估报告》等证据材料，法院遂依法作出以上判决。

2.《消耗臭氧层物质和氢氟碳化物管理条例(修订草案征求意见稿)》

《〈关于消耗臭氧层物质的蒙特利尔议定书〉基加利修正案》(以下简称《基加利修正案》)于2016年10月15日在卢旺达基加利通过，于2019年1月1日起在全球生效。该修正案将18种氢氟碳化物(HFCs)列入管控范围。HFCs是ODS的常用替代品，虽然本身不是ODS，但HFCs是温室气体，具有高全球升温

① 《湖州中院审结首例消耗臭氧层物质(ODS)大气污染责任民事公益诉讼案》，载中国法院网2021年3月25日，https://www.chinacourt.org/article/detail/2021/03/id/5907397.shtml。

潜能值(GWP)。《基加利修正案》通过后,《关于消耗臭氧层物质的蒙特利尔议定书》开启了协同应对臭氧层耗损和气候变化的历史新篇章。

为积极应对气候变化,加强氢氟碳化物等非二氧化碳温室气体管控,2021 年 6 月 17 日,中国常驻联合国代表团向联合国秘书长交存了中国政府接受《基加利修正案》的接受书。该修正案于 2021 年 9 月 15 日对我国生效。

为进一步完善《消耗臭氧层物质管理条例》,根据当前国际形势和履约任务的需要,生态环境部于 2019 年启动该条例的修订工作,并于 2020 年 5 月发布《关于公开征求〈消耗臭氧层物质和氢氟碳化物管理条例(修订草案征求意见稿)〉意见的通知》,公开征求意见。该修订草案征求意见稿共六章 50 条,其中修改 37 条,新增 13 条,删除 4 条。主要修改内容包括以下几个方面①:

(1)增列氢氟碳化物,修改条例名称

根据《基加利修正案》履约要求,将 HFCs 纳入管控范围。为此,将条例名称由《消耗臭氧层物质管理条例》更名为《消耗臭氧层物质和氢氟碳化物管理条例》,并在立法目的中增加"应对气候变化"的内容。

(2)建立准确定义和用途分类,实现精准管理

建立更加精准的定义和用途分类,为实现精准管理奠定概念基础。一是将"生产"定义为"制造消耗臭氧层物质和氢氟碳化物的活动,包括由于工艺原因必然产生消耗臭氧层物质和氢氟碳化物副产品或者联产品的活动",即明确联产和副产均属于生产行为。二是将"使用"定义为"利用消耗臭氧层物质和氢氟碳化物及其混合物进行的生产经营等活动,不包括使用含消耗臭氧层物质和氢氟碳化物的产品的活动",即将混合物也纳入监管范围。三是将用途分为受控用途和原料用途,其中受控用途也包括总量控制的和无总量控制的豁免受控用途,即根据不同的用途实施有针对性的监管措施。

(3)完善管理体系,突出源头管控

一是加强源头管控,进一步明确配额许可证制度涵盖目前所有受控用途、原料用途和副产的生产类型,其中对副产的活动还提出了自动监控、资源化利用或无害化处置的管理要求。二是对除有总量控制的豁免用途以外的使用类型,统

---

① 参见《关于公开征求〈消耗臭氧层物质和氢氟碳化物管理条例(修订草案征求意见稿)〉意见的通知》,载生态环境部网,http://www.mee.gov.cn/xxgk2018/xxgk/xxgk06/202005/t20200521_780130.html。

一采用备案制，充分发挥有限总量的使用效率，增强市场活力。三是明确禁止销售环节原料用途流入受控用途，建立一个原料用途生产、销售和使用的闭环。四是明确备案的主体、时间、内容，使备案管理更加规范。五是将已淘汰物质的管理覆盖生产、使用、销售等环节，并通过法律责任的规定确保管理的落实。六是将交易限制的相关规定延伸至维修、回收和再生利用的环节，弥补了监管的薄弱环节。

(4)衔接现行法律法规，丰富监管措施手段

一是将相关单位的违法信息纳入信用信息共享平台，向社会公布。二是删除了配额许可的申请条件，申请流程也简化为提交配额许可证申请表。三是对被责令进行无害化处置的单位拒不履行的，赋予监管部门组织代为处置的手段。四是删除原条例中有关没收 ODS 和 HFCs 及其原料和产品的内容。

(5)强化法律责任，确保有违必罚、罚必有依

一是梳理、细化和明确市场主体和监管者的义务和职责，并在法律责任部分设置与之相呼应的违法行为和处罚条款，确保义责清晰、有违必罚、罚必有依。二是将“吊销许可证”的处罚方式调整为“核减直至取消配额”，使规定更加科学合理。三是将法律责任中的 3 倍罚款调整为上下限的罚款方式，加大对严重违法行为的处罚力度。

(6)完善配套政策措施，保障可持续削减淘汰

一是将 ODS 和 HFCs 检测、监测技术和方法的研发应用及其回收、循环利用和资源转化纳入国家鼓励和支持的范围。二是明确将限制和禁止的生产和使用 ODS 和 HFCs 的工艺、设备及其产品纳入国家综合性产业政策目录。三是增设监测与评估、公众参与的相关条款。

第四节 固体废物合规管理

为了保护和改善生态环境，防治固体废物污染环境，保障公众健康，维护生态安全，推进生态文明建设，促进经济社会可持续发展，我国制定了以《固体废物污染环境防治法》为核心的法律体系，以规范固体废物的产生、收集、贮存、运输、利用、处置等相关活动。

一、《固体废物污染环境防治法》的最新修订

《固体废物污染环境防治法》自 1996 年 4 月 1 日施行。2004 年 12 月 29 日，第十届全国人民代表大会常务委员会第十三次会议通过了修订后的《固体废物污染环境防治法》，自 2005 年 4 月 1 日起施行。随后分别在 2013 年、2015 年和 2016 年进行了三次修正。

固体废物污染环境的问题依然严峻，为此，国家启动了对该法的进一步修订。2020 年 4 月 29 日，第十三届全国人民代表大会常务委员会第十七次会议通过了修订后的《固体废物污染环境防治法》，自 2020 年 9 月 1 日起施行。

这次修改以习近平生态文明思想为指导，贯彻落实党中央、国务院关于推进生态文明法治建设的决策部署。修订的主要内容包括：(1)完善固体废物污染环境防治监督管理制度；(2)健全生活垃圾污染环境防治制度；(3)完善废弃电器电子产品污染环境防治制度；(4)完善建筑业、农业等固体废物污染环境防治制度；(5)加强对危险废物污染环境的防治；(6)完善固体废物污染环境防治的保障措施；(7)严格固体废物污染环境法律责任。

二、产废单位的污染环境防治责任

一是明确了产废单位的污染环境防治责任。规定产生工业固体废物的单位应当建立健全工业固体废物全过程的污染环境防治责任制度，建立工业固体废物管理台账，如实记录相关信息，实现可追溯、可查询，并采取防治工业固体废物污染环境的措施(第 36 条第 1 款)。

二是规定产废单位的核实义务。规定产生工业固体废物的单位委托他人运输、利用、处置工业固体废物的，应当对受托方的主体资格和技术能力进行核实，依法签订书面合同，约定污染防治要求(第 37 条第 1 款)。

三是要求产废单位清洁生产。产生工业固体废物的单位应当依法实施清洁生产审核，合理选择资源，采用先进的生产工艺和设备，减少工业固体废物的产生量，降低工业固体废物的危害性(第 38 条)。

四是要求产废单位应当取得排污许可证。产生工业固体废物的单位应当向所在地生态环境主管部门提供有关资料，以及减少工业固体废物产生、促进综合利用的措施，并按照排污许可证要求管理所产生的工业固体废物(第 39 条第 2 款)。

五是产废单位应当根据经济、技术条件对工业固体废物加以利用。对暂时不利用或者不能利用的，应当按照主管部门规定建设贮存设施、场所，安全分类存放或采取无害化处置措施。工业固体废物贮存、处置的设施、场所，应当符合国家环境保护标准（第40条）。

六是产废单位终止，应当在终止前对工业固体废物的贮存、处置的设施、场所采取污染防治措施。产废单位变更的，变更后的单位应当按照国家有关规定安全运行（第41条）。

三、危险废物的收集、贮存、运输和处置

在工业固体废物中，对环境和健康危害最大的是危险废物，也是生态环境部门日常监管的重点。如本书第一章所述，由于危险废物涉及刑事责任，为防范环境法律风险，准确判断是否是危险废物非常重要。

根据《固体废物污染环境防治法》的规定，"危险废物，是指列入国家危险废物名录或者根据国家规定的危险废物鉴别标准和鉴别方法认定的具有危险特性的固体废物"。因此，判定危险废物的方式包括两种：一种是根据《国家危险废物名录》来判定，另一种是根据鉴定结果来判定。其中，《国家危险废物名录》还包括医疗废物。

1.《国家危险废物名录》

早在1998年，原国家环保局、原国家经济贸易委员会、原对外贸易经济合作部、公安部就联合发布了《国家危险废物名录》。2008年、2016年分别进行了修订，2020年再次进行了修订。2020年11月25日，《国家危险废物名录（2021年版）》（以下简称《名录（2021）》）发布，自2021年1月1日起施行。

本次修订的主要内容①：

总体情况：

（1）修订了正文。删除2016年版名录正文第4条，正文内容由9条修改为8条。

（2）修订了附表《国家危险废物名录》。《名录（2021）》的附表共计467种废

---

① 《国家危险废物名录（2021年版）》，载生态环境部网2020年11月27日，http://www.mee.gov.cn/xxgk2018/xxgk/xxgk02/202011/W020201130399742157558.pdf。

物,与2016年版名录相比,减少了12种,增加或删减使种类数减少2种(包括新增4种,删减6种);拆分或合并使种类数减少10种(包括拆分增加3种,合并减少13种)。此外,修改了90种危险废物的文字表述或危险特性表述。

(3)修订了附录《危险废物豁免管理清单》。《名录(2021)》的附录新增14种危险废物,共计30种危险废物。

重点修订内容:

(1)修改废弃危险化学品管理属性规定。删除2016年版名录正文第4条"列入《危险化学品目录》的化学品废弃后属于危险废物",并将附表《国家危险废物名录》中"900-999-49"类危险废物的表述修改为所有者申报废弃的危险化学品,以及有关部门依法收缴或接收且需要销毁的危险化学品。

(2)修改生活垃圾中危险废物豁免管理规定。根据目前我国生活垃圾分类试点工作实际情况,修订了生活垃圾中危险废物收集过程的豁免条件,为相关部门开展生活垃圾中危险废物的分类收集活动消除管理制度的障碍。

(3)修改农药包装废弃物回收过程豁免管理规定。本次修订对农药包装废弃物收集、运输、利用和处置环节实施有条件豁免管理,将《农药包装废弃物回收管理办法》的相关规定在《危险废物豁免管理清单》中体现。

(4)修改煤焦化相关危险废物的规定。重新梳理并明确了煤焦化过程产生的各类危险废物及其工艺来源,根据不同煤焦油的利用途径,在《危险废物豁免管理清单》中增加当煤焦油用于生产煤基氢化油、碳素材料、炭黑时,满足一定条件利用过程可不按危险废物管理的规定。

(5)修改铜、铅、锌冶炼相关危险废物的规定。重新梳理并细化了铜、铅、锌冶炼过程产生的危险废物种类及其工艺来源和危险特性。

(6)修改铝冶炼相关危险废物的规定。对铝冶炼过程中产生的危险废物进行了重新梳理,调查分析了其危险特性,明确了铝冶炼过程产生的危险废物种类及其工艺来源和危险特性。

(7)明确部分类别废物的涵盖范围。2016年版名录中对树脂、乳胶、增塑剂生产过程中产生的危险废物的界定不清晰,导致涵盖范围过大。实际调研发现不同来源的上述废物危险特性存在较大的差异。根据危险特性调查结果,本次修订将其中危险特性较小、环境风险可控的废物从名录中删除。

(8)删除为防治动物传染病而需要收集和处置的废物。本次修订删除2016

年版名录中的“为防治动物传染病而需要收集和处置的废物”第 900 - 001 - 01 类。

(9)明确名录附表中危险特性代码的含义。

(10)根据最新《国民经济行业分类》(GB/T 4754 - 2017),更新了名录附表中废物代码。

2. 危险废物鉴别

《名录(2021)》指出,对不明确是否具有危险特性的固体废物,应当按照国家规定的危险废物鉴别标准和鉴别方法予以认定。经鉴别具有危险特性的,属于危险废物,应当根据其主要有害成分和危险特性确定所属废物类别,并按代码“900 - 000 - × ×”(× ×为危险废物类别代码)进行归类管理。经鉴别不具有危险特性的,不属于危险废物。

危险特性包括腐蚀性、毒性、易燃性、反应性。

根据《危险废物鉴别标准通则》(GB 5085. 7 - 2019,2020 年 1 月 1 日实施)之规定,危险废物的鉴别应按照以下程序进行:

(1)依据法律规定和 GB 34330,判断待鉴别的物品、物质是否属于固体废物,不属于固体废物的,则不属于危险废物。

(2)经判断属于固体废物的,则首先依据《名录(2021)》鉴别。凡列入《名录(2021)》的固体废物,属于危险废物,不需要进行危险特性鉴别。

(3)未列入《名录(2021)》,但不排除具有腐蚀性、毒性、易燃性、反应性的固体废物,依据 GB 5085. 1、GB 5085. 2、GB 5085. 3、GB 5085. 4、GB 5085. 5 和 GB 5085. 6,以及 HJ 298 进行鉴别。凡具有腐蚀性、毒性、易燃性、反应性中一种或一种以上危险特性的固体废物,属于危险废物。

(4)对未列入《名录(2021)》且根据危险废物鉴别标准无法鉴别,但可能对人体健康或生态环境造成有害影响的固体废物,由国务院生态环境主管部门组织专家认定。

3. 医疗废物名录

《名录(2021)》明确规定,医疗废物属于危险废物。医疗废物分类按照《医疗废物分类目录》执行。

2011 年 1 月 8 日,《医疗废物管理条例》(国务院令第 588 号)公布,自公布之日起施行,根据 2011 年 1 月 8 日国务院令第 588 号《关于废止和修改部分行政法规的决定》修订。本条例适用于医疗废物的收集、运送、贮存、处置以及监督管理等活动。

该条例所称医疗废物,是指医疗卫生机构在医疗、预防、保健以及其他相关活动中产生的具有直接或者间接感染性、毒性以及其他危害性的废物。该条例第55条指出,计划生育技术服务、医学科研、教学、尸体检查和其他相关活动中产生的具有直接或者间接感染性、毒性以及其他危害性废物的管理,依照本条例执行。

2003年10月,原卫生部和原国家环保局发布《医疗废物分类目录》(卫医发〔2003〕287号)。国家卫生健康委员会已经启动了对该目录的修订工作,建议读者及时关注。

四、危险废物的许可制度

《固体废物污染环境防治法》第80条规定,从事收集、贮存、利用、处置危险废物经营活动的单位,应当按照国家有关规定申请取得许可证。许可证的具体管理办法由国务院制定。禁止无许可证或者未按照许可证规定从事危险废物收集、贮存、利用、处置的经营活动。禁止将危险废物提供或者委托给无许可证的单位或者其他生产经营者从事收集、贮存、利用、处置活动。

国务院颁布《危险废物经营许可证管理办法》(国务院令第408号,2004年5月30日公布,2013年和2016年修订),规定危险废物经营许可证按照经营方式,分为危险废物收集、贮存、处置综合经营许可证和危险废物收集经营许可证。领取危险废物综合经营许可证的单位,可以从事各类别危险废物的收集、贮存、处置经营活动;领取危险废物收集经营许可证的单位,只能从事机动车维修活动中产生的废矿物油和居民日常生活中产生的废镉镍电池的危险废物收集经营活动。危险废物综合经营许可证有效期为5年;危险废物收集经营许可证有效期为3年。

有下列情形之一的,危险废物经营单位应当按照原申请程序,重新申请领取危险废物经营许可证:(1)改变危险废物经营方式的;(2)增加危险废物类别的;(3)新建或者改建、扩建原有危险废物经营设施的;(4)经营危险废物超过原批准年经营规模20%以上的。

县级以上人民政府环境保护主管部门有权要求危险废物经营单位定期报告

危险废物经营活动情况。危险废物经营单位应当建立危险废物经营情况记录簿，如实记载收集、贮存、处置危险废物的类别、来源、去向和有无事故等事项。

危险废物经营单位应当将危险废物经营情况记录簿保存 10 年以上，以填埋方式处置危险废物的经营情况记录簿应当永久保存。终止经营活动的，应当将危险废物经营情况记录簿移交所在地县级以上地方人民政府环境保护主管部门存档管理。

2020 年 6 月 9 日，生态环境部办公厅发布《关于公开征求〈危险废物环境许可证管理办法（修订草案）〉（征求意见稿）意见的通知》，公开对修订草案征求意见。主要修订内容包括：（1）完善危险废物环境许可范围、发证层级和许可条件；（2）深化简政放权、放管结合，进一步加强和规范事中事后监管。

危险废物产生单位应当通过原件核对、生态环境部门网站信息比对、现场考察等方式，核实危险废物经营单位是否具有资质以及经营许可的范围和技术能力，否则将要承担相应的法律责任。

五、电子废弃物的回收处理

随着经济的发展和人民生活水平的提高，电器电子产品被大量使用，其废弃之后的处理，已经越来越引起人们的关注。

2009 年，国务院发布《废弃电器电子产品回收处理管理条例》（国务院令第 551 号，已修改），自 2011 年 1 月 1 日起施行。2019 年 3 月国务院发布《关于修改部分行政法规的决定》（国务院令第 709 号），将《废弃电器电子产品回收处理管理条例》中的相关机构名称进行修正，并将第 28 条修改为："违反本条例规定，未取得废弃电器电子产品处理资格擅自从事废弃电器电子产品处理活动的，由县级以上人民政府生态环境主管部门责令停业、关闭，没收违法所得，并处 5 万元以上 50 万元以下的罚款。"

1. 废弃电器电子产品处理目录

2010 年 9 月，国家发展和改革委员会、原环保部、工业和信息化部发布《废弃电器电子产品处理目录（第一批）》和《制定和调整废弃电器电子产品处理目录的若干规定》（国家发改委公告 2010 年第 24 号），自 2011 年 1 月 1 日起施行。《废弃电器电子产品处理目录（第一批）》包括电视机、电冰箱、洗衣机、房间空调器及微型计算机五类产品。

2015 年 2 月，国家发展和改革委员会、原环保部、工业和信息化部等六部门公布《废弃电器电子产品处理目录（2014 年版）》（国家发改委 2015 年第 5 号公告），自 2016 年 3 月 1 日起实施。《废弃电器电子产品处理目录（第一批）》同时废止。

《废弃电器电子产品处理目录（2014 年版）》包括电冰箱、空气调节器、吸油烟机、洗衣机、电热水器、燃气热水器、打印机、复印机、传真机、电视机、监视器、微型计算机、移动通信手持机、电话单机等 14 类。

2. 废弃电器电子产品处理企业资质

废弃电器电子产品的处理活动，是指将废弃电器电子产品进行拆解，从中提取物质作为原材料或者燃料，用改变废弃电器电子产品物理、化学特性的方法减少已产生的废弃电器电子产品数量，减少或者消除其危害成分，以及将其最终置于符合环境保护要求的填埋场的活动，不包括产品维修、翻新以及经维修、翻新后作为旧货再使用的活动。

根据《废弃电器电子产品回收处理管理条例》规定，国家对废弃电器电子产品处理实行资格许可制度，设区的市级人民政府生态环境主管部门审批废弃电器电子产品处理企业资格。

3. 废弃电器电子产品处理基金

该条例规定国家建立废弃电器电子产品处理基金，用于废弃电器电子产品回收处理费用的补贴。电器电子产品生产者、进口电器电子产品的收货人或者其代理人应当按照规定履行废弃电器电子产品处理基金的缴纳义务。废弃电器电子产品处理基金是国家为促进废弃电器电子产品回收处理而设立的政府性基金，对于建立促进废弃电器电子产品回收处理的长效机制，规范我国废弃电器电子产品回收处理活动，防止和减少环境污染，促进资源综合利用，发展循环经济，建设资源节约型、环境友好型社会具有重要意义。

4. 电器电子产品中有害物质的使用限制

随着电子产品的广泛使用，“电子垃圾”以及电子产品中的有害物质已经越来越引起社会的关注。2006 年，原信息产业部与国家发展和改革委员会等七个部门，联合发布了《电子信息产品污染控制管理办法》（信息产业部第 39 号令，已失效），对为减少或消除电子信息产品中含有的有毒、有害物质或元素而采取的措施作出了规定，这被业界称为“中国 RoHS”1.0 版。RoHS 是由欧盟立法制定的一项强制性标准,其全称是《关于限制在电子电气设备中使用某些有害成分的指令》(Restriction of Hazardous Substances, RoHS)。该标准已于2006年7月1日实施,主要用于规范电子电气产品的材料及工艺标准,使之更加有利于人体健康及环境保护。

2016年1月6日,工业和信息化部、国家发展和改革委员会、科学技术部、财政部、原环保部、商务部、海关总署、原国家质量监督检验检疫总局等八部门联合公布了《电器电子产品有害物质限制使用管理办法》(第32号令),自2016年7月1日起施行,2006年第39号同时废止,业界称为"中国RoHS"2.0版。本次修订扩大了限制使用的有害物质范围、增加了有关科技和财政政策支持的规定、完善了产品有害物质限制使用的管理方式。

六、生活垃圾的分类管理

随着人民生活水平的不断提高,生活垃圾也越来越多,"垃圾是放错地方的资源"。因此,生活垃圾有很大一部分是可以回收利用的。目前比较常见的处置方式是经处理后用作堆肥,或者焚烧和填埋。为此,必须要对生活垃圾进行分类收集,才能进行分类处置。

早在1993年,原建设部就颁布了《城市生活垃圾管理办法》(建设部令第27号),2015年进行了修订(建设部令第157号),自2015年5月4日起施行。该管理办法着重于城市生活垃圾治理规划与设施建设,城市生活垃圾的清扫、收集、运输和处置,对前类的分类投放、收集和运输作了倡导性的规定。

2016年12月,习近平总书记主持召开中央财经领导小组会议研究普遍推行垃圾分类制度,强调要加快建立分类投放、分类收集、分类运输、分类处理的垃圾处理系统,形成以法治为基础、政府推动、全民参与、城乡统筹、因地制宜的垃圾分类制度,努力提高垃圾分类制度覆盖范围。

2017年3月18日,国务院办公厅《关于转发国家发展改革委住房城乡建设部生活垃圾分类制度实施方案的通知》(国办发〔2017〕26号)发布。

2018年6月16日,中共中央、国务院《关于全面加强生态环境保护坚决打好污染防治攻坚战的意见》发布。该意见要求加快推进垃圾分类处理:到2020年,实现所有城市和县城生活垃圾处理能力全覆盖,基本完成非正规垃圾堆放点整治;直辖市、计划单列市、省会城市和第一批分类示范城市基本建成生活垃圾分类处理系统。推进垃圾资源化利用,大力发展垃圾焚烧发电。推进农村垃圾就地分类、资源化利用和处理,建立农村有机废弃物收集、转化、利用网络体系。

2019 年 4 月 26 日,住房和城乡建设部等部门《关于在全国地级及以上城市全面开展生活垃圾分类工作的通知》(建城〔2019〕56 号)。在各直辖市、省会城市、计划单列市等 46 个重点城市先行先试基础上,决定自 2019 年起在全国地级及以上城市全面启动生活垃圾分类工作。

2019 年 11 月 15 日,住房和城乡建设部发布了《生活垃圾分类标志》(GB/T 19095 -2019),代替《城市生活垃圾分类标志》(GB/T 19095 -2003),自 2019 年 12 月 1 日起实施。在修订后的标准中,将生活垃圾分为可回收物、有害垃圾、厨余垃圾(也可称为湿垃圾)和其他垃圾(也可称为干垃圾)。

随后各地陆续出台了地方性条例或规章,对生活垃圾的分类管理作出规定。以上海市为例:

2019 年 1 月 31 日,上海市第十五届人民代表大会第二次会议通过《上海市生活垃圾管理条例》,自 2019 年 7 月 1 日起施行。这是全国首部由地方人民代表大会通过的关于生活垃圾管理方面的省级地方性法规。该条例将以实现生活垃圾减量化、资源化、无害化为目标,建立健全生活垃圾分类投放、分类收集、分类运输、分类处置的全程分类体系,积极推进生活垃圾源头减量和资源循环利用。

第五节　噪声合规管理

一、噪声污染防治法律法规

《环境噪声污染防治法》于 1996 年 10 月 29 日由第八届全国人民代表大会常务委员会第二十二次会议通过,自 1997 年 3 月 1 日起施行,2018 年 12 月 29 日第十三届全国人民代表大会常务委员会第七次会议对该法进行了修改。该次修改主要是将建设项目环境噪声污染防治设施的“三同时”竣工验收,由原来规定的“经原审批环境影响报告书的环境保护行政主管部门验收”修改为“按照国家规定的标准和程序进行验收”,即由建设单位自主竣工验收。这样与《水污染防治法》《大气污染防治法》《建设项目环境保护管理条例》等法律法规相一致。

随着我国经济社会的发展，噪声污染防治状况也随之发生了重大改变，污染区域由城市扩展到了农村，高铁、城市轨道交通等新型噪声源不断出现，室外活动噪声、室内噪声污染也日益多发、多样。环保热线举报平台中噪声投诉长期居高不下，位居各污染要素的第二，仅次于大气污染。因此，修订噪声污染防治法，已经刻不容缓。2021 年 12 月 24 日，第十三届全国人民代表大会常务委员会第三十一次会议审议通过了《噪声污染防治法》，自 2022 年 6 月 5 日起施行。《环境噪声污染防治法》同时废止。

《噪声污染防治法》第 2 条指出，本法所称噪声，是指在工业生产、建筑施工、交通运输和社会生活中产生的干扰周围生活环境的声音。本法所称噪声污染，是指超过噪声排放标准或者未依法采取防控措施产生噪声，并干扰他人正常生活、工作和学习的现象。

企业在建设和运营的过程中要严格遵守《噪声污染防治法》的规定，特别要做到以下几点：

(1)新建、改建、扩建可能产生噪声污染的建设项目，应当依法进行环境影响评价。

(2)建设项目的噪声污染防治设施应当与主体工程同时设计、同时施工、同时投产使用，建设项目在投入生产或者使用之前，建设单位应当依照有关法律法规的规定，对配套建设的噪声污染防治设施进行验收，编制验收报告，并向社会公开。未经验收或者验收不合格的，该建设项目不得投入生产或者使用。

(3)排放工业噪声的企业事业单位和其他生产经营者，应当采取有效措施，减少振动、降低噪声，依法取得排污许可证或者填报排污登记表。实行排污许可管理的单位，不得无排污许可证排放工业噪声，并应当按照排污许可证的要求进行噪声污染防治。

(4)实行排污许可管理的单位应当按照规定，对工业噪声开展自行监测，保存原始监测记录，向社会公开监测结果，对监测数据的真实性和准确性负责。噪声重点排污单位应当按照国家规定，安装、使用、维护噪声自动监测设备，与生态环境主管部门的监控设备联网。

《噪声污染防治法》对建筑施工、交通运输和社会生活的噪声污染防治，作出了具体的规定。例如，该法规定，施工单位应当按照规定制定噪声污染防治实施方案，采取有效措施，减少振动、降低噪声，建设单位应当监督施工单位落实噪声污染防治实施方案。

《噪声污染防治法》规定了违反本法规定的法律责任。该法第75条规定，违反本法规定，无排污许可证或者超过噪声排放标准排放工业噪声的，由生态环境主管部门责令改正或者限制生产、停产整治，并处2万元以上20万元以下的罚款；情节严重的，报经有批准权的人民政府批准，责令停业、关闭。该法第76条规定，违反本法规定，有下列行为之一，由生态环境主管部门责令改正，处2万元以上20万元以下的罚款；拒不改正的，责令限制生产、停产整治：(1)实行排污许可管理的单位未按照规定对工业噪声开展自行监测，未保存原始监测记录，或者未向社会公开监测结果的；(2)噪声重点排污单位未按照国家规定安装、使用、维护噪声自动监测设备，或者未与生态环境主管部门的监控设备联网的。

《噪声污染防治法》进一步规定，受到噪声侵害的单位和个人，有权要求侵权人依法承担民事责任。对赔偿责任和赔偿金额纠纷，可以根据当事人的请求，由相应的负有噪声污染防治监督管理职责的部门、人民调解委员会调解处理。国家鼓励排放噪声的单位、个人和公共场所管理者与受到噪声侵害的单位和个人友好协商，通过调整生产经营时间、施工作业时间，采取减少振动、降低噪声措施，支付补偿金、异地安置等方式，妥善解决噪声纠纷。

案例5-5　复议机关为何撤销处罚决定?①

一家企业未经环评及生态环境部门审批同意，擅自进行金属拉丝作业。在被生态环境部门查处后，依法罚了20万元。因不服处罚决定，企业申请了行政复议，最终，复议机关以“适用依据错误”为由，撤销了处罚决定。案子虽结，围绕这起案件引发的思考才刚刚开始。

【案件详情】

未经环评及审批擅自加工金属拉丝，罚款20万元

2019年5月9日，浙江省宁波市生态环境局余姚分局执法人员检查发现，余姚市某金属拉丝厂于1999年1月投入生产，未经环评及环保部门审批同意，擅自

① 参见莫立强：《复议机关为何撤销处罚决定?》，载中国环境网，https://www.cenews.com.cn/legal/201912/t20191220_922980.html。

进行金属拉丝加工。主要设备有大小冲床、拉丝机、抛丸机、退火炉等。冲床加工产生的噪声较为明显,现场未采取有效隔音措施,对周边环境造成影响。

执法人员随即对这个厂以涉嫌未经环评及环保部门审批同意,擅自进行金属拉丝加工为由进行立案调查。经过相关程序后,于2019年6月15日向其直接送达行政处罚听证告知书。因"未批先建"违法行为已超过两年行政处罚追溯时效,故对"未批先建"不再处罚。根据《建设项目环境保护管理条例》(以下简称《条例》)第23条第1款和《宁波市常见生态环境违法行为行政处罚裁量权实施标准》的相关规定,责令其立即改正违法行为,罚款20万元。28日,执法人员又向这个厂直接送达了宁波市生态环境局行政处罚决定书。

由于不服行政处罚决定,这个厂于2019年8月22日向复议机关申请行政复议。11月,复议机关以"适用依据错误"为由,作出撤销宁波市生态环境局行政处罚决定书的行政复议决定。

【撤销理由】

认为本案项目环评类别为报告表,不需要竣工验收

一是适用法律依据错误。案卷中描述的主要是噪声污染,《环境噪声污染防治法》是噪声污染防治的特别法。此法第13条、第14条分别对建设项目的环境影响评价和竣工验收作出了明确规定,本案应当适用特别法。

二是下位法应服从于上位法。《环境噪声污染防治法》是法律,《条例》是行政法规,前者是上位法,后者是下位法。且前者2018年12月才作了修改,理所当然应该适用前者而非后者。

三是本案的项目不需要配套建设环境保护设施。本案处罚依据是《条例》第23条,因此,关键问题是本案的项目究竟是否需要配套建设环境保护设施。《环境噪声污染防治法》第13条第2款规定:"建设项目可能产生环境噪声污染的,建设单位必须提出环境影响报告书,规定环境噪声污染的防治措施,并按照国家规定的程序报生态环境主管部门批准。"根据《建设项目环境影响评价分类管理名录》,本案项目属于项目类别第67类"金属制品加工制造——其他(仅切割组装除外)",环评类别为报告表,而非报告书。

据此,复议机关认为本案项目不需要提出报告书,即本案项目不需要《环境噪声污染防治法》第14条规定的竣工验收等环节。且本案调查的违法事实中未有噪声超标造成环境污染等证据,认为不存在噪声污染,不需要治污设施。

【争议焦点】

以“未批先建投入生产使用”为由处罚该不该维持?

处罚决定被撤销后,在宁波市环境执法和法制领域引起了较大反响,争论较为激烈。

一种意见认为,本案是“未批”这一源头带来后续的一系列问题。故以“未批先建投入生产使用”为由作出处罚依法应当予以维持。

根据《关于建设项目环境管理有关法律适用问题的答复意见》(法工委复〔2007〕2号)规定,同时构成“未批先建”和违反环保设施“三同时”验收制度两个违法行为的,应当分别按照《环境影响评价法》第31条、修订前的《条例》第28条的规定作出相应处罚。原环保部《关于建设项目“未批先建”违法行为法律适用问题的意见》解释:“未批先建”违法行为自建设行为终了之日起2年内未被发现的,环保部门应当遵守《行政处罚法》第29条的规定,不予行政处罚;对违反环保设施“三同时”验收制度的处罚,不受“未批先建”行政处罚追溯期限的影响。

这个厂“未批先建”的违法行为发生在1999年1月,已超过2年行政处罚追溯时效,故不予追究。而在未经环保部门审批同意也未配备相关的环境保护措施并经验收合格的情况下,擅自进行金属拉丝加工,依据《条例》第23条和《宁波市常见生态环境违法行为行政处罚裁量权实施标准》的规定,责令停止违法行为,罚款人民币20万元的行政处罚决定事实清楚,适用法律正确,应当予以维持。

另一种意见认为,复议机关作出的行政复议决定有理有据,切中要害,应当予以肯定。同时这一案例也给基层的广大环境执法、法制人员敲响了警钟,在工作中要认真钻研相关法律知识,学懂弄通并学以致用,不可想当然行事。

【个人思考】

全面修订《环境噪声污染防治法》已迫在眉睫

笔者认同复议机关的部分理由,但结合基层环境执法实际,有以下几点想法:一是《环境噪声污染防治法》规定的罚款额度不明确。其第48条规定,“违反本法第十四条的规定,建设项目中需要配套建设的环境噪声污染防治设施没有建成或者没有达到国家规定的要求,擅自投入生产或者使用的,由县级以上生态环境主管部门责令限期改正,并对单位和个人处以罚款……”这个条款只规定了“对单位和个人处以罚款”,并无具体的罚款幅度,罚款金额如何确定,是基层执法面临的一大难题。

二是此“书”非彼“书”。《环境噪声污染防治法》第13条第2款规定“建设项目可能产生环境噪声污染的,建设单位必须提出环境影响报告书……”此处的环境影响“报告书”应当理解为环境影响报告“文件”更为科学,而不是目前我们所称的“环境影响报告书、报告表、登记表”中的“报告书”。

1995年版的《大气污染防治法》第10条第2款规定:“建设项目的环境影响报告书,必须对建设项目可能产生的大气污染和对生态环境的影响作出评价……”1996年版《水污染防治法》第13条第2款规定:“建设项目的环境影响报告书,必须对建设项目可能产生的水污染和对生态环境的影响作出评价……”据此,当时均表述为环境影响“报告书”,而未出现目前所称的“报告书、报告表、登记表”等表述。第一次将环评文件分类为“报告书、报告表、登记表”三种表述的,是在1998年11月29日颁布的《条例》。《环境噪声污染防治法》是在1996年10月颁布的,2018年全国人大常委会只对此法个别条款作了修改,基本还是袭用旧版。因此《环境噪声污染防治法》中环境影响“报告书”中的“书”一字理解为“文件”更符合实际情况。

三是本案可以适用《条例》相关规定。实际上,《环境噪声污染防治法》第13条第1款“新建、改建、扩建的建设项目,必须遵守国家有关建设项目环境保护管理的规定”,已作了很好的转致,法律明确要求遵守国家有关建设项目环境保护管理规定,因此可以与《条例》有关条款衔接起来,但应该要有合法妥当的表述和转致。执法人员也可以通过调查,增加当事人排放其他污染物的证据材料,不局限于噪声污染,以适用《条例》。

四是建议尽快启动修订《环境噪声污染防治法》。2018年12月修改的《环境噪声污染防治法》与1996年10月颁布的旧法相比鲜有变化,20多年来我国经济社会各方面都发生了巨大变化,《环境噪声污染防治法》的“不变”已不能适应当今噪声环境管理的形势,启动全面修订《环境噪声污染防治法》已迫在眉睫。为避免各单项法之间、单项法与综合性的法律之间不协调问题,建议今后涉及环评审批或竣工验收等事项,要与《环境保护法》《环境影响评价法》《条例》相衔接,罚款也应当明确具体金额。

此外,涉及竣工验收的如固体废物项目竣工环保验收,也应当与《条例》相衔接,实行相对人自主验收,减少基层法律适用困难,也更符合当前“放管服”的改革精神。

(作者单位:浙江省宁波市生态环境局余姚分局)

二、环境噪声相关标准

国家制定环境噪声相关的标准，包括：

1.《声环境质量标准》(GB 3096－2008)

根据该标准，按区域的使用功能特点和环境质量要求，声环境功能区分为以下5种类型：

0类声环境功能区：指康复疗养区等特别需要安静的区域。

1类声环境功能区：指以居民住宅、医疗卫生、文化教育、科研设计、行政办公为主要功能，需要保持安静的区域。

2类声环境功能区：指以商业金融、集市贸易为主要功能，或者居住、商业、工业混杂，需要维护住宅安静的区域。

3类声环境功能区：指以工业生产、仓储物流为主要功能，需要防止工业噪声对周围环境产生严重影响的区域。

4类声环境功能区：指交通干线两侧一定距离之内，需要防止交通噪声对周围环境产生严重影响的区域，包括4a类和4b类两种类型。4a类为高速公路、一级公路、二级公路、城市快速路、城市主干路、城市次干路、城市轨道交通(地面段)、内河航道两侧区域；4b类为铁路干线两侧区域。

2.《工业企业厂界环境噪声排放标准》(GB 12348－2008)

这是工业企业最常用的标准。该标准规定了工业企业和固定设备厂界环境噪声排放限值及其测量方法，适用于工业企业噪声排放的管理、评价及控制。

该标准对测点位置作了规定：(1)一般情况下，测点选在工业企业厂界外1米、高度1.2米以上、距任一反射面距离不小于1米的位置；(2)当厂界有围墙且周围有受影响的噪声敏感建筑物时，测点应选在厂界外1米、高于围墙0.5米以上的位置。

3.《建筑施工场界环境噪声排放标准》(GB 12523－2011)

该标准规定了建筑施工场界环境噪声排放限值及其测量方法，适用于周围有噪声敏感建筑物的建筑施工噪声排放的管理、评价及控制。

4.《社会生活环境噪声排放标准》(GB 22337－2008)

该标准规定了营业性文化娱乐场所和商业经营活动中可能产生环境噪声污染的设备、设施边界噪声排放限值和测量方法，适用于对营业性文化娱乐场所、商业经营活动中使用的向环境排放噪声的设备、设施的管理。

5.《声环境功能区划分技术规范》(GB/T 15190－2014)

该标准规定了声环境功能区划分的原则和方法。

案例5－6　袁某某诉广州某房地产公司噪声污染责任纠纷案①

【基本案情】

袁某某购买了广州某房地产公司(以下简称某公司)开发的商品房。2014年2月,袁某某委托中国科学院广州化学研究所测试分析中心对其居住的房屋进行环境质量监测。该中心作出的环境监测报告显示袁某某卧室夜间的噪声值超过了《民用建筑隔声设计规范》(GB 50118－2010)规定的噪声最高限值标准。袁某某认为住宅电梯临近其房屋,电梯设备直接设置在与其住房客厅共用墙之上,且未作任何隔音处理,致使电梯存在噪声污染。向法院提起诉讼,要求判令某公司承担侵权责任。某公司主张案涉电梯质量合格,住宅设计和电梯设计、电梯安装均符合国家规定并经政府部门验收合格,故其不应承担侵权责任。

【裁判结果】

广东省广州市越秀区人民法院一审认为,某公司主张案涉电梯在设计、建筑、安装均符合国家相关部门的规定并经验收合格才投入使用,且电梯每年均进行年检并达标,但这只能证明电梯能够安全运行。袁某某购买的房屋经监测噪声值超过国家规定标准,构成了噪声污染。某公司提供的证据不足以证明其对涉案房屋超标噪声不承担责任或者存在减轻责任的情形。一审法院判令某公司60日内对案涉电梯采取相应的隔声降噪措施,使袁某某居住的房屋的噪声达到《民用建筑隔声设计规范》(GB 50118－2010)规定的噪声最高限值以下;逾期未达标准,按每日100元对袁某某进行补偿;支付袁某某精神抚慰金1万元。广东省广州市中级人民法院二审维持了一审判决。

【典型意义】

电梯是民用建筑的一部分,电梯的设计、建设与安装均应当接受《民用建筑隔声设计规范》(GB 50118－2010)的调整。经过监测,涉案电梯的噪声值已经超

---

① 参见《最高法院12月29日发布环境侵权典型案例》,载最高人民法院网2015年12月29日,http://www.court.gov.cn/zixun-xiangqing-16396.html。

过国家标准，构成噪声污染。根据《侵权责任法》（已失效）第66条的规定，某公司要对其行为与损害不存在因果关系或者减轻责任的情形承担举证证明责任。在某公司未能提供证据证明袁某某对涉案电梯噪声超标存在过错或故意，亦不能证明噪声超标系第三人、不可抗力、正当防卫或紧急避险等原因造成，其不存在法律规定的不承担责任或者减轻责任的情形，应承担相应的侵权责任。本案的审理结果具有很好的警示作用，尤其是生产经营者要在机械设备的设计、建造、安装及日常运营过程中，关注噪声是否达标，自觉承担应有的环境保护社会责任。

三、常见违法行为与法律责任

根据《环境噪声污染防治法》，工业企业面临的噪声法律责任主要包括：

（1）违反本法第14条的规定（建设项目的环境噪声污染防治设施必须与主体工程同时设计、同时施工、同时投产使用……），建设项目中需要配套建设的环境噪声污染防治设施没有建成或者没有达到国家规定的要求，擅自投入生产或者使用的，由县级以上生态环境主管部门责令限期改正，并对单位和个人处以罚款；造成重大环境污染或者生态破坏的，责令停止生产或者使用，或者报经有批准权的人民政府批准，责令关闭。

（2）违反本法规定，拒报或者谎报规定的环境噪声排放申报事项的，县级以上地方人民政府生态环境主管部门可以根据不同情节，给予警告或者处以罚款。

（3）违反本法第15条的规定（产生环境噪声污染的企业事业单位，必须保持防治环境噪声污染的设施的正常使用……），未经生态环境主管部门批准，擅自拆除或者闲置环境噪声污染防治设施，致使环境噪声排放超过规定标准的，由县级以上地方人民政府生态环境主管部门责令改正，并处罚款。

第六节　放射与辐射合规管理

一、辐射污染防治法律法规

1.《放射性污染防治法》

《放射性污染防治法》于2003年10月1日起施行。放射性污染来源包括原子能工业排放的废物、核武器试验的沉降物、医疗放射和科研放射。制定该法的目的是防治放射性污染，保护环境，保障人体健康，促进核能、核技术的开发与和平利用。本法适用于中华人民共和国领域和管辖的其他海域在核设施选址、建造、运行、退役和核技术、铀（钍）矿、伴生放射性矿开发利用过程中发生的放射性污染的防治活动。

2.《放射性同位素与射线装置安全和防护条例》

《放射性同位素与射线装置安全和防护条例》于 2005 年 9 月 14 日国务院令第 449 号公布，于 2014 年 7 月 29 日国务院《关于修改部分行政法规的决定》第一次修订，于 2019 年 3 月 2 日国务院《关于修改部分行政法规的决定》第二次修订。

该条例规定，对放射源和射线装置实行分类管理。根据放射源、射线装置对人体健康和环境的潜在危害程度，从高到低将放射源分为Ⅰ类、Ⅱ类、Ⅲ类、Ⅳ类、Ⅴ类，具体分类办法由国务院生态环境主管部门制定；将射线装置分为Ⅰ类、Ⅱ类、Ⅲ类，具体分类办法由国务院生态环境主管部门商国务院卫生主管部门制定。

该条例对放射性同位素与射线装置安全和防护做出以下主要规定：（1）针对生产、销售、使用放射性同位素和射线装置的单位，应当依照本章规定取得许可证；（2）生产、销售、使用放射性同位素和射线装置的单位，应当对本单位的放射性同位素、射线装置的安全和防护工作负责，并依法对其造成的放射性危害承担责任；（3）发生辐射事故时，生产、销售、使用放射性同位素和射线装置的单位应当立即启动本单位的应急方案，采取应急措施，并立即向当地生态环境主管部门、公安部门、卫生主管部门报告。

二、辐射使用单位环评要求

根据《放射性污染防治法》第 20 条的规定，核设施营运单位应当在申请领取核设施建造、运行许可证和办理退役审批手续前编制环境影响报告书，报国务院环境保护行政主管部门审查批准；未经批准，有关部门不得颁发许可证和办理批准文件。

根据《放射性同位素与射线装置安全和防护管理办法》第 14 条，依法实施退役的生产、使用放射性同位素与射线装置的单位，应当在实施退役前编制环境影响评价文件,报原辐射安全许可证发证机关审查批准;未经批准的,不得实施退役。

根据《建设项目环境影响评价分类管理名录》(2021 年版),建设单位应当按照本名录的规定,分别组织编制建设项目环境影响报告书、环境影响报告表或者填报环境影响登记表。

三、辐射使用单位法律责任

根据《放射性同位素与射线装置安全和防护条例》,使用单位的以下行为会受到相应处罚,构成犯罪的将承担刑事责任:(1)缓报、瞒报、谎报或者漏报辐射事故,未按照规定编制辐射事故应急预案或者不依法履行辐射事故应急职责;(2)无辐射安全许可证使用放射性同位素和射线装置;(3)改变所从事活动的种类或者范围以及新建、改建或者扩建生产、销售、使用设施或者场所,未按照规定重新申请领取许可证;(4)许可证有效期届满,需要延续而未按照规定办理延续手续;(5)违反本条例规定,伪造、变造、转让许可证,未按照规定办理许可证变更或者注销手续;(6)未按照规定对废旧放射源进行处理,未按照规定对使用Ⅰ类、Ⅱ类、Ⅲ类放射源的场所和生产放射性同位素的场所,以及终结运行后产生放射性污染的射线装置实施退役;(7)未按照规定对本单位的放射性同位素、射线装置安全和防护状况进行评估或者发现安全隐患不及时整改,未按照规定设置安全和防护设施以及放射性标志;等等。

第六章　土壤污染法律风险防范实务

第一节　土壤污染防治法律法规

一、土壤污染防治法规的发展历程

我国的场地污染问题，是随着我国工业化和城市化进程的不断加快，在"退二进三"(缩小第二产业，发展第三产业)和产业结构调整中逐渐显现出来的。2005 年 4 月至 2013 年 12 月，原环保部会同原国土资源部开展了首次全国土壤污染状况调查。调查结果显示①，全国土壤环境状况总体不容乐观，部分地区土壤污染较重，耕地土壤环境质量堪忧，工矿业废弃地土壤环境问题突出。全国土壤总的点位超标率为 16.1%，其中轻微、轻度、中度和重度污染点位比例分别为 11.2%、2.3%、1.5%和 1.1%。

在我国的环境法律体系中，虽然已经制定了《环境保护法》、《大气污染防治法》和《水污染防治法》等单行法律，但在 2018 年 8 月 31 日之前，一直没有就场地(土壤)的污染防治进行专门立法。多年来，国家环境主管部门和相关机构在借鉴国外经验的基础上，进行了不断的探索和实践。

2012 年，原环保部与工业和信息化部、原国土资源部、住房和城乡建设部联合发布《关于保障工业企业场地再开发利用环境安全的通知》(环发〔2012〕140 号)，要求全面排查被污染场地，严控被污染场地的土地流转。对于关停并转、破产或搬迁工业企业原场地采取出让方式重新供地的，应当在土地出让前完成场地环境调查和风险评估工作；关停并转、破产或搬迁工业企业原有场地被收回用

---

① 参见《环境保护部和国土资源部发布全国土壤污染状况调查公报》，载生态环境部网，http://www.mee.gov.cn/gkml/stHJ bgw/qt/201404/t20140417_270670.htm。

地后,采取划拨方式重新供地的,应当在项目批准或核准前完成场地环境调查和风险评估工作。

2014 年 5 月,原环保部发布《关于加强工业企业关停、搬迁及原址场地再开发利用过程中污染防治工作的通知》(环发〔2014〕66 号),提出地方各级环保部门应当加强对拟关停、搬迁工业企业的监督检查,加强对工业企业关停、搬迁污染防治工作的指导,积极组织和督促场地使用权人等相关责任人委托专业机构开展关停、搬迁工业企业原址场地的环境调查和风险评估工作。

2014 年 11 月,原环保部发布了《关于发布〈工业企业场地环境调查评估与修复工作指南(试行)〉的公告》(环境保护部公告 2014 年第 78 号)。该指南旨在通过构建工业企业场地环境调查评估和修复全过程工作框架,详细阐述场地环境调查评估及污染场地修复的工作流程、基本要求和技术方法,为从业单位进行场地环境调查、风险评估、治理修复、修复环境监理、修复验收、后期管理等工作提供技术指导,为管理部门监管工作提供技术支撑,减少污染场地环境风险。

2016 年 5 月 28 日,国务院发布《土壤污染防治行动计划》(以下简称"土十条")(国发〔2016〕31 号)。"土十条"对其发布后一个时期内我国土壤污染防治工作作出全面战略部署。

2016 年 12 月 31 日,原环保部发布《污染地块土壤环境管理办法(试行)》(环境保护部令第 42 号),自 2017 年 7 月 1 日起施行。该管理办法规定,拟收回土地使用权的,已收回土地使用权的,以及用途拟变更为居住用地和商业、学校、医疗、养老机构等公共设施用地的疑似污染地块和污染地块相关活动及其环境保护监督管理,适用本办法。

2017 年 9 月 25 日,原环保部和原农业部联合发布《农用地土壤环境管理办法(试行)》(环境保护部、农业部令第 46 号),自 2017 年 11 月 1 日起施行。该办法规定,对农用地开展的土壤污染预防、土壤污染状况调查、环境监测、环境质量类别划分、分类管理等活动及其监督管理,适用本办法。

各地在土壤污染防治的立法和实践方面,进行了诸多有益的探索。例如,2016 年 2 月 1 日,湖北省第十二届人民代表大会第四次会议通过了《湖北省土壤污染防治条例》,自 2016 年 10 月 1 日起施行。这是我国首部针对土壤污染防治的地方性法规,填补了国家在土壤环境保护方面没有专门立法的空白。2019 年 11 月 29 日湖北省第十三届人民代表大会常务委员会第十二次会议对该条例做了修改。

二、《土壤污染防治法》主要内容

2018 年 8 月 31 日，第十三届全国人民代表大会常务委员会第五次会议通过了《土壤污染防治法》，自 2019 年 1 月 1 日起施行。至此，我国污染防治的水、气、声、固、土五部单行法终于齐全了。

《土壤污染防治法》的制定，为我国开展土壤防治工作，扎实推进“净土保卫战”提供了法治保障。该法为解决实践中存在的突出问题，对土壤污染防治主要制度进行了总体设计，并有针对性地制定了具体措施，主要内容包括如下方面：

(1) 落实土壤污染防治的政府责任。土壤污染防治需要各级政府按照中央统一部署，不断加大依法推进工作的力度。规定各级人民政府应当加强对土壤污染防治工作的领导、组织、协调，督促有关部门依法履行土壤污染防治管理职责，规定各级地方人民政府应当对本行政区域内土壤污染防治和安全利用负责。

(2) 建立土壤污染责任人制度。“污染者担责”是污染防治法律的主要原则，该法规定了一切单位和个人都有防止土壤污染的义务。该法针对农用地确立了以政府责任为主的制度设计，对建设用地确立了由土壤污染责任人、土地使用权人和政府按照顺序来承担防治责任的制度框架。

(3) 建立土壤污染防治主要管理制度，包括标准制度、普查和监测制度、规划制度等。

(4) 建立土壤有毒有害物质的防控制度。规定对土壤中有毒有害物质进行筛查评估，公布重点控制的土壤有毒有害物质名录，确定并发布土壤污染重点监管行业名录和土壤污染重点监管企业名单等。

(5) 建立土壤污染的风险管控和修复制度。一是对农用地土壤建立了分类管理制度，二是对建设用地土壤建立了土壤污染风险管控和修复名录制度，对列入名录的污染地块进行用途限制，规定了需要进行的风险管控和修复措施，以及修复的实施程序和修复过程中的污染防治要求。

(6) 建立土壤污染防治基金制度。该法规定国家建立土壤污染防治基金制度，设立中央土壤污染防治专项资金和省级土壤污染防治基金，主要用于农用地土壤污染防治和土壤污染责任人或者土地使用权人无法认定的土壤污染风险管控和修复以及政府规定的其他事项。

第二节　土壤污染防治的职责与责任认定

由于土壤污染造成的管控和修复花费巨大,谁应当承担什么责任,是企业和社会高度关注的问题。《土壤污染防治法》分别就不同的主体应承担的责任作出了规定。

一、政府在土壤污染防治中的职责

《土壤污染防治法》明确了政府在土壤污染防治方面的职责,主要包括:

(1)地方各级人民政府应当对本行政区域土壤污染防治和安全利用负责。国家实行土壤污染防治目标责任制和考核评价制度,将土壤污染防治目标完成情况作为考核评价地方各级人民政府及其负责人、县级以上人民政府负有土壤污染防治监督管理职责的部门及其负责人的内容。(第5条)

(2)国务院生态环境主管部门对全国土壤污染防治工作实施统一监督管理;国务院农业农村、自然资源、住房城乡建设、林业草原等主管部门在各自职责范围内对土壤污染防治工作实施监督管理。地方人民政府生态环境主管部门对本行政区域土壤污染防治工作实施统一监督管理;地方人民政府农业农村、自然资源、住房城乡建设、林业草原等主管部门在各自职责范围内对土壤污染防治工作实施监督管理。(第7条)

(3)国务院生态环境主管部门根据土壤污染状况、公众健康风险、生态风险和科学技术水平,并按照土地用途,制定国家土壤污染风险管控标准,加强土壤污染防治标准体系建设。(第12条)

生态环境部于2018年发布《土壤环境质量　农用地土壤污染风险管控标准(试行)》(GB 15618-2018)(以下简称《建设用地标准》)和《土壤环境质量　建设用地土壤污染风险管控标准(试行)》(GB 36600-2018)(以下简称《农用地标准》)。这两个土壤污染风险管控标准是强制性标准。

同时,生态环境部还陆续发布了多个土壤污染防治标准和技术规范,例如,《建设用地土壤污染状况调查技术导则》(HJ 25.1-2019)、《建设用地土壤污染风险管控和修复监测技术导则》(HJ 25.2-2019)、《建设用地土壤污染风险评估技术导则》(HJ 25.3－2019)、《建设用地土壤修复技术导则》(HJ 25.4－2019)、《污染地块风险管控与土壤修复效果评估技术导则(试行)》(HJ 25.5－2018)、《污染地块地下水修复和风险管控技术导则》(HJ 25.6－2019)。

(4)建立土壤污染状况调查和监测制度。《土壤污染防治法》规定每十年至少组织开展一次全国土壤环境状况普查,国家实行土壤环境监测制度,建立土壤环境监测网络,统一规划国家土壤环境监测站(点)的设置,并规定对特定的农用地地块和建设用地地块进行重点监测。(第14～17条)

(5)国家实行建设用地土壤污染风险管控和修复名录制度。(第58条)

(6)设立中央土壤污染防治专项资金和省级土壤污染防治基金。(第71条)

2020年1月17日,财政部、生态环境部、农业农村部、自然资源部、住房和城乡建设部、国家林业和草原局等部委颁布了《土壤污染防治基金管理办法》(财资环〔2020〕2号),对土壤污染防治基金的资金筹集、管理和使用等,作出了具体规定。2021年5月10日,上述部委发布《关于修订〈土壤污染防治基金管理办法〉的通知》(财资环〔2021〕35号),对其进行了修订。根据该管理办法,该基金主要用于以下用途:农用地土壤污染防治;土壤污染责任人或者土地使用权人无法认定的土壤污染风险管控和修复;政府规定的其他事项。

二、企事业单位的土壤污染防治要求

《土壤污染防治法》对土壤污染的预防和保护作了具体的规定,其中涉及企事业单位及个人的主要包括以下几方面:

1. 环境影响评价

各类涉及土地利用的规划和可能造成土壤污染的建设项目,应当依法进行环境影响评价;环境影响评价文件应当包括对土壤可能造成的不良影响及应当采取的相应预防措施等内容。(第18条)

2. 应当采取措施的情形

(1)生产、使用、贮存、运输、回收、处置、排放有毒有害物质的单位和个人,应当采取有效措施,防止有毒有害物质渗漏、流失、扬散,避免土壤受到污染。(第19条)

(2)企业事业单位拆除设施、设备或者建筑物、构筑物的,应当采取相应的土壤污染防治措施。(第22条)

(3)建设和运行污水集中处理设施、固体废物处置设施，应当依照法律法规和相关标准的要求，采取措施防止土壤污染。(第25条)

(4)禁止向农用地排放重金属或者其他有毒有害物质含量超标的污水、污泥，以及可能造成土壤污染的清淤底泥、尾矿、矿渣等。(第28条)

3. 土壤污染重点监管单位的义务

《土壤污染防治法》规定，土壤污染重点监管单位，应当：(1)严格控制有毒有害物质排放，并按年度向生态环境主管部门报告排放情况；(2)建立土壤污染隐患排查制度，保证持续有效防止有毒有害物质渗漏、流失、扬散；(3)制定、实施自行监测方案，并将监测数据报生态环境主管部门；(4)在拆除设施、设备或者建筑物、构筑物时，应当制定包括应急措施在内的土壤污染防治工作方案，报地方人民政府生态环境、工业和信息化主管部门备案并实施。

2021年1月4日，生态环境部发布《重点监管单位土壤污染隐患排查指南(试行)》(生态环境部公告2021年第1号)，以指导企业通过土壤污染隐患排查，及时发现土壤污染隐患或者土壤污染，及早采取措施消除隐患，管控风险，防止污染或者污染扩散和加重，降低后期风险管控或修复成本。

根据该指南，重点监管单位原则上应在该指南发布后一年内(2022年1月4日前)，以厂区为单位开展一次全面、系统的土壤污染隐患排查，新增重点监管单位应在纳入土壤污染重点监管单位名录后一年内开展。之后原则上针对生产经营活动中涉及有毒有害物质的场所、设施设备，每2～3年开展一次排查。对于新、改、扩建项目，应在投产后一年内开展补充排查。

考虑到不同行业有不同的特点，该指南规定重点监管单位可以结合行业特点和生产实际，对排查频次和排查范围进行优化调整。重点监管单位开展土壤和地下水自行监测结果存在异常的，也应及时开展土壤污染隐患排查。

土壤污染隐患排查制度主要包括建立相应机构和人员队伍、确定组织实施形式，制订并实施排查工作计划，制定并实施隐患整改方案，建立隐患排查档案并按要求保存和上报等。建立制度必须一以贯之，重点监管单位应当始终坚持按制度排查隐患，保证防止有毒有害物质渗漏、流失、扬散措施是持续的、有效的。

重点监管单位应该从以下三个方面开展排查和整改：一是排查重点场所、重点设施设备本身和管理上是否存在缺陷；二是排查在发生渗漏、流失、扬散的情况下，是否具有防止污染物进入土壤的设施；三是排查是否有能有效、及时发现并处理泄漏、渗漏或者土壤污染的设施或者措施。

该指南规定重点监管单位应长期保存土壤污染隐患排查档案。土壤污染隐患排查档案包括但不限于：土壤污染隐患排查报告、定期检查与日常维护记录单、隐患排查台账、隐患整改方案、隐患整改台账等内容。

三、土壤污染责任人的责任

造成环境污染的责任者应当为其造成的污染损害承担责任（污染担责），这是《环境保护法》规定的基本原则之一，也是《土壤污染防治法》规定的基本原则之一。对此，《土壤污染防治法》的规定主要包括以下内容：

（1）风险管控、修复活动完成后，需要实施后期管理的，土壤污染责任人应当按照要求实施后期管理。（第42条）

（2）土壤污染责任人负有实施土壤污染风险管控和修复的义务。土壤污染责任人无法认定的，土地使用权人应当实施土壤污染风险管控和修复。（第45条）

（3）因实施或者组织实施土壤污染状况调查和土壤污染风险评估、风险管控、修复、风险管控效果评估、修复效果评估、后期管理等活动所支出的费用，由土壤污染责任人承担。（第46条）

（4）土壤污染责任人变更的，由变更后承继其债权、债务的单位或者个人履行相关土壤污染风险管控和修复义务并承担相关费用。（第47条）

（5）对安全利用类和严格管控类农用地地块，土壤污染责任人应当按照国家有关规定以及土壤污染风险评估报告的要求，采取相应的风险管控措施，并定期向地方人民政府农业农村、林业草原主管部门报告。（第56条）

（6）对产出的农产品污染物含量超标，需要实施修复的农用地地块，土壤污染责任人应当编制修复方案，报地方人民政府农业农村、林业草原主管部门备案并实施。修复方案应当包括地下水污染防治的内容。风险管控、修复活动完成后，土壤污染责任人应当另行委托有关单位对风险管控效果、修复效果进行评估，并将效果评估报告报地方人民政府农业农村、林业草原主管部门备案。（第57条）

（7）对土壤污染状况调查报告评审表明污染物含量超过土壤污染风险管控标准的建设用地地块，土壤污染责任人、土地使用权人应当按照国务院生态环境

主管部门的规定进行土壤污染风险评估,并将土壤污染风险评估报告报省级人民政府生态环境主管部门。(第60条)

(8)对建设用地土壤污染风险管控和修复名录中的地块,土壤污染责任人应当按照国家有关规定以及土壤污染风险评估报告的要求,采取相应的风险管控措施,并定期向地方人民政府生态环境主管部门报告。(第62条)

(9)对建设用地土壤污染风险管控和修复名录中需要实施修复的地块,土壤污染责任人应当结合土地利用总体规划和城乡规划编制修复方案,报地方人民政府生态环境主管部门备案并实施。(第64条)

(10)风险管控、修复活动完成后,土壤污染责任人应当另行委托有关单位对风险管控效果、修复效果进行评估,并将效果评估报告报地方人民政府生态环境主管部门备案。(第65条)

土壤污染责任人,通常是指造成污染的行为人,例如,排污者将污水非法排入土壤中,或者将固体废物随意倾倒导致土壤污染,该行为人就是土壤污染责任人。同时,需要注意的是,该污水、固体废物的所有人,也可能是土壤污染责任人。

土壤污染责任人无法认定的,土地使用权人应当实施土壤污染风险管控和修复。土地使用权人在土壤污染风险管控和修复中承担"兜底"责任。因此,在土地转让过程中,受让人有必要对受让的土地污染状况充分了解,否则会替他人"背黑锅"。

四、土壤污染责任人的认定

根据《土壤污染防治法》第48条的规定,当土壤污染责任人不明确或者存在争议时,对于农用地,由地方人民政府农业农村、林业草原主管部门会同生态环境、自然资源主管部门认定,对于建设用地,由地方人民政府生态环境主管部门会同自然资源主管部门认定。

2021年生态环境部会同相关部门分别发布了相应的土壤污染责任人的认定办法。

1.《建设用地土壤污染责任人认定暂行办法》

2021年1月,生态环境部会同自然资源部制定并发布了《建设用地土壤污染责任人认定暂行办法》(环土壤〔2021〕12号),于2021年5月1日实施。

该办法第 3 条对“建设用地土壤污染责任人”作出了明确的规定，即因排放、倾倒、堆存、填埋、泄漏、遗撒、渗漏、流失、扬散污染物或者有毒有害物质等，造成建设用地土壤污染，需要依法承担土壤污染风险管控和修复责任的单位和个人。

该办法第 16 条指出，符合下列情形之一的，可以认定污染行为与土壤污染之间存在因果关系：(1)涉及土壤污染责任的单位和个人曾在建设用地地块上实施过本办法第 3 条所列行为，且污染物或者有毒有害物质与该建设用地土壤特征污染物具有相关性；(2)涉及土壤污染责任的单位和个人曾在建设用地地块周边实施过本办法第 3 条所列行为，污染物或者有毒有害物质与该建设用地土壤特征污染物具有相关性，且存在污染物或者有毒有害物质能够到达该地块的合理迁移路径。

该办法第 17 条指出，有下列情形之一的，属于土壤污染责任人无法认定：(1)不存在或者无法认定因果关系；(2)无法确定土壤污染责任人的具体身份信息；(3)土壤污染责任人灭失的。

需要注意的是，该办法第 2 条明确指出，该办法适用于生态环境主管部门会同自然资源主管部门依法行使监督管理职责中建设用地土壤污染责任人不明确或者存在争议时的土壤污染责任人认定活动。涉及建设用地土壤污染责任的单位和个人之间，因建设用地土壤污染民事纠纷引发的土壤污染责任人认定活动，不适用本办法。

2.《农用地土壤污染责任人认定暂行办法》

2021 年 1 月，生态环境部会同农业农村部、自然资源部、林草局制定并发布了《农用地土壤污染责任人认定暂行办法》(环土壤〔2021〕13 号)，于 2021 年 5 月 1 日实施。

该办法第 3 条明确规定了“农用地土壤污染责任人”的定义，是指因排放、倾倒、堆存、填埋、泄漏、遗撒、渗漏、流失、扬散污染物或者其他有毒有害物质等，造成农用地土壤污染，需要依法承担土壤污染风险管控和修复责任的单位和个人。

该办法第 15 条指出，同时符合下列条件的，可以认定污染行为与土壤污染之间存在因果关系：(1)在农用地土壤中检测出特征污染物，且含量超出国家、地方、行业标准中最严限值，或者超出对照区含量；(2)疑似土壤污染责任人存在向农用地土壤排放或者增加特征污染物的可能；(3)无其他相似污染源，或者相似污染源对受污染农用地土壤的影响可以排除或者忽略；(4)受污染农用地土壤可以排除仅受气候变化、自然灾害、高背景值等非人为因素的影响。不能同时符合上述条件的，应当得出不存在或者无法认定因果关系的结论。

该办法第16条规定，有下列情形之一的，属于土壤污染责任人无法认定：(1)不存在或者无法认定因果关系；(2)无法确定土壤污染责任人的具体身份信息；(3)土壤污染责任人灭失的。

同样需要注意的是，该办法第2条也明确指出，本办法适用于农业农村、林草主管部门会同生态环境、自然资源主管部门依法行使监督管理职责中农用地土壤污染责任人不明确或者存在争议时的土壤污染责任人认定活动。涉及农用地土壤污染责任的单位和个人之间，因农用地土壤污染民事纠纷引发的土壤污染责任人认定活动，不适用本办法。

3. 政府部门开展土壤污染责任人认定，是依当事人的申请，还是依职权主动开展？

《建设用地土壤污染责任人认定暂行办法》第9条规定，建设土地使用权人、土壤污染状况调查报告或者土壤污染风险评估报告中提出的涉及土壤污染责任的单位和个人，可以向有管辖权的生态环境主管部门提出土壤污染责任人认定申请。生态环境主管部门可以会同自然资源主管部门根据实际情况依职权主动开展土壤污染责任人认定。因此，可以理解为依当事人申请为原则，依职权主动开展为补充。

《农用地土壤污染责任人认定暂行办法》则对此有不同的规定。该办法第8条规定，国家鼓励涉及土壤污染责任的多个单位和个人之间就土壤污染责任承担及责任份额进行协商，达成协议。无法协商一致的，由农用地土壤污染责任人认定委员会综合考虑各自对土壤的污染程度、责任人的陈述申辩情况等因素确定责任份额。

《农用地土壤污染责任人认定暂行办法》第10条规定，土壤污染责任人不明确或者存在争议，依法需要采取风险管控措施或者实施修复的农用地，符合下列情形之一的，由县级以上地方农业农村、林草主管部门会同生态环境、自然资源主管部门制订年度工作计划，启动农用地土壤污染责任人认定：(1)周边曾存在相关污染源或者有明显污染物排放；(2)倾倒、堆存、填埋、泄漏、遗撒、渗漏、流失、扬散污染物或者其他有毒有害物质。该办法还规定，在制订年度工作计划时，应当综合考虑本行政区域农用地污染状况、相关举报情况等因素。对农民群众反映强烈的突出问题，应当有重点地纳入年度工作计划。对于农用地土壤污染责任人认定，原则上采取主管部门依职权主动介入为原则。

4. 对政府部门的认定结论不服，该怎么办？

上述两个土壤污染责任人认定的暂行办法都规定，政府部门在土壤污染责任人调查、审查过程中以及作出决定前，应当充分调查，充分听取相关的意见。

例如，对于建设用地土壤污染责任人调查、审查过程中以及作出决定前，应当充分听取建设用地使用权人、涉及土壤污染责任的单位和个人的陈述、申辩。建设用地使用权人、涉及土壤污染责任的单位和个人提出的事实、理由或者证据成立的，应当予以采纳。

对于农用地土壤污染责任人调查、审查过程中以及作出决定前，应当充分听取农村集体经济组织及其成员、农民专业合作社及其他农业生产经营主体、涉及土壤污染责任的单位和个人的陈述、申辩。农村集体经济组织及其成员、农民专业合作社及其他农业生产经营主体、涉及土壤污染责任的单位和个人提出的事实、理由或者证据成立的，应当予以采纳。

两个暂行办法均规定，土壤污染责任人对土壤污染责任人认定决定不服的，可以依法申请行政复议或者提起行政诉讼。

还需要注意的是，污染行为与土壤污染之间因果关系的认定存在溯及力，只要符合规定的情形或条件，就会被认定存在因果关系，换言之，任何有过向该土壤或其周边排污的单位和个人，都不可能简单地“一走了之”。因此，在项目进入及退出时，需要做好所涉场地的环境尽职调查及污染防治工作，以免后患无穷。

第三节　土壤污染状况调查和风险评估

土壤污染风险管控和修复，包括土壤污染状况调查和土壤污染风险评估、风险管控、修复、风险管控效果评估、修复效果评估、后期管理等活动。《土壤污染防治法》分别作出了相应的规定。

除非特别说明，本节中均以建设用地为例。

一、土壤污染风险管控标准:筛选值和管制值

《土壤污染防治法》第 12 条规定:国务院生态环境主管部门根据土壤污染状况、公众健康风险、生态风险和科学技术水平,并按照土地用途,制定国家土壤污染风险管控标准,加强土壤污染防治标准体系建设。省级人民政府对国家土壤污染风险管控标准中未作规定的项目,可以制定地方土壤污染风险管控标准;对国家土壤污染风险管控标准中已作规定的项目,可以制定严于国家土壤污染风险管控标准的地方土壤污染风险管控标准。地方土壤污染风险管控标准应当报国务院生态环境主管部门备案。土壤污染风险管控标准是强制性标准。

我国《土壤环境质量标准》(GB 15618 - 1995)(已废止)自 1995 年发布实施以来,在土壤环境保护工作中发挥了积极作用,但随着形势的变化,已不能满足当前土壤环境管理的需要。该标准一是不适应农用地土壤污染风险管控的需要;二是不适用于建设用地。①

2016 年 5 月,国务院印发"土十条",要求对农用地实施分类管理,保障农业生产环境安全;实施建设用地准入管理,防范人居环境风险。

2018 年 6 月 22 日,生态环境部发布了《建设用地标准》和《农用地标准》,于 2018 年 8 月 1 日开始实施。

《农用地标准》以保护食用农产品质量安全为主要目标,兼顾保护农作物生长和土壤生态的需要,分别制定农用地土壤污染风险筛选值和管制值,以及监测、实施和监督要求,适用于耕地土壤污染风险筛查和分类。园地和牧草地可参照执行。

《建设用地标准》以人体健康为保护目标,规定了保护人体健康的建设用地土壤污染风险筛选值和管制值,适用于建设用地的土壤污染风险筛查和风险管制。

《建设用地标准》借鉴发达国家经验,结合我国国情,制定了 85 项指标,其中基本指标 45 项,其他指标 40 项。将城市建设用地分为第一类用地和第二类用地,分别规定不同的筛选值和管制值。

---

① 参见《立足国情 创新思路 保障农产品质量和人居环境安全——生态环境部土壤环境管理司有关负责人就两土壤污染风险管控标准有关问题答记者问》,载《中国环境报》2018 年 7 月 4 日,第 7 版。

建设用地土壤污染风险筛选值是指在特定土地用途下，建设用地土壤中污染物含量等于或低于该值的，对人体健康的风险可以忽略；超过该值的，对人体的健康可能存在风险，应当开展进一步的详细调查和风险评估，确定具体污染范围和风险水平。

建设用地土壤污染风险管制值是指在特定土地用途下，建设用地土壤中污染物含量超过该值的，对人体健康通常存在不可接受风险，应当采取风险管控或修复措施。

二、土壤污染状况调查

《土壤污染防治法》第59条规定，对土壤污染状况普查、详查和监测、现场检查表明有土壤污染风险的建设用地地块，地方人民政府生态环境主管部门应当要求土地使用权人按照规定进行土壤污染状况调查。用途变更为住宅、公共管理与公共服务用地的，变更前应当按照规定进行土壤污染状况调查。

《土壤污染防治法》第36条规定，实施土壤污染状况调查活动，应当编制土壤污染状况调查报告。土壤污染状况调查报告应当主要包括地块基本信息、污染物含量是否超过土壤污染风险管控标准等内容。污染物含量超过土壤污染风险管控标准的，土壤污染状况调查报告还应当包括污染类型、污染来源以及地下水是否受到污染等内容。

生态环境部先后颁布的《工业企业场地环境调查评估与修复工作指南（试行）》、《建设用地土壤环境调查评估技术指南》、《建设用地土壤污染状况调查技术导则》（HJ 25.1－2019）等技术规范及国内外的实践，是指导我国开展建设用地土壤环境调查的基本规范。

根据《建设用地土壤污染状况调查技术导则》，土壤污染状况调查可分为三个阶段，具体调查工作程序可参见该技术导则的相关规定。

1. 第一阶段土壤污染状况调查

第一阶段土壤污染状况调查是以资料收集、现场踏勘和人员访谈为主的污染识别阶段，原则上不进行现场采样分析。若第一阶段调查确认地块内及周围区域当前和历史上均无可能的污染源，则认为地块的环境状况可以接受，调查活动可以结束。

2. 第二阶段土壤污染状况调查

第二阶段土壤污染状况调查是以采样与分析为主的污染证实阶段。若第一阶段土壤污染状况调查表明地块内或周围区域存在可能的污染源，如化工厂、农药厂、冶炼厂、加油站、化学品储罐、固体废物处理等可能产生有毒有害物质的设施或活动，以及由于资料缺失等原因造成无法排除地块内外存在污染源时，进行第二阶段土壤污染状况调查，确定污染物种类、浓度（程度）和空间分布。

第二阶段土壤污染状况调查通常可以分为初步采样分析和详细采样分析两步进行，每步均包括制订工作计划、现场采样、数据评估和结果分析等步骤。初步采样分析和详细采样分析均可根据实际情况分批次实施，逐步减少调查的不确定性。

根据初步采样分析结果，如果污染物浓度均未超过《土壤环境质量建设用地土壤污染风险管控标准（试行）》（GB 36600－2018）等国家和地方相关标准以及清洁对照点浓度（有土壤环境背景的无机物），并且经过不确定性分析确认不需要进一步调查后，第二阶段土壤污染状况调查工作可以结束；否则认为可能存在环境风险，须进行详细调查。标准中没有涉及的污染物，可根据专业知识和经验综合判断。详细采样分析是在初步采样分析的基础上，进一步采样和分析，确定土壤污染程度和范围。

3. 第三阶段土壤污染状况调查

第三阶段土壤污染状况调查以补充采样和测试为主，获得满足风险评估及土壤和地下水修复所需的参数。本阶段的调查工作可单独进行，也可在第二阶段调查过程中同时开展。

土壤污染状况调查报告应当报地方人民政府生态环境主管部门，由地方人民政府生态环境主管部门会同自然资源主管部门组织评审。

上述土壤环境调查流程也是环境尽职调查中关于土壤和地下水调查的常用流程，在公司并购、土地转让等活动中，环境尽职调查对于有效管控环境法律风险，具有重要意义。

三、土壤污染风险评估

《土壤污染防治法》第 60 条规定，对土壤污染状况调查报告评审表明污染物含量超过土壤污染风险管控标准的建设用地地块，土壤污染责任人、土地使用权人应当按照规定进行土壤污染风险评估，并将土壤污染风险评估报告报省级人民政府生态环境部门。

《土壤污染防治法》第 37 条规定，实施土壤污染风险评估活动，应当编制土壤污染风险评估报告，其主要内容应包括：(1) 主要污染物状况；(2) 土壤及地下水污染范围；(3) 农产品质量安全风险、公众健康风险或者生态风险；(4) 风险管控、修复的目标和基本要求等。

《建设用地土壤污染风险评估技术导则》规定了建设用地土壤污染风险评估的原则、内容、程序、方法和技术要求，风险评估程序可参见该技术导则的规定。

风险评估的目的是根据环境调查结果判断土壤及地下水污染造成的人体健康风险是否超过可接受水平，并计算土壤及地下水污染风险控制值。评估过程主要包含以下要点：

1. 建立污染地块概念模型

概念模型是确认风险的首要程序，因为即使存在污染来源，如果没有暴露途径，则对潜在受体而言就没有风险。概念模型应当贯穿于土壤环境调查和风险评估整个过程，并随着调查的深入，不断完善。

《建设用地土壤污染风险评估技术导则》规定了多种暴露途径。根据建立的概念模型，某种暴露途径对于该特定地块并不存在的，则风险评估可以不考虑该暴露途径。污染地块上如果存在导则中未规定的暴露途径，可参考国际上具有较高认可度的风险评估技术方法组织开展相应暴露途径的风险评估工作，说明方法的合理性并提供充分的证明材料。

2. 风险评估的参数选择

对于参数选择，原则上选择《建设用地土壤污染风险评估技术导则》所规定的参数；导则中未规定的，可引用国际上权威机构发布的具有较高认可度的数据库中的参数，并明确说明数据来源及选择依据。

对于污染地块的特征参数，应通过水文地质调查、室内土工试验等方式获取实测数据，对于面积较大且水文地质情况复杂、变异性较大的地块，可分区域获取地块特征参数。

3. 计算风险控制值

作为制定污染地块修复目标值的重要依据，风险控制值是根据用地方式、暴露情景和可接受风险水平，计算得出的含量限值。

不过对于土壤背景值较高的污染物(如重金属),需考虑成本效益、技术可操作性,以及修复后存在被更高背景的周边区域再次污染的可能性,原则上不要求清理到背景值水平之下。

4. 制定修复目标

污染地块的修复目标可依据《建设用地土壤修复技术导则》和《污染地块地下水修复和风险管控技术导则》确定。

第四节 土壤污染风险管控和修复

经过环境调查和风险评估确定场地存在污染,如风险处于不可接受水平的,场地责任主体应组织开展场地风险管控和修复工作[①]。

一、建设用地土壤污染风险管控和修复名录制度

《土壤污染防治法》规定,国家实行建设用地土壤污染风险管控和修复名录制度。建设用地土壤污染风险管控和修复名录由省级人民政府生态环境主管部门会同自然资源等主管部门制定,按照规定向社会公开,并根据风险管控、修复情况适时更新。

省级生态环境主管部门应当会同自然资源等主管部门按照国务院生态环境主管部门的规定,对土壤污染风险评估报告组织评审,及时将需要实施风险管控、修复的地块纳入建设用地土壤污染风险管控和修复名录,并定期向国务院生态环境主管部门报告。列入建设用地土壤污染风险管控和修复名录的地块,不得作为住宅、公共管理与公共服务用地。

对达到土壤污染风险评估报告确定的风险管控、修复目标的建设用地地块,土壤污染责任人、土地使用权人可以申请省级生态环境主管部门移出建设用地土壤污染风险管控和修复名录。

---

① 参见《工业企业场地环境调查评估与修复工作指南(试行)》,载生态环境部网,http://www.mee.gov.cn/gkml/hbb/bgg/201412/t20141211_292830.htm。

二、土壤污染风险管控与修复

对建设用地土壤污染风险管控和修复名录中的地块，土壤污染责任人应当按照国家有关规定以及土壤污染风险评估报告的要求，采取相应的风险管控措施，并定期向地方生态环境主管部门报告。风险管控措施应当包括地下水污染防治的内容。

对建设用地土壤污染风险管控和修复名录中的地块，地方人民政府生态环境主管部门可以根据实际情况采取下列风险管控措施：提出划定隔离区域的建议，报本级人民政府批准后实施；进行土壤及地下水污染状况监测；其他风险管控措施。

风险管控、修复活动完成后，土壤污染责任人应当另行委托有关单位对风险管控效果、修复效果进行评估，并将效果评估报告报地方人民政府生态环境主管部门备案。

对建设用地土壤污染风险管控和修复名录中需要实施修复的地块，土壤污染责任人应当结合土地利用总体规划和城乡规划编制修复方案，报地方人民政府生态环境主管部门备案并实施。修复方案应当包括地下水污染防治的内容。

1. 修复方案编制

污染场地修复方案编制也称可行性研究，包括以下几个步骤：

（1）制定修复策略：根据场地环境调查与风险评估结果，细化场地概念模型并确定场地修复总体目标，通过初步分析修复模式、修复技术类型与应用条件、场地污染特征、水文地质条件、技术经济发展水平，制定相应修复策略。

（2）确定修复技术：通过修复技术筛选，找出适用于目标场地的潜在可行技术，并根据需要开展相应的技术可行性试验与评估，确定目标场地的可行修复技术。

（3）形成修复技术方案：通过对各种可行技术进行合理组合，形成能够实现修复总体目标、潜在可行的修复技术备选方案；在综合考虑经济、技术、环境、社会等指标进行方案比选的基础上，确定适合于目标场地的最佳修复技术方案。

（4）制订环境管理计划：制订配套的环境管理计划，为目标场地的修复工程实施提供指导，防止场地修复过程的二次污染，并为场地修复环境监管提供技术支持。

（5）编制修复方案：基于上述选择修复策略、筛选与评估修复技术、形成修复技术备选方案与方案比选、制订环境管理计划来编制修复方案。责任主体应委托专业机构编制污染场地修复方案，并报所在地设区的市级以上地方环保部门备案。必要时所在地设区的市级以上地方环保部门应当组织专家对污染场地治理修复方案等文件的科学性、合理性进行论证评审。

2. 修复实施

修复实施是指修复实施单位受污染场地责任主体委托，依据有关环境保护法律法规、场地环境调查评估备案文件、场地修复方案备案文件等，制定污染场地修复工程施工方案，进行施工准备，并组织现场施工的过程。修复实施主要包括以下环节：

（1）修复施工方案的编制：修复施工方案应根据施工现场条件和具体施工工艺，更新和细化场地环境管理计划，包括二次污染防治措施及环境事故应急预案、环境监测计划、安全文明施工以及个人健康与安全保护等内容。

（2）施工现场的准备：施工开始前的准备主要包括成立施工管理组织机构、清理施工场地内杂物以及场地平整、测量放线、材料机械准备、处理场地防渗及导排的设置、水电准备、防火准备、对相关施工人员开展施工安全和环境保护培训。

（3）现场施工：施工过程如果发现修复效果不能达到修复要求，应及时分析原因，并采取相应补救措施。如需进行修复技术路线和工艺调整，应报环保主管部门重新论证和审核。修复过程中产生严重环境污染问题时，施工单位应根据环保部门、业主和监理单位的要求进行纠正和整改，保证修复过程不对周边居民和环境产生影响。

在修复实施阶段，须同时进行工程监理和环境监理。其中，工程监理的主要工作内容是“三控制、二管理、一协调”，即质量、进度、投资控制；合同管理和信息收集、分类、处理、反馈的管理；对业主、修复施工单位等各方之间的协调组织。环境监理的主要工作内容是监督修复工程是否满足环境保护的要求，协调好工程与环境保护，以及业主与各方的关系。

由于修复工程属于环保工程，这要求实施监理工作的人员需要具有一定环境保护的知识,所以在修复实施过程中的监理,应以实现环境监理的内容为主导,以保证修复工程的顺利、有效地开展。并且,责任主体应委托专业机构实施治理修复工程,并委托专业机构对修复工程实施环境监理。

3. 修复验收与后期管理

污染场地修复验收是在污染场地修复完成后,对场地内土壤和地下水进行调查和评价的过程,包括对场地土壤和地下水清理情况验收以及修复情况验收,主要是确认场地修复效果是否达到验收标准,若需开展后期管理,还应评估后期管理计划合理性及落实程度。污染场地修复验收的主要工作内容包括:文件审核与现场勘察、确定验收对象和标准、采样布点方案制定、现场采样与实验室检测、修复效果评价、验收报告编制。验收合格后,场地方可进入再利用开发程序,必要时需按后期管理计划进行长期监测和后期风险管理。

责任主体应在污染场地修复工程完成后,开展场地修复验收工作,必要时还应开展场地后期管理。责任主体应委托专业机构进行场地修复验收和后期管理工作评估,将相关材料和结果报所在地设区的市级以上地方环保部门备案,并在实施过程中接受当地环保部门的监督和检查。必要时所在地设区的市级以上地方环保部门应当组织专家对工业企业场地修复验收报告和后期管理评估报告的科学性、合理性进行论证评审。

省级人民政府生态环境主管部门应当会同自然资源等主管部门对风险管控效果评估报告、修复效果评估报告组织评审,及时将达到土壤污染风险评估报告确定的风险管控、修复目标且可以安全利用的地块移出建设用地土壤污染风险管控和修复名录,按照规定向社会公开,并定期向国务院生态环境主管部门报告。

未达到土壤污染风险评估报告确定的风险管控、修复目标的建设用地地块,禁止开工建设任何与风险管控、修复无关的项目。

4. 效果评估

实施风险管控效果评估、修复效果评估活动,应当编制效果评估报告。效果评估报告应当主要包括是否达到土壤污染风险评估报告确定的风险管控、修复目标等内容。风险管控、修复活动完成后,需要实施后期管理的,土壤污染责任人应当按照要求实施后期管理。

从事土壤污染状况调查和土壤污染风险评估、风险管控、修复、风险管控效果评估、修复效果评估、后期管理等活动的单位,应当具备相应的专业能力。受委托从事前款活动的单位对其出具的调查报告、风险评估报告、风险管控效果评估报告、修复效果评估报告的真实性、准确性、完整性负责,并按照约定对风险管控、修复、后期管理等活动结果负责。

三、风险管控和修复中的法律风险防范

《土壤污染防治法》规定,实施风险管控、修复活动,应当因地制宜、科学合理,提高针对性和有效性。实施风险管控、修复活动,不得对土壤和周边环境造成新的污染。实施风险管控、修复活动前,地方人民政府有关部门有权根据实际情况,要求土壤污染责任人、土地使用权人采取移除污染源、防止污染扩散等措施。

实施风险管控、修复活动中产生的废水、废气和固体废物,应当按照规定进行处理、处置,并达到相关环境保护标准。实施风险管控、修复活动中产生的固体废物以及拆除的设施、设备或者建筑物、构筑物属于危险废物的,应当依照法律法规和相关标准的要求进行处置。修复施工期间,应当设立公告牌,公开相关情况和环境保护措施。

修复施工单位转运污染土壤的,应当制订转运计划,将运输时间、方式、线路和污染土壤数量、去向、最终处置措施等,提前报所在地和接收地生态环境主管部门。转运的污染土壤属于危险废物的,修复施工单位应当依照法律法规和相关标准的要求进行处置。

案例 6-1　常州"毒地"环境公益诉讼第二案:以土壤环境修复企业为被告①

常州"毒地"修复期间二次污染公益诉讼开庭审理。2019 年 11 月 27 日上午,本案在常州市中级人民法院开庭审理,庭审未当庭宣判。

在本案中,原告北京市朝阳区自然之友环境研究所(以下简称自然之友)起诉常州 H 建设投资有限公司(以下简称 H 公司)、江苏 T 建设集团有限公司(以下简称 T 公司)等 5 名被告,称其在修复常隆地块期间造成大气和土壤二次

---

① 曾金秋:《"常州毒地"修复期间二次污染公益诉讼开庭,环保组织请求赔偿近 3000 万元》(引用时有删减和个别文字改动),载界面新闻网 2019 年 11 月 27 日,https://www.jiemian.com/article/3724458.html。

污染。

在第一次证据交换后，原告追加了该修复工程的环境监理单位和工程监理单位为共同被告，主张5名被告对修复常州“毒地”过程中产生的大气污染和土壤污染承担相应责任。

常州“毒地”案发生在2016年。当年1月13日，常州市外国语学校部分学生出现皮肤过敏、咳嗽、流鼻血、呕吐、口腔溃疡等不良反应，疑与学校北侧一块正在进行土壤修复施工的土地有关。该地块在2010年之前有三家化工企业在经营生产，后企业搬离，却均未对该污染场地进行妥善修复。

2016年8月，调查组发现问题主要集中在化工企业场地的前期修复过程中，如未建设密闭大棚及配套废气收集设备、日常监管不足等。

2016年4月29日，自然之友、中国绿发会等环保组织向常州市中级人民法院递交环境公益诉讼立案材料，针对常州市常隆地块场地污染提起环境公益诉讼（常州“毒地”案第一案），请求法院判令此前在此地块上生产经营的3家企业消除其原厂址污染物对周围环境的影响，并承担生态环境修复费用。

2017年1月，常州市中级人民法院作出一审宣判，判决驳回两家公益组织的相关诉讼请求，并承担案件受理费189.18万元。

2018年12月27日，常州“毒地”公益诉讼案二审结果于江苏省高级人民法院作出判决，撤销一审判决，要求三被告赔礼道歉，承担两原告差旅费、律师费等。

与“毒地”诉讼同时进行的还有“毒地”修复过程中导致的二次污染环境公益诉讼（常州“毒地”第二案）。

2016年11月29日，H公司、T公司被自然之友和中国绿发会等环保组织告上法庭。理由是，两家公司在对常隆地块开展修复过程中未按照修复技术方案及法律法规的要求落实防护措施，导致污染土壤中有机废气的散发，对常隆地块周边区域的大气环境造成了污染且违规倾倒“常隆地块”工程土方对被倾倒地的环境造成了损害。

在2019年11月27日的庭审中，原告自然之友主张5名被告对修复常州“毒地”过程中产生的大气污染和土壤污染承担相应责任，请求判决五被告赔偿大气环境损害修复费用、土壤环境损害修复费用、向公众赔礼道歉，并承担案件相关的专家咨询费、差旅费、律师费、诉讼费等。

庭审主要聚焦四个争议问题:是否造成大气污染,五被告是否要连带承担环境损害修复费用,5名被告分别承担什么责任;是否造成土壤二次污染,5名被告是否应该赔偿,应该承担什么责任;5名被告是否应该在国家级和省级媒体中发表赔礼道歉相关声明;原告方主张的因本案产生的费用,是否应该由五被告承担。

被告认为,本案没有造成大气和土壤生态环境损害的事实,因而不应承担相关治理费用;本案不适用连带法律责任相关依据;要求赔礼道歉、承担相关费用的请求也不符合相关法律规定,请求驳回原告全部诉讼请求。

原告代理律师吴荣良表示,本案属于在修复过程中产生问题后发生的诉讼,在环境公益诉讼案件中较为少见,"3年期间经历多次开庭,不断补充证据,对于环保组织和律师来说都是很大挑战,相信法院会做出公正裁决"。

庭审结束后,本案未当庭宣判。

律师手记

本案是常州"毒地"环境公益诉讼的第二案。本书作者吴荣良律师和万美律师分别作为原告环保组织和支持起诉单位的代理律师,和其他代理律师、环保组织代表一起,多次往返上海、常州、北京等地,参加了多场关于常州"毒地"案件的研讨会,多次参加证据交换和庭审,以及多种形式的沟通和交流等,其中的艰辛难以言表,非亲身经历更难以体会。

经过多次开庭、沟通和协商,最终原被告各方在法院主持下达成调解协议,常州市中级人民法院于2021年11月26日将调解协议进行了为期30日的公告。2021年12月30日,常州市中级人民法院出具民事调解书[(2016)苏04民初458号],后经各方当事人签收,具有法律效力。

调解书确定由被告支付生态环境修费用共计1113.8万元,建立生态环境保护公益信托基金,用于长江流域中下游生态环境的治理和恢复,其中包括优先用于常隆地块的风险管控和修复以及环保社会组织开展的生态环境保护项目和活动、环境公益诉讼案件的司法鉴定、生态环境部门和司法机关开展的环境法律宣传和培训等活动。该公益信托基金由原告、生态环境部门及法律专家的代表组成独立的公益信托基金管理委员会,由该委员会决定信托基金的使用和监督。

第七章　环境保护产业的合规管理

第一节　环境保护产业发展的机遇和挑战

近四十年来，我国经济持续高速发展，工业化和城镇化进程不断加快，环境污染治理的压力日益增加，国家对环保的重视程度也越来越高，环境保护产业得到了长足的发展。

一、环保产业发展的机遇

2015 年，中共中央、国务院发布《关于加快推进生态文明建设的意见》。该意见强调大力发展节能环保产业，以推广节能环保产品拉动消费需求，以增强节能环保工程技术能力拉动投资增长，以完善政策机制释放市场潜在需求，推动节能环保技术、装备和服务水平显著提升，加快培育新的经济增长点。实施节能环保产业重大技术装备产业化工程，规划建设产业化示范基地，规范节能环保市场发展，多渠道引导社会资金投入，形成新的支柱产业。

2016 年，国务院发布《"十三五"国家战略性新兴产业发展规划》，提出大力推进实施水、大气、土壤污染防治行动计划，推动区域与流域污染防治整体联动，海陆统筹深入推进主要污染物减排，促进环保装备产业发展，推动主要污染物监测防治技术装备能力提升，加强先进适用环保技术装备推广应用和集成创新，积极推广应用先进环保产品，促进环境服务业发展，全面提升环保产业发展水平。到 2020 年，先进环保产业产值规模力争超过 2 万亿元。

2016 年，国家发展和改革委员会和原环保部发布《关于培育环境治理和生态保护市场主体的意见》(发改环资〔2016〕2028 号)，以加快培育环境治理和生态保护市场主体，形成统一、公平、透明、规范的市场环境。到 2020 年，环保产业产值超过 2.8 万亿元。

2017 年,为推进与完善污水处理行业的市场体系,财政部、住房和城乡建设部、原农业部和原环保部发布《关于政府参与的污水、垃圾处理项目全面实施 PPP 模式的通知》。

2021 年,《国民经济和社会发展第十四个五年规划和 2035 年远景目标纲要》发布。该纲要提出大力发展绿色经济,壮大节能环保、清洁生产、清洁能源、生态环境、基础设施绿色升级、绿色服务等产业,推广合同能源管理、合同节水管理、环境污染第三方治理等服务模式。

为鼓励环保产业的发展,国家先后出台多项税收优惠政策,例如:

1. 增值税优惠政策

2015 年 6 月 12 日,财政部和国家税务总局联合发布《关于印发〈资源综合利用产品和劳务增值税优惠目录〉的通知》(财税〔2015〕78 号)。根据该通知,污水垃圾处理、再生水和污泥处理劳务,在缴纳增值税后可申请返还 70%,再生水产品缴税后返还 50%。以垃圾、农林剩余物为燃料生产的热力或电力为原材料生产的电力、热力享受即征即退 100% 优惠政策。

2. 环境保护税优惠政策

2018 年 1 月 1 日施行的《环境保护税法》第 2 条规定,直接向环境排放应税污染物的企业事业单位和其他生产经营者为环境保护税的纳税人,应当依法缴纳环境保护税。第 12 条第 3 项、第 4 项规定,依法设立的城乡污水集中处理、生活垃圾集中处理场所排放相应应税污染物,不超过国家和地方规定的排放标准的;纳税人综合利用的固体废物,符合国家和地方环境保护标准的,暂予免征环境保护税。

《环境保护税法》第 13 条规定,纳税人排放应税大气污染物或者水污染物的浓度值低于国家和地方规定的污染物排放标准 30% 的,减按 75% 征收环境保护税。纳税人排放应税大气污染物或者水污染物的浓度值低于国家和地方规定的污染物排放标准 50% 的,减按 50% 征收环境保护税。

3. 企业所得税优惠政策

《企业所得税法》第 27 条第 3 项规定,从事符合条件的环境保护、节能节水项目的所得,可以依法免征、减征企业所得税。第 34 条规定,企业购置用于环境保护、节能节水、安全生产等专用设备的投资额,可以按一定比例实行税额抵免。

《企业所得税法实施条例》第 88 条规定,《企业所得税法》第 27 条第 3 项所称符合条件的环境保护、节能节水项目,包括公共污水处理、公共垃圾处理、沼气综合开发利用、节能减排技术改造、海水淡化等。项目的具体条件和范围由国务院财政、税务主管部门商国务院有关部门制定,报国务院批准后公布施行。企业从事前款规定的符合条件的环境保护、节能节水项目的所得,自项目取得第一笔生产经营收入所属纳税年度起,第一年至第三年免征企业所得税,第四年至第六年减半征收企业所得税。

2019 年 4 月 13 日,财政部、国家税务总局、国家发展和改革委员会、生态环境部发布《关于从事污染防治的第三方企业所得税政策问题的公告》(财政部公告 2019 年第 60 号)。该公告规定,对符合条件的从事污染防治的第三方企业(以下简称第三方防治企业)减按 15% 的税率征收企业所得税。本公告执行期限自 2019 年 1 月 1 日起至 2021 年 12 月 31 日止。

《企业所得税法实施条例》第 100 条规定,《企业所得税法》第 34 条所称税额抵免,是指企业购置并实际使用《环境保护专用设备企业所得税优惠目录》、《节能节水专用设备企业所得税优惠目录》和《安全生产专用设备企业所得税优惠目录》规定的环境保护、节能节水、安全生产等专用设备的,该专用设备的投资额的 10% 可以从企业当年的应纳税额中抵免;当年不足抵免的,可以在以后 5 个纳税年度结转抵免。享受前款规定的企业所得税优惠的企业,应当实际购置并自身实际投入使用前款规定的专用设备;企业购置上述专用设备在 5 年内转让、出租的,应当停止享受企业所得税优惠,并补缴已经抵免的企业所得税税款。

2017 年 9 月 6 日,财政部、国家税务总局、国家发展和改革委员会、工业和信息化部和原环保部联合发布《关于印发节能节水和环境保护专用设备企业所得税优惠目录(2017 年版)的通知》(财税〔2017〕71 号),公布了《节能节水专用设备企业所得税优惠目录(2017 年版)》和《环境保护专用设备企业所得税优惠目录(2017 年版)》

二、环保产业发展的挑战

环保产业面临广阔的发展机遇的同时,也有很多的挑战。特别是在环境法律的规定更加严格、执法更加刚性、民众更加关注的情况下,环保产业从建设、营运和维护等各个方面,都必须强化法律意识,加强投入,严格依法依规管理。

环保企业一旦出现环境违法行为,将会对企业产生重大影响,在企业税收、企业信用、贷款融资、上市、公开招投标等都会有限制和影响,例如:

1. 不得享受销售综合利用产品和劳务的增值税即征即退政策

如前文所述,根据财政部和国家税务总局《关于印发〈资源综合利用产品和劳务增值税优惠目录〉的通知》(财税〔2015〕78 号)的规定,环保产业可以享受不同幅度的增值税返还政策。但是该通知第 4 条明确规定“已享受本通知规定的增值税即征即退政策的纳税人,因违反税收、环境保护的法律法规受到处罚(警告或单次 1 万元以下罚款除外)的,自处罚决定下达的次月起 36 个月内,不得享受本通知规定的增值税即征即退政策”。

据报道,某环保上市公司 2019 年 5 月发布公告,称因其子公司 2017 年 9 月环保违法曾被处罚款 2.9 万多元,而后继续享受增值税退。税务核查发现该情况,被要求退还即征即退的增值税款合计 1390 多万元,并缴纳滞纳金 200 多万元。

2. 取消环境保护税的免征优惠

《环境保护税法》第 5 条规定,城乡污水集中处理、生活垃圾集中处理场所超过国家和地方规定的排放标准向环境排放应税污染物的,应当缴纳环境保护税。企业事业单位和其他生产经营者贮存或者处置固体废物不符合国家和地方环境保护标准的,应当缴纳环境保护税。

2018 年 10 月 25 日,财政部、国家税务总局、生态环境部联合发布《关于明确环境保护税应税污染物适用等有关问题的通知》(财税〔2018〕117 号)。该通知第 2 条规定,依法设立的生活垃圾焚烧发电厂、生活垃圾填埋场、生活垃圾堆肥厂,属于生活垃圾集中处理场所,其排放应税污染物不超过国家和地方规定的排放标准的,依法予以免征环境保护税。纳税人任何一个排放口排放应税大气污染物、水污染物的浓度值,以及没有排放口排放应税大气污染物的浓度值,超过国家和地方规定的污染物排放标准的,依法不予减征环境保护税。

3. 环境违法行为对信用评价、贷款、融资、评优的不利影响

《企业环境信用评价办法(试行)》明确对环保不良企业,应当采取一系列惩

戒性措施[①],包括暂停各类环保专项资金补助;环保评优评奖活动不授予有关荣誉称号;建议银行业金融机构对其审慎授信,在其环境信用等级提升之前,不予新增贷款,并视情况逐步压缩贷款,直至退出贷款;建议保险机构提高环境污染责任保险费率等。

中国银监会《关于印发绿色信贷指引的通知》(银监发〔2012〕4 号)也规定,银行业金融机构对有潜在重大环境和社会风险的客户,制定并实行有针对性的贷后管理措施。建立健全客户重大环境和社会风险的内部报告制度和责任追究制度。在客户发生重大环境和社会风险事件时,应当及时采取相关的风险处置措施,并就该事件可能对银行业金融机构造成的影响向监管机构报告[②]。

4. 影响上市公司或非上市公众公司收购的事中事后监管

《上市公司收购管理办法》第 6 条第 2 项规定,任何人不得利用上市公司的收购损害被收购公司及其股东的合法权益。收购人最近 3 年有重大违法行为或者涉嫌有重大违法行为的,不得收购上市公司。《非上市公众公司收购管理办法》第 6 条规定,进行公众公司收购,收购人及其实际控制人应当具有良好的诚信记录,收购人及其实际控制人为法人的,应当具有健全的公司治理机制。任何人不得利用公众公司收购损害被收购公司及其股东的合法权益。收购人最近 2 年有重大违法行为或者涉嫌有重大违法行为的,不得收购公众公司。

5. 限制参与基础设施和公用事业特许经营

国家发展和改革委员会、财政部、住房和城乡建设部、交通运输部、水利部、中国人民银行联合发布的《基础设施和公用事业特许经营管理办法》明确规定,

---

① 根据《企业环境信用评价办法(试行)》第 35 条的规定,建立健全环境保护失信惩戒机制,对环保不良企业,应当采取的惩戒性措施包括"(四)暂停各类环保专项资金补助;(五)建议财政等有关部门在确定和调整政府采购名录时,取消其产品或者服务;(六)环保部门在组织有关评优评奖活动中,不得授予其有关荣誉称号;(七)建议银行业金融机构对其审慎授信,在其环境信用等级提升之前,不予新增贷款,并视情况逐步压缩贷款,直至退出贷款;(八)建议保险机构提高环境污染责任保险费率;(九)将环保不良企业名单通报有关国有资产监督管理部门、有关工会组织、有关行业协会以及其他有关机构,建议对环保不良企业及其负责人不得授予先进企业或者先进个人等荣誉称号"。

② 中国银监会《关于印发绿色信贷指引的通知》(银监发〔2012〕4 号)第 20 条规定:"银行业金融机构应当加强贷后管理,对有潜在重大环境和社会风险的客户,制定并实行有针对性的贷后管理措施。密切关注国家政策对客户经营状况的影响,加强动态分析,并在资产风险分类、准备计提、损失核销等方面及时做出调整。建立健全客户重大环境和社会风险的内部报告制度和责任追究制度。在客户发生重大环境和社会风险事件时,应当及时采取相关的风险处置措施,并就该事件可能对银行业金融机构造成的影响向监管机构报告。"

在选择特许经营者时,会择优选择具有相应管理经验、专业能力、融资实力以及信用状况良好的法人或者其他组织。特许经营者违反法律、行政法规和国家强制性标准,造成突发环境事件,拒不改正、情节严重的,可以终止特许经营协议①。

上述限制和影响都将对企业发展造成重大影响,如果造成突发环境事件严重的,还会导致公司和管理人员承担刑事责任。因此,环保企业更应重视高度环境合规管理,避免上述情况发生。

第二节　污水处理行业

“十三五”以来,我国不断加大城镇污水处理设施建设和运行管理力度,污水收集处理能力水平得到显著提升。根据《2020 年中国污水处理行业发展简报》,2020 年我国城市污水处理厂数量达到 2679 座,污水日处理能力达到 1.92 亿立方米,较 2019 年增速达到 7%,且数量仍呈现不断上升趋势。但是我国城镇污水收集处理存在发展不平衡不充分问题,短板依然突出。污水管网建设改造滞后、污水资源化利用水平偏低、污泥无害化处置不规范、设施可持续运维能力不强等问题,与实现高质量发展还存在差距。

2021 年 6 月,国家发展和改革委员会、住房和城乡建设部印发《“十四五”城镇污水处理及资源化利用发展规划》(发改环资〔2021〕827 号),旨在有效缓解我国城镇污水收集处理设施发展不平衡不充分的矛盾,系统推动补短板强弱项,全面提升污水收集处理效能,加快推进污水资源化利用,提高设施运行维护水平。该规划提出到 2035 年,城市生活污水收集管网基本全覆盖,城镇污水处理能力全覆盖,全面实现污泥无害化处置,污水污泥资源化利用水平显著提升,城镇污水得到安全高效处理,全民共享绿色、生态、安全的城镇水生态环境。“十四五”

① 《基础设施和公用事业特许经营管理办法》第 17 条第 1 款规定:“实施机构应当公平择优选择具有相应管理经验、专业能力、融资实力以及信用状况良好的法人或者其他组织作为特许经营者。鼓励金融机构与参与竞争的法人或其他组织共同制定投融资方案。”第 53 条规定:“特许经营者违反法律、行政法规和国家强制性标准,严重危害公共利益,或者造成重大质量、安全事故或者突发环境事件的,有关部门应当责令限期改正并依法予以行政处罚;拒不改正、情节严重的,可以终止特许经营协议;构成犯罪的,依法追究刑事责任。”

时期,应以建设高质量城镇污水处理体系为主题,从增量建设为主转向系统提质增效与结构调整优化并重,提升存量、做优增量,系统推进城镇污水处理设施高质量建设和运维,实现污水处理高质量发展、可持续发展。

本节着重讨论污水处理厂的几个重点问题。

一、关于出水排放标准

工业园区或工业集中区的污水处理厂需根据其所处的区域和行业以及生态环境部门的环评批复确定的排放标准进行排放。

对于城镇污水处理厂,应根据《城镇污水处理厂污染物排放标准》(GB 18918－2002)及其修改单的规定,执行相应的排放标准。当污水处理厂出水引入稀释能力较小的河湖作为城镇景观用水和一般回用水等用途时,执行一级标准的A标准。城镇污水处理厂出水排入GB 3838地表水Ⅲ类功能水域(划定的饮用水水源保护区和游泳区除外)、GB 3097海水二类功能水域和湖、库等封闭或半封闭水域时,执行一级标准的B标准。城镇污水处理厂出水排入GB 3838地表水Ⅳ、Ⅴ类功能水域或GB 3097海水三、四类功能海域,执行二级标准。非重点控制流域和非水源保护区的建制镇的污水处理厂,根据当地经济条件和水污染控制要求,采用一级强化处理工艺时,执行三级标准。但必须预留二级处理设施的位置,分期达到二级标准。

《城镇污水处理厂污染物排放标准》(GB 18918－2002)中,除了排放方式、排放限值的规定外,还有取样与监测的规定。按照标准规定,城镇污水处理厂应执行该标准"4.1.3标准值"的内容,即水污染物指标是日均值。第4.1.4.2条规定,"取样频率为至少每2h一次,取24h混合样"。

但是,在监督性监测中,由于受各种因素的制约,往往是现场即时采样。由此经常会产生争议,即涉及标准如何适用的问题。

关于环保部门现场检查中排污监测方法问题的解释

(国家环境保护总局公告2007年第16号)

近来,一些地方环保部门和企事业单位向我局询问在环保执法和监督管理工作中,如何适用污染物排放标准中排放限值等问题。鉴于该问题具有普遍性,根据有关法律规定,现就环保部门现场检查中对排污单位的监测方法问题解释

如下:

根据有关法律规定,排放标准具有强制实施的效力,必须执行。遵守排放标准是排污单位法定义务。排放标准中规定的污染物排放方式、排放限值等是判定排污行为是否超标的技术依据,在任何时间、任何情况下,排污单位的排污行为均不得违反排放标准中的有关规定。

环保部门在对排污单位进行监督性检查时,可以环保工作人员现场即时采样或监测的结果作为判定排污行为是否超标以及实施相关环境保护管理措施的依据。

二〇〇七年二月二十七日

关于“现场即时采样”监测数据认定有关问题的复函

(环办政法函〔2017〕1624号)

四川省环境保护厅:

你厅《关于城镇污水处理厂“现场即时采样”应如何认定的请示》(川环〔2017〕49号)收悉。经研究,函复如下:

2007年2月27日,原国家环境保护总局发布《关于环保部门现场检查中排污监测方法问题的解释》(国家环境保护总局公告2007年第16号),规定:“排放标准中规定的污染物排放方式、排放限值等是判定排污行为是否超标的技术依据,在任何时间、任何情况下,排污单位的排污行为均不得违反排放标准中的有关规定。”该公告现行有效。城镇污水处理厂“现场即时采样”即为一次性采样,根据该公告的规定,其监测结果可以作为判定排污行为是否超标的证据。

特此函复。

环境保护部办公厅

2017年10月27日

关于环境行政处罚即时采样问题的复函

(环办法规函〔2018〕1246号)

天津市环境保护局:

你局《关于〈环境行政处罚办法〉中规定的即时采样予以明确的请示》(津环保法报〔2018〕86号)收悉。经研究,函复如下:

《环境行政处罚办法》第37条规定:“环境保护主管部门在对排污单位进行监督检查时,可以现场即时采样,监测结果可以作为判定污染物排放是否超标的证据。”

2007年2月27日,我部作出《关于环保部门现场检查中排污监测方法问题的解释》(原国家环境保护总局公告2007年第16号),规定:“排放标准中规定的污染物排放方式、排放限值等是判定排污行为是否超标的技术依据,在任何时间、任何情况下,排污单位的排污行为均不得违反排放标准中的有关规定。”

据此,现场即时采样是指现场检查时可以取一个样品进行监测,监测结果可以作为判定污染物排放是否超标的证据。该样品的采集需按照相关技术规范进行。

特此函复。

生态环境部办公厅

2018年11月5日

由此可见,生态环境部门以“复函”等形式,明确现场即时采样的监测结果可以作为判定污染物排放是否超标的证据。

对此,也有业界人士持不同观点,其认为在强制性国家标准《城镇污水处理厂污染物排放标准》(GB 18918－2002)明确规定水污染物基本控制项目最高允许排放浓度为日均值,并在明确取样和监测取样频率的情况下,应优先适用法律及国家标准的内容。以下案例可供参考。

从风险防范的角度,一些污水处理厂设置了更加严格的内控指标,以保证任何时候、任何情况下都做到达标排放,这种做法值得肯定。

案例7－1　北京某公司诉天津市宝坻区生态环境局环保行政处罚案[①]

2016年,北京某公司与案外人天津市某镇人民政府签订了《天津市宝坻区某镇工业园污水处理站托管运营合同》,合同约定由北京某公司运行和管理某镇工业园污水处理站,北京某公司负责污水处理厂出水达到设计标准出水水质,出水执行《农田灌溉水质标准》中旱作物水质标准。后经提标改造,达到天津地标C的排放标准。天津市宝坻区生态环境局(以下简称宝坻环境局)在2018年6月

① 本案入选北京市第四中级人民法院2019年十大行政审判典型案例(案例三),载北京市第四中级人民法院网2020年6月29日,http://bj4zy.chinacourt.gov.cn/article/detail/2020/06/id/5324005.shtml。

12 日的环保检查中,对某镇工业园污水处理站的出水一次取样监测,总磷排放浓度为0.68mg/L,认为超过《城镇污水处理厂污染物排放标准》中C标准规定的总磷排放浓度为0.5mg/L,故认定超标排放。

宝坻环境局认为北京某公司违反了《天津市水污染防治条例》第48条第1款的规定,根据《天津市水污染防治条例》第68条第1款的规定,作出处罚款人民币拾万元整的行政处罚。北京某公司不服该处罚决定,向天津铁路运输法院提起行政诉讼。天津铁路运输法院判决撤销被诉处罚决定。宝坻环境局不服一审判决,向北京市第四中级人民法院提起上诉。

北京市第四中级人民法院经审理认为,根据《环境保护法》和《环境行政处罚办法》的规定,宝坻环境局作为环境保护主管部门,具有对环境违法行为进行监督管理,对违反环境保护法律、法规或者规章等规定的行为进行处罚的法定职权。《城镇污水处理厂污染物排放标准》中规定的城镇污水处理厂水污染物排放标准为日均值,采样频率为至少每2小时一次,取24小时混合样。宝坻环境局以一次取样检测的数值认定北京某公司超标排放水污染物继而作出被诉处罚决定,违反了《城镇污水处理厂污染物排放标准》的规定,故被诉处罚决定适用法律错误,应予撤销。

关于宝坻环境局提出的一审判决适用法律错误的问题,北京市第四中级人民法院认为,《天津市水污染防治条例》(2017年修正)第12条第1款规定,本市实行水污染物排放浓度控制和重点水污染物排放总量控制相结合的管理制度。排放水污染物的,其污染物排放浓度应当符合严于国家标准的本市地方标准;本市地方标准没有规定的,应当符合国家标准排放重点水污染物的,应当符合总量控制指标。本案中,天津市环境保护局、天津市市场和质量监督管理委员会共同发布的《城镇污水处理厂污染物排放标准》(DB 12/599-2015)系天津市对城镇污水处理厂污染物排放所作的特别规定,属于严于国家标准的地方标准。

一审法院适用该标准认定一次取样监测的数值不能认定超标并无不当,故对宝坻环境局的该项上诉理由不予采纳。综上所述,一审判决认定事实清楚,适用法律法规正确。故判决驳回宝坻环境局的上诉,维持原判。

【裁判要旨与典型意义】

地方环境保护部门在水污染防治行政执法中应依法执行严于国家标准的地方标准,并按照地方标准确定的检测方法对水污染物进行检测。在地方性法规对适用国家标准和地方标准有明确规定的情况下,且在国家标准及地方标准对检测方法有明确要求的水污染防治领域,地方环境保护部门施行环境保护政策,应在执法中严格遵循国家标准及地方标准。否则不仅违反相关技术规范,也导致执法标准不确定和不可预期,从而加重企业负担,违反依法行政原则。

【专家点评】(北京航空航天大学法学院教授、博士生导师王天华)

本案涉及两个相互关联的问题:第一,被告宝坻环境局对原告进行处罚时,需对原告所排放污水进行取样检测。那么,被告应当采用哪种检测方法(是出水一次取样还是至少每2小时采样一次、取24小时混合样)呢?第二,前者是被告所实际采用的检测方法,符合《环境行政处罚办法》(环境保护部令第8号)第37条的要求,但天津市环境保护局、天津市市场和质量监督管理委员会共同发布的《城镇污水处理厂污染物排放标准》(DB 12/599 - 2015)规定的是后者。

那么,被告应当执行哪个标准?第一个问题看起来是一个事实认定问题。作为一个事实认定问题,从经验法则来看,至少每2小时采样一次、取24小时混合样肯定要比出水一次取样更为科学,更能准确反映排污情况。这很容易理解:取样次数越多、取样时间段越长,检测就越准确和越严格。但我们不能简单地认为,检测越准确、越严格越好,因为它会带来检测成本(一种执法成本)的叠加。所以,被告应当采用哪种检测方法这个事实认定问题,本质上还是一个规范适用问题,即被告应当执行哪个标准的问题。

关于这个问题,《环境保护法》第15条第2款、《水污染防治法》第13条第2款都规定:省、自治区、直辖市人民政府可以制定严于国家标准的地方标准。《水污染防治法》第13条第3款还明确规定:向已有地方水污染物排放标准的水体排放污染物的,应当执行地方水污染物排放标准。从这些规定看,本案的"唯一正确答案"是清楚的。

二、关于进水超标导致出水异常的应对

城镇(园区)污水处理厂既是水污染物减排的重要工程设施,也是水污染物排放的重点单位。但是,工业废水接入市政污水管网,进水超标导致出水异常,往往成为污水处理厂的"不可承受之重"①。

---

① 《环境商会:"进水超标致出水超标"是污水厂"不可承受之重"》,载搜狐网2021年3月3日,https://www.sohu.com/a/453777720_161795。

1. 原因分析

究其原因,可能是多方面的。由于历史原因,部分市政污水厂污水收集范围内存在一些工业企业,这些工业企业的废水排入城市市政污水处理厂,进水水质超出排放标准。受进水水质中特殊污染因子(微生物毒性)影响,污水处理工艺频繁遭受严重冲击,污水处理厂无法按设计的进水水质稳定运行,造成出水超标。

也有的情形是,部分工业园区的污水处理厂因园区招商引资条件发生变化,实际入驻园区的企业与污水厂设计规划阶段的企业差异性较大,导致污水厂设计水质标准与实际进水水质差异性较大,已建成的污水厂处理工艺很难满足实际进水水质的要求,导致部分项目出水无法稳定达标。当然,也有上游企业超标排放甚至偷排等原因,从而给污水处理企业的达标排放带来很大压力。由于污水处理厂大多为重点排放单位,根据要求都要安装自动监测设备并且与生态环境部门联网。一旦超标,生态环境部门就会对其进行处罚。这时候很多污水处理厂都会觉得很“冤枉”。

如何看待这种现象?2019 年 2 月 28 日,生态环境部举行的例行新闻发布会,生态环境部水生态环境司负责人答记者问时首先强调达标排放是污水处理的法律责任,同时也提出了一些有益的借鉴①。

2.《关于进一步规范城镇(园区)污水处理环境管理的通知》

2020 年 12 月 13 日,生态环境部发布《关于进一步规范城镇(园区)污水处理环境管理的通知》,依法明晰各方责任,推动各方履职尽责,规范环境监督管理。该通知细化了污水处理厂运营单位在项目承接、污水排查、运营维护、事故应急等方面的要求。面对进水超标问题,运营单位一要做好调查,二要做好“自证清白”。

该通知指出,确因进水超标导致出水超标,运营单位首先要主动报告,其次要采取应急措施,主动消除或减轻危害后果,不能放任危害结果扩大。最后经行业主管部门和生态环境部门两方或任何一方认定确实是进水超标导致的出水超标,符合上述条件的,可依法从轻或减轻行政处罚。

---

① 参见《生态环境部 2019 年 2 月例行新闻发布会实录》,载生态环境部网,http://www.mee.gov.cn/xxgk2018/xxgk/xxgk15/201903/t20190301_694051.html。

该通知鼓励纳管企业(向污水处理厂排放污水的企事业单位)与运营单位(污水处理厂运营单位)通过签订委托处理合同等方式,约定水质水量、监测监控、信息共享、应急响应、违约赔偿、解释和争议解决等内容。污水处理厂虽不能免责,但可根据与纳管企业签订的委托处理合同,依法追究上游企业责任。为了有效运用上述条件不予、从轻或减轻行政处罚,运营单位还要做好证据收集工作,以能够"自证清白"。

该通知特别提醒运营单位在承接污水处理项目前务必做好调查。在已接纳的项目中,如果发现"现有工艺无法处理的工业污水且无法与来水单位协商解决的,要书面报请当地人民政府依法采取相应措施。"在明晰各方责任时,特别强调了政府、纳管企业和运营单位都负有应急准备、应急处置等方面的责任。政府应做好突发水污染事件的应急准备、应急处置和事后恢复等工作;纳管企业在发生事故致使排放的污水可能危及污水处理厂安全运行时,应当立即启用事故调蓄池等应急措施消除危害,通知运营单位并向生态环境部门及相关主管部门报告;运营单位应合理设置与抗风险能力相匹配的事故调蓄设施和环境应急措施,发现进水异常,可能导致污水处理系统受损和出水超标时,立即启动应急预案,开展污染物溯源,留存水样和泥样、保存监测记录和现场视频等证据,并第一时间向生态环境部门及相关主管部门报告。在接到有关异常情况报告后,地方各级生态环境部门按规定启动响应机制。

有的地方对此也作了相应的规定。例如 2020 年,济南市生态环境局印发《减轻和免除行政处罚的实施意见(试行)》,规定了减轻和免除环境行政处罚的 16 种具体情形,其中"城镇生活污水处理厂因进水浓度超标导致的出水超标,发现后立即主动报告并采取措施减轻危害后果的",可在法定最低处罚额的基础上减轻处罚,但一般不超过最低处罚额的 50%。

3. 应对建议

根据笔者为污水处理行业提供法律服务的经验,建议:

首先,需要关口前移,在项目投标阶段,要对项目本身有非常充分的考察和了解。在签订项目合同(PPP 合同或 BOT 协议等)时,要明确政府和污水处理厂的责任边界、对进水的监管责任、紧急情况下限制进水甚至停止进水的权利、违约条款等。如果是和纳管企业签署协议,协议中应明确进水指标、监测义务、异常情况的通报义务、紧急情况下的处置权、违约责任等。

其次,在设计阶段,要充分考虑营运过程中可能发生的问题,要考虑一定的设计余量,确保污水处理装置一定的弹性负荷。对于不同行业或企业的进水,有的污水处理企业安装了单独的在线自动监控和一定的预处理设施,以便随时掌握进水状况,这种经验值得推广。

再次,在营运过程中,应建立和完善规章制度和操作规程,严格进行过程控制。一旦发现异常,要第一时间采取技术措施,同时要及时向主管部门报告和向上游相关企业通报,共同努力,实现达标排放。

最后,充分运用法律武器,维护污水处理企业的合法权益。前文《关于进一步规范城镇(园区)污水处理环境管理的通知》中已经提出了异常情况下污水处理企业应当采取的措施,并指出生态环境部门可以提出可依法从轻或减轻行政处罚。同时,2021 年 7 月 15 日施行的新《行政处罚法》第 33 条第 2 款规定,“当事人有证据足以证明没有主观过错的,不予行政处罚。法律、行政法规另有规定的,从其规定”。为此,污水处理企业应非常注意保留相应的证据,包括进水异常的证据、中间采取了具体措施的证据、向政府部门和上游企业警示和报告的证据、由此造成的成本增加等损失证据等,并向监管部门递交这些证据,以争取相对有利的结果。

三、关于污泥处置与资源化利用

污泥是指污水处理过程中产生的半固态或者固态物质。污水处理厂在工作时会产生很多污泥,我国城镇污水处理厂污泥的产生量也逐年增加,污泥本身含有大量的重金属元素,如汞、铬等,还有大量矿物质元素,如磷、钾、氮等,甚至还有高浓度的病毒和细菌等①。如果这些污泥没有得到妥善处理,就会对周围环境造成二次污染,所以要做好污泥处理工作。安全环保是污泥处理处置必须坚持的基本要求。如果不能得到有效的处理处置,“污泥围城”将成为很多地方新的环境问题。

1. 法规要求

“十四五”规划在技术要求中明确提出限制污泥填埋,稳步推进资源化,要求新建污水处理厂必须有明确的污泥处理途径,鼓励采用热水解、厌氧消化、好氧

① 参见赵月琴:《污水处理厂环境影响评价案例分析》,载《太原科技》2010 年第 1 期。

发酵、干化等方式进行无害化处理，在实现污泥稳定化、无害化处理的前提下，可推进土地改良、荒地造林、苗木抚育、园林绿化和农业利用等资源化，鼓励污泥能量资源回收利用。“2030 年前实现碳达峰、2060 年前实现碳中和”双碳目标提出后，未来污泥处理处置将以节能降耗及能源资源回收为目标，这对污泥处理提出了更为清晰的技术路径。

我国对于污水处理企业的污泥排放进行了严格的管控和限制。“水十条”指出：推进污泥处理处置。污水处理设施产生的污泥应进行稳定化、无害化和资源化处理处置，禁止处理处置不达标的污泥进入耕地。非法污泥堆放点一律予以取缔。现有污泥处理处置设施应于 2017 年年底前基本完成达标改造，地级及以上城市污泥无害化处理处置率应于 2020 年年底前达到 90% 以上。

《水污染防治法》第 51 条规定，城镇污水集中处理设施的运营单位或者污泥处理处置单位应当安全处理处置污泥，保证处理处置后的污泥符合国家标准，并对污泥的去向等进行记录。第 88 条规定，处理处置后的污泥不符合国家标准，或者对污泥去向等未进行记录的，由城镇排水主管部门责令限期采取治理措施，给予警告；造成严重后果的，处 10 万元以上 20 万元以下的罚款；逾期不采取治理措施的，城镇排水主管部门可以指定有治理能力的单位代为治理，所需费用由违法者承担。

《固体废物污染环境防治法》对此作出了更加明确的规定，除需要对污泥的流向、用途、用量等进行跟踪、记录，并报告城镇排水主管部门、生态环境主管部门以外。还提出禁止擅自倾倒、堆放、丢弃、遗撒城镇污水处理设施产生的污泥和处理后的污泥，禁止重金属或者其他有毒有害物质含量超标的污泥进入农用地的要求。对违反规定，擅自倾倒、堆放、丢弃、遗撒城镇污水处理设施产生的污泥和处理后的污泥的，由城镇排水主管部门责令改正，处 20 万元以上 200 万元以下的罚款，对直接负责的主管人员和其他直接责任人员处 2 万元以上 10 万元以下的罚款；造成严重后果的，处 200 万元以上 500 万元以下的罚款，对直接负责的主管人员和其他直接责任人员处 5 万元以上 50 万元以下的罚款；拒不改正的，城镇排水主管部门可以指定有治理能力的单位代为治理，所需费用由违法者承担。

《城镇排水与污水处理条例》第 30 条规定，城镇污水处理设施维护运营单位或者污泥处理处置单位应当安全处理处置污泥，保证处理处置后的污泥符合国家有关标准，对产生的污泥以及处理处置后的污泥去向、用途、用量等进行跟踪、记录，并向城镇排水主管部门、环境保护主管部门报告。任何单位和个人不得擅自倾倒、堆放、丢弃、遗撒污泥。

该条例明确规定了运营单位或者污泥处置单位应当安全处置污泥，“应当”则意味着这是一个必须遵守的行为，污水处理企业要对污泥进行一系列的处理，全程对这一行为进行监控、记录，并及时上报城镇排水主管部门、环境保护主管部门。第53条规定如违反条例规定，城镇污水处理设施维护运营单位或者污泥处理处置单位对产生的污泥以及处理处置后的污泥的去向、用途、用量等未进行跟踪、记录的，或者处理处置后的污泥不符合国家有关标准的，由城镇排水主管部门责令限期采取治理措施，给予警告；造成严重后果的，处10万元以上20万元以下罚款；逾期不采取治理措施的，城镇排水主管部门可以指定有治理能力的单位代为治理，所需费用由当事人承担；造成损失的，依法承担赔偿责任。

2. 技术和标准

关于污泥处理处置技术和标准，我国已经出台了一系列的政策法规。2000年至2002年出台了《城市污水处理及污染防治技术政策》和《城镇污水处理厂污染物排放标准》（GB 18918－2002）。《城镇污水处理厂污染物排放标准》对污泥的处置作出了稳定化处理的规定，污泥稳定化后的处置方式，国家也发布了相应的标准。

《农用污泥污染物控制标准》（GB 4284－2018）从2019年6月1日开始实施。其他城镇污水处理厂污泥处置的用途在《城镇污水处理厂污泥处置混合填埋用泥质》（GB/T 23485－2009）、《城镇污水处理厂污泥处置园林绿化用泥质》（GB/T 23486－2009）、《城镇污水处理厂污泥处置　土地改良用泥质》（GB/T 24600－2009）、《城镇污水处理厂污泥处置　单独焚烧用泥质》（GB/T 24602－2009）、《城镇污水处理厂污泥处置　制砖用泥质》（CJ/T 289－2007）、《城镇污水处理厂污泥处置　农用泥质》（CJ/T 309－2009）等标准中都作出了规定。

2009年住房和城乡建设部、原环保部和科学技术部联合出台《城镇污水处理厂污泥处理处置及污染防治技术政策（试行）》，2010年原环保部出台《城镇污水处理厂污泥处理处置污染防治最佳可行技术指南（试行）》《城镇污水厂污泥处理处置技术规范（征求意见稿）》，2011年住房和城乡建设部、国家发展和改革委员会出台《城镇污水处理厂污泥处理处置技术指南（试行）》等。为了使污水处理企业更加明确污泥排放相关信息，住房和城乡建设部、原环保部、科学技术部于2009年2月18日联合发布《关于印发〈城镇污水处理厂污泥处理处置及污染防治技术政策（试行）〉的通知》。

《城镇污水处理厂污泥处理处置及污染防治技术政策（试行）》规定，污泥处理处置的目标是实现污泥的减量化、稳定化和无害化；鼓励回收和利用污泥中的能源和资源。坚持在安全、环保和经济的前提下实现污泥的处理处置和综合利用，达到节能减排和发展循环经济的目的。该技术政策还对污泥处理处置规划和建设、污泥处置技术路线、污泥处理技术路线、污泥运输和储存、污泥处理处置安全运行与监管等提出了相应的技术要求。

该政策提出在经济较为发达的大中城市，可采用污泥焚烧工艺。鼓励采用干化焚烧的联用方式，提高污泥的热能利用效率；鼓励污泥焚烧厂与垃圾焚烧发电厂合建；在有条件的地区，鼓励污泥作为低质燃料在火力发电厂焚烧炉、水泥窑或砖窑中混合焚烧。需要注意的是，污泥焚烧的烟气应进行处理，并满足《生活垃圾焚烧污染控制标准》（GB 18485－2014）等有关规定。污泥焚烧的炉渣和除尘设备收集的飞灰应分别收集、储存、运输。鼓励对符合要求的炉渣进行综合利用；飞灰需经鉴别后妥善处置。

一些地方也对此进行了有益的探索。2020年，昆明市市场监督管理局发布的《城镇污水处理厂污泥处理处置项目环保验收技术指南》（DB 5301/T45－2020）、《城镇污水处理厂污泥处理处置企业环保检查技术指南》（DB 5301/T46－2020）、《城镇污水处理厂污泥处理处置环境监测技术规范》（DB 5301/T47－2020）、《城镇污水处理厂污泥处理处置规范》（DB 5301/T48－2020），与2019年其发布的《城镇污水处理厂污泥处置土地利用技术规范》（DB 5301/T41－2019）一起构成了全国最系统全面的城镇污水处理厂污泥处理处置地方标准体系。

2021年出台的《"十四五"城镇污水处理及资源化利用发展规划》提出破解污泥处置难点，实现无害化推进资源化的任务。在建设任务方面，污泥处置设施应纳入本地污水处理设施建设规划。新建污水处理厂必须有明确的污泥处置途径。开展协同处置污泥设施建设时，应充分考虑当地现有污泥处置设施运行情况及工艺使用情况。

对于污泥的去向，采用协同处置方式的，卫生填埋可作为协同处置设施故障或检修等情况时的应急处置措施。关于污泥资源化利用，在实现污泥稳定化、无害化处置前提下，稳步推进资源化利用。鼓励采用热水解、厌氧消化、好氧发酵、干化等方式进行无害化处理。鼓励采用污泥和餐厨、厨余废弃物共建处理设施方式，提升城市有机废弃物综合处置水平。

四、关于恶臭

污水处理过程中会加入一定的化学物质使其发生相应的化学反应，有些化学反应会产生恶臭气体，从而严重影响周围环境，因此在对污水恶臭进行处理时，政府也将这一影响纳入对当地的地理环境和自然环境影响的范围。靠近居民区和环境敏感区的污水厂应建设除臭设施并保证除臭效果。

首先，要求污水处理厂应该选在居民区或市区的下风向位置，在自然风的作用下，恶臭会逐渐远离城市，特别是居民区。

其次，污水处理厂的污水入口和污泥处理两部分容易产生恶臭，因此要对污水入口处采取密闭措施，防止恶臭挥发；要对污泥沉淀池进行封顶，使其在相对封闭的池槽中进行沉淀，防止恶臭气体的挥发。

污水处理过程中挥发出来的恶臭物质主要是硫化物和氨化物，污水处理厂应严格按照国家环境保护部门颁布的条例或行业规范进行相关化合物的处理，防止污水处理过程中恶臭气体对环境的影响。污水处理厂也要根据实际情况对污泥处理池进行改进，采取科学有效的方法减少污水处理过程中恶臭的排放。

为了贯彻《环境保护法》和《大气污染防治法》关于恶臭排放的相关规定，原环保部发布了《恶臭污染环境监测技术规范》（HJ 905－2017）。该标准规定了环境空气及各类恶臭污染源（包括水域）以不同形式排放的恶臭污染的各个相关指标，这也是污水企业在排放恶臭气体时需要遵守的重要标准。

第三节　生活垃圾焚烧发电厂

随着城市经济社会的发展，垃圾的数量呈直线上升趋势，以前简单焚烧、填埋垃圾的处理方式不仅释放大量有害气体污染空气，也占用了大量宝贵的土地资源。垃圾焚烧发电厂应运而生，不仅可以实现清洁的效果，而且焚烧过程中的热能转化为电能和蒸汽供热资源，也进一步实现了资源的可再生利用。因此拥有社会效益和环境效益的垃圾焚烧发电厂得到了政府的提倡,并迅速得到发展。

由于垃圾焚烧发电厂在垃圾焚烧过程中产生强致癌物二噁英,随着公众环保意识的提高,它在选址、建设、运营过程中就成为公众关注的焦点。本节内容将从垃圾焚烧发电厂环境管理的角度出发,在规划选址、建设、运营过程中,就如何有效预防和应对可能产生的企业合规风险问题进行论述。

一、垃圾焚烧发电厂法规政策概述

我国固废处理行业的起步较晚,早期都采取简单填埋和焚烧,近几年由于环境问题的突出,国家出台了一系列的规划和环保政策,促进了我国固废处理企业特别是垃圾焚烧发电企业的迅速发展,并且各个处理企业不断推陈出新,垃圾焚烧发电厂的合法合规问题也越来越受到重视。

1. 垃圾焚烧发电政策法规

我国垃圾发电厂建设这些年取得了很大的成就。国家发展和改革委员会、住房城乡建设部 2021 年 5 月发布《"十四五"城镇生活垃圾分类和处理设施发展规划》提出,到 2025 年年底,全国城市生活垃圾资源化利用率达到 60% 左右;到 2025 年年底,全国生活垃圾分类收运能力达到 70 万吨/日左右,基本满足地级及以上城市生活垃圾分类收集、分类转运、分类处理需求,并鼓励有条件的县城推进生活垃圾分类和处理设施建设;到 2025 年年底,全国城镇生活垃圾焚烧处理能力达到 80 万吨/日左右,城市生活垃圾焚烧处理能力占比达到 65% 左右。

在法律层面,《可再生能源法》明确规定,国家支持可再生能源并网发电,国家实行可再生能源发电全额保障性收购制度。《循环经济促进法》明确规定,支持对利用余热、余压、煤层气以及煤矸石、煤泥、垃圾等低热值燃料的并网发电项目。《固体废物污染环境防治法》是我国防治固体废物污染环境的专项法律,对垃圾分类提出了明确要求,为垃圾焚烧发电提供了坚实的基础。

国家在电力制度方面发布了一系列规定鼓励垃圾焚烧发电业的发展,例如国家发展和改革委员会印发的《可再生能源发电全额保障性收购管理办法》(发改能源〔2016〕625 号)明确规定了电网企业(含电力调度机构)根据国家确定的上网标杆电价和保障性收购利用小时数,结合市场竞争机制,通过落实优先发电制度,在确保供电安全的前提下,全额收购规划范围内的可再生能源发电项目的上网电量。国家发展和改革委员会《关于完善垃圾焚烧发电价格政策的通知》

(发改价格〔2012〕801号)规定以生活垃圾为原料的垃圾焚烧发电项目,均先按期入厂垃圾处理量折算成上网电量进行结算,每吨生活垃圾折算成上网电量暂定为280千瓦时,并执行全国统一垃圾发电标杆电价每千瓦0.65元(含税);其余上网电量执行当地同类燃煤发电机组上网电价。

2. 垃圾焚烧发电厂规划选址主要政策

2014年5月16日发布的《生活垃圾焚烧污染控制标准》(GB 18485－2014)规定,“生活垃圾焚烧发电厂的选址应符合当地的城乡总体规划、环境保护规划和环境卫生专项规划,并符合当地的大气污染防治、水资源保护、自然生态保护等要求”。

垃圾焚烧发电项目会产生酸性气体(SO_2、NOx和HCl)、二噁英等废气,飞灰、污泥、炉渣等固体废物,以及废水、噪声等。在垃圾收集、转运、焚烧、填埋等环节若未采取有效的污染防治措施或技术,容易对生态环境及周围居民人身、财产造成重大不利影响。其中,二噁英是世界卫生组织确认的致癌物,对人体健康有危害,特别容易引起民众的关注。之前发生的一些垃圾焚烧厂“邻避效应”事件,多与民众对二噁英的恐慌有关系。

2017年12月,国家发展和改革委员会、住房和城乡建设部、国家能源局、原环保部、原国土资源部印发了《关于进一步做好生活垃圾焚烧发电厂规划选址工作的通知》(发改环资规〔2017〕2166号)。文件指出,焚烧发电是生活垃圾处理的重要方式,对实现垃圾减量化、资源化和无害化,改善城乡环境卫生状况,解决“垃圾围城”“垃圾上山下乡”等突出环境问题具有重要作用。科学合理确定生活垃圾焚烧发电厂规划与选址,对推进焚烧设施项目顺利实施、提高垃圾无害化处理能力具有重要意义。对此,各地应当高度重视,提早规划、合理布局、明确厂址,切实保障生活垃圾焚烧发电厂有序建设。

2020年1月20日,财政部、国家发展和改革委员会、国家能源局联合印发《关于促进非水可再生能源发电健康发展的若干意见》,要求各地必须严格按照《关于进一步做好生活垃圾焚烧发电厂规划选址工作的通知》(发改环资规〔2017〕2166号)的要求,加快组织编制生活垃圾焚烧发电中长期专项规划。该专项规划必须单独编制,不得与其他生物质发电规划联合编制,其截止时间为2030年。国家可再生能源电价附加补贴资金优先用于列入专项规划的项目。2020年3月31日前国家发展和改革委员会未收到专项规划的省(区、市),其新建生活垃圾焚烧发电项目所需补贴资金原则上由所在省(区、市)自行解决。

在考虑到二噁英产生的情况下,垃圾焚烧发电厂的选址应当充分考虑环境的安全性和经济性,既要防止对人体、大气、水造成污染,又要考虑土地、管理等各项费用,还要考虑社会影响。必须结合焚烧项目的实际情况和当地的自然地貌地势、自然风向、人口密度、生态环境安全等方面的因素综合考察确定,要确保环境安全,缓解垃圾焚烧发电厂在建设过程当中与民众的矛盾。正是因为有二噁英的产生,所以垃圾焚烧选址问题也成为让企业格外注意的问题。如何避免在选址上出现由于与公众和政府产生巨大的矛盾导致公众事件爆发的问题,推动企业顺利运营也是该类企业在合规问题上应该注意的问题。

二、生活垃圾焚烧发电厂排放与监测管理

《生活垃圾焚烧污染控制标准》(GB 18485 - 2014)规定了生活垃圾焚烧厂的选址要求、技术要求、入炉废物要求、运行要求、排放控制要求、监测要求、实施与监督等内容。

2017 年 4 月 20 日,原环保部印发《关于生活垃圾焚烧厂安装污染物排放自动监控设备和联网有关事项的通知》(环办环监〔2017〕33 号),要求垃圾焚烧企业于 2017 年 9 月 30 日前全面完成“装、树、联”三项任务,即依法安装污染物排放自动监测设备、厂区门口树立电子显示屏实时公布污染物排放和焚烧炉运行数据、自动监测数据与环保部门联网。

2019 年 12 月 2 日,生态环境部正式印发了《生活垃圾焚烧发电厂自动监测数据应用管理规定》(生态环境部令第 10 号),自 2020 年 1 月 1 日起施行。该管理规定明确规定:

(1)自动监测数据可用于环境行政处罚。该管理规定明确,垃圾焚烧厂应当按照《固定污染源烟气(SO_2、NO_X、颗粒物)排放连续监测技术规范》(HJ 75 - 2017)等标准规范要求,对自动监测设备开展质量控制和质量保证工作,保证自动监测设备正常运行,保存原始监测记录,并确保自动监测数据的真实、准确、完整、有效。规定强调垃圾焚烧发电厂运营单位对自动监测数据的真实性和准确性负责;明确生态环境部门可以使用自动监控系统收集违法行为证据,自动监测数据可以作为判定垃圾焚烧发电厂是否存在环境违法行为的证据。

(2)自动监测数据超标判断方法和限值。现行的《生活垃圾焚烧污染控制标

准》（GB 18485－2014）中关于颗粒物、氮氧化物（NO_X）、二氧化硫（SO_2）、氯化氢（HCl）、一氧化碳（CO）等5项常规污染物的标准限值的测定和判断，只适用手工监测方法，不适用自动监测。因此，必须重新规定自动监测数据的超标判定标准。对二噁英类等暂不具备自动监测条件的污染物，该管理规定提出以生态环境主管部门执法监测获取的监测数据作为超标判定依据。

（3）提出了炉温不符合标准的处罚要求。为切实将《生活垃圾焚烧污染控制标准》（GB 18485－2014）规定焚烧炉炉膛温度应当不低于850℃的标准要求落实到位，同时便于执法取证，该管理规定进一步明确正常工况下焚烧炉炉膛内焚烧温度的热电偶测量均值不得低于850℃，否则认定为垃圾焚烧工艺不正常运行。

二噁英具有很强的生物毒性，同时具有难以降解、可在生物体内蓄积的特点，进入环境将长期残留，对人类健康和可持续发展构成威胁。因此，垃圾焚烧发电厂必须抓住重点，处理好二噁英产生的问题。

三、飞灰及炉渣处理

《城市生活垃圾处理及污染防治技术政策》规定，垃圾焚烧应严格按照《生活垃圾焚烧污染控制标准》等有关标准要求，对烟气、污水、炉渣、飞灰、臭气和噪声等进行控制和处理，防止对环境的污染。对于垃圾焚烧发电厂产生的炉渣和飞灰必须妥当处理，严格按照相关规定处置。

垃圾焚烧产生的炉渣经鉴别不属于危险废物的，可回收利用或直接填埋。属于危险废物的炉渣和飞灰必须作为危险废物处理。《固体废物污染环境防治法》第六章专门就危险废物的污染环境防治进行了规定，具体参见本书第五章第四节的相关内容。

《"十四五"城镇生活垃圾分类和处理设施发展规划》提到开展关键技术研发攻关和试点示范，其中包括飞灰处置技术试点示范。我国鼓励有条件的地区开展飞灰熔融处理技术应用和飞灰深井贮存技术应用，推动工业窑炉协同处置飞灰技术开发，探索利用预处理后的飞灰烧结制陶粒，作为掺合料制作混凝土等技术的应用，鼓励飞灰中重金属分离回收技术开发应用。

在这些年的法律服务过程中，我们曾为多个垃圾焚烧发电项目提供法律服务，包括招投标程序、PPP合同与BOT合同签订、建设阶段的环评手续报批和重要文件审阅、环境信息公开要求的处理、协助企业建立和完善运行阶段的环境管理制度、合规性评估、二噁英等排放异常情况的处理、代理企业的行政处罚听证（着重关注二噁英等采样规范化问题），同时也参与了垃圾焚烧项目的并购尽职调查、并购文本起草修改等。在提供法律服务的过程中，更加深刻地体会到企业建立合规管理体系的价值和迫切性。因此，建议企业管理层应高度重视环境合规，从环保设施投入、环保管理制度入手，严格遵守环保法律法规和技术规范，降低环境风险。

第四节　生活垃圾填埋场

垃圾填埋场是国内处理垃圾的主要方式之一，随着生活垃圾填埋场的数量不断增加，垃圾填埋场产生的填埋气和渗滤液是企业最为担心的问题。国家对垃圾填埋过程中污染物的排放制定了一系列的法律法规和标准规范以预防并治理渗滤液和填埋气带来的环境问题，因此垃圾填埋企业也要着重关注这两个方面的内容。

一、垃圾渗滤液处理问题

垃圾渗滤液（也称为渗沥液）是指垃圾在堆放和填埋过程中由于压实、发酵等物理、生物及化学作用，同时在雨水和一些其他外部流入进来的水的渗滤下而产生的废水。因为我国垃圾的水分含量普遍较高，使得这些垃圾产生的渗透液也较多，所以我国垃圾填埋企业面临的渗滤液问题也较为严峻。

在第一轮中央环保督察活动中，发现多个垃圾填埋场存在处理设施不完善或者设施老旧、不正常运行等问题，从而导致渗滤液处理不达标，偷排问题也不同程度地存在。根据中央环保督察组的督察，仅东北某省的省会城市的某生活垃圾填埋场场内积存约75 万吨渗滤液，沿海某省80 座生活垃圾填埋场渗滤液暂存量约255 万吨，环境隐患突出。

案例7-2　北京某垃圾填埋场外运案——生活垃圾填埋场渗滤液超标排放到城市污水处理场①

北京市海淀区某垃圾填埋场(以下简称垃圾场)自2012年10月委托FZ公司进行污水外运及处理,李某是污水外运处理项目负责人,马某任FZ公司法定代表人,张某是马某的下属,在FZ公司担任项目经理。吕某是天津OS公司的实际控制人。马某利用职务便利,于2012年至2015年,为天津OS公司承揽和执行垃圾场污水外运项目和土工膜采购项目提供帮助,非法收受天津OS公司实际控制人吕某给予的钱款共计1861余万元。截至2015年4月11日,马某、吕某伙同李某将62余万吨的本应运至污水处理厂的垃圾渗滤液偷排至市政污水井内,天津OS公司违法所得5000余万元。偷排的垃圾渗滤液进入市政污水管网后进入再生水厂,使再生水厂承担了额外的污水处理成本93余万元,给再生水厂造成了超过30万元的损失。在此期间,马某多次指使张某,帮助天津OS公司解决外运污水车辆被查扣的事项。

2017年8月10日,北京市第二中级人民法院对这起环境污染刑事案件进行一审宣判,最终判定马某犯受贿罪、污染环境罪,数罪并罚,判处有期徒刑17年,并处190万元罚金,责令退缴1861余万元违法所得予以没收;天津OS公司犯单位行贿罪、污染环境罪,判处6100万元罚金,责令退缴5000余万元违法所得予以没收;判处被告人吕某有期徒刑5年,并处30万元罚金;李某以污染环境罪判处有期徒刑2年,并处30万元罚金;张某有期徒刑1年8个月,并处10万元罚金。

垃圾渗滤液是否可以运至污水处理厂处理?是否会构成"采取其他规避监管的方式排放水污染物"?在上述案例中,已经提到了关于渗滤液的内容。国家对渗滤液的处理制定了一些规定,生活垃圾焚烧发电厂渗滤液处理应当遵循《生活垃圾焚烧污染控制标准》(GB 18485－2014)和《生活垃圾焚烧发电建设项目环境准入条件(试行)》(环办环评〔2018〕20号)的规定,生活垃圾渗滤液应收集并在生活垃圾焚烧发电厂内处理或送至生活垃圾填埋场渗滤液处理设施处理,处理后同样应当满足《生活垃圾填埋场污染控制标准》的要求后方可排放。

生态环境部于2018年9月22日发布的《关于生活垃圾焚烧发电生产废水

---

① 《6000万天价罚单!北京六里屯垃圾填废液偷排案尘埃落定负责人被判刑5年》,载回收商网2017年8月14日,http://news.huishoushang.com/136548.html。

排放问题的复函》(环办环评函〔2018〕1038号)进一步明确了上述标准,在满足条件时,生活垃圾焚烧发电项目渗滤液、车辆清洗废水通过密闭输送方式送至采用二级处理方式的城市污水处理厂处理不属于"采取其他规避监管的方式排放水污染物"的行为。

生态环境部办公厅
关于生活垃圾焚烧发电生产废水排放问题的复函

环办环评函〔2018〕1038号

天津市环境保护局:

你局《关于生活垃圾焚烧发电生产废水排放问题的请示》(津环保环评报〔2018〕95号)收悉。经研究,函复如下:

《生活垃圾焚烧污染控制标准》(GB 18485 - 2014)规定,生活垃圾渗滤液和车辆清洗废水应收集并在生活垃圾焚烧厂内处理或送至生活垃圾填埋场渗滤液处理设施处理。若通过污水管网或采用密闭输送方式送至采用二级处理方式的城市污水处理厂处理,应满足以下条件:(1)在生活垃圾焚烧厂内处理后,总汞、总镉、总铬、六价铬、总砷、总铅等污染物浓度达到《生活垃圾填埋场污染控制标准》(GB 16889)表2规定的浓度限值要求;(2)城市二级污水处理厂每日处理生活垃圾渗滤液和车辆清洗废水总量不超过污水处理量的0.5%;(3)城市二级污水处理厂应设置生活垃圾渗滤液和车辆清洗废水专用调节池,将其均匀注入生化处理单元;(4)不影响城市二级污水处理厂的污水处理效果。

来文所述"生活垃圾焚烧发电项目渗滤液、车辆清洗废水通过密闭输送方式送至采用二级处理方式的城市污水处理厂处理",在满足GB 18485标准限定条件的前提下,不属于"采取其他规避监管的方式排放水污染物"的行为。

特此函复。

生态环境部办公厅

2018年9月22日

生态环境部复函中仅发布"生活垃圾焚烧发电厂"渗滤液的处理方式,而未包含"生活垃圾填埋场"渗滤液,填埋场渗滤液与焚烧厂渗滤液适用不同的处理标准,填埋场应当适用《生活垃圾填埋场污染控制标准》(GB 16889 - 2008)。生活垃圾填埋场应自行处理生活垃圾渗滤液并在符合《生活垃圾填埋场污染控制标准》(GB 16889－2008)后方可排放。

二、垃圾填埋恶臭处理问题

垃圾填埋气体是生活垃圾填埋后,在填埋场内被微生物分解,产生的以甲烷和二氧化碳为主要成分的混合气体,这些气体容易引发爆炸事故。1996年8月1日在湖南省岳阳市的一座约2万立方米的垃圾堆发生爆炸的事件正是说明了这点。爆炸产生的冲击波将1.5万吨垃圾抛向高空,摧毁了垃圾场外20～40米处的一座泵房和两道污水大堤。

此外,填埋气中含有的其他气体不仅有臭味(如硫化氢、硫醇等),且含有对人体有害(如苯、甲苯等)的成分。这些气体的任意排放、不达标处理的排放会对人体健康造成危害,并且严重影响大气质量,导致大气污染。

关于大气污染排放标准,在垃圾填埋气体这一方面主要颁布了《生活垃圾填埋污染控制标准》(GB 16889－2008)、《恶臭污染物排放标准》(GB 14554－93)、《生活垃圾填埋场环境监测技术要求》(GB/T 18772－2008)等标准。填埋场排放(包括泄漏和无组织排放)的恶臭污染物,在排污单位边界上规定监测点(无其他因素干扰)的最大一次监测值(包括臭气浓度)都必须低于或等于恶臭污染物厂界标准值。垃圾填埋气体的排放应当严格按照标准处理排放。

2014年3月1日起实施的《生活垃圾卫生填埋处理技术规范》(GB 50869－2013)对生活垃圾卫生填埋处理工程的选址、设计、施工、验收和作业管理,作出了具体的规定,垃圾填埋场应认真遵守。

三、垃圾填埋新出路

2016年12月1日,财政部、国家税务总局、国家发展和改革委员会《关于垃圾填埋沼气发电列入〈环境保护、节能节水项目企业所得税优惠目录(试行)〉的通知》中,对有关问题作如下通知:将垃圾填埋沼气发电项目列入财政部、国家税务总局、国家发展和改革委员会《关于公布环境保护节能节水项目企业所得税优惠目录(试行)的通知》(财税〔2009〕166号)规定的"沼气综合开发利用"范围。企业从事垃圾填埋沼气发电项目取得的所得,符合《环境保护、节能节水项目企业所得税优惠目录(试行)》规定优惠政策条件的,可依照规定享受企业所得税优惠。这在很大程度上说明了国家鼓励支持垃圾填埋企业,同时在政策上对垃圾填埋企业进行垃圾填埋发电项目予以大力支持。

案例7-3　老港,昔日垃圾填埋场摇身变生态环保基地①

上海老港垃圾填埋场作为上海生活垃圾处置的托底保障,也是全国最大的垃圾处置设施,1989年投入运营。过去,很多人提到老港,印象中都是又脏又臭的垃圾。最早建成的1~3期垃圾填埋场发出的恶臭让周边居民颇有怨言,土地受污染、环境承载力饱和等问题长期存在。但是,2012年上海老港垃圾填埋气发电项目正式并网,标志着这一上海生活垃圾处理处置的重要基地,逐渐由单一的无害化处理基地向资源回收和循环利用的固废基地转变,取得了显著成果。如今,得益于老百姓的建言献策、垃圾分类理念的普及和垃圾处置技术的提升,这里已经摇身一变,成为国内规模最大的无害化、资源化、生态型废弃物处置基地。老港生物能源再利用中心(一期)是上海市规模最大的湿垃圾处理中心,处理规模达到1000吨/天,其中厨余垃圾的处理量为600吨/天,餐饮垃圾的处理量为400吨/天。老港生物能源再利用中心(二期)项目建成后,二期的湿垃圾处置能力将达到2000吨每天。规划设计中还加入沼气预处理功能,有利于进一步创造经济效益与生态效益。

我国垃圾有机物含量较高,尤其是在厨余垃圾中,生物降解组分比例较高,产气速度快,稳定时间比较短,非常适合填埋场气体利用技术,也有利于垃圾填埋场的快速稳定。采用先进技术开展垃圾填埋气体的收集利用,不但可以有效避免因无序迁移和排放带来的危害,而且可以化害为利,将污染环境的气体作为可再生资源转化成清洁能源,并对遏制地球气候变暖的趋势做出重要贡献。从国家导向来看,在垃圾填埋方面,我国正在不断予以政策导向和政策支持,从而更好地实现环境保护和清洁生产。

---

① 洪焕铨:《老港,昔日垃圾填埋场摇身变生态环保基地》,载腾讯网,https://new.qq.com/rain/a/20201211A0FTYW00。

第五节　危险废物经营单位

危险废物(含医疗废物)具有腐蚀性、毒性、易燃性、反应性和感染性等危险特性,随意倾倒或利用处置不当会严重危害人体健康,甚至对生态环境造成难以恢复的损害。加强危险废物污染防治,是改善水、大气和土壤环境质量,防范环境风险,维护人体健康的重要保障,是深化环境保护工作的必然要求。

由于社会逐渐认识到危险废物处理对保护环境的重要性,因此危险废物经营单位的发展和规范化管理成为了政府、企业和公众关注的话题。在《"十二五"危险废物污染防治规划》以及"十三五"多个省市的危险废物规划中都提到无证处理危险废物或超出危险废物许可证的规定范围处理危险废物的问题屡禁不止,因此国家一直在加大力度对这方面进行监督和管理,各省市生态环境局也加强了对这种行为的处罚力度。危险废物处理企业为了在经营过程中守法合规,需要了解一些重要的制度和法律法规,以免在日后运营过程中产生不必要的损失和处罚。

这一节主要是结合案例和行政机关的一些处罚行为来分析危险废物经营单位经营过程中在环境这一方面应该注意的法律问题。

一、危险废物环境许可制度

《固体废物污染环境防治法》第 80 条规定"从事收集、贮存、利用、处置危险废物经营活动的单位,应当按照国家有关规定申请取得许可证",由国务院制定许可证的具体管理办法,并规定禁止无许可证或者未按照许可证规定从事危险废物收集、贮存、利用、处置的经营活动,禁止将危险废物提供或者委托给无许可证的单位或者其他生产经营者从事收集、贮存、利用、处置活动。

现行的《危险废物经营许可证管理办法》于 2004 年 5 月 30 日国务院令第 408 号公布,2013 年 12 月 7 日国务院《关于修改部分行政法规的决定》第一次修正,2016 年 2 月 6 日国务院《关于修改部分行政法规的决定》第二次修正。

2020 年 6 月,生态环境部发布《关于公开征求〈危险废物环境许可证管理办法(修订草案)〉(征求意见稿)意见的通知》,该修订草案完善了危险废物环境许可范围、发证层级和许可条件，将危险废物利用经营活动纳入危险废物综合许可证范围，变更“危险废物经营许可证”为“危险废物环境许可证”，与《土壤污染防治法》相衔接，规定危险废物环境许可证持有单位终止从事收集、贮存、利用、处置危险废物活动时，除应当依法对设施、场所采取污染防治措施外，也要依法对用地采取相应的污染防治措施。在新的许可证申领办法出台之前，危险废物经营许可证申领及变更仍按照《危险废物经营许可证管理办法》的内容执行。

二、危险废物经营单位法律风险及其防范

在危险废物环境许可管理方面，危险废物经营单位容易出现的问题集中在五个方面。

1. 实际经营危险废物种类超过许可类别

危险废物经营许可证按照经营方式，分为危险废物收集、贮存、处置综合经营许可证和危险废物收集经营许可证。领取危险废物综合经营许可证的单位，可以从事各类别危险废物的收集、贮存、处置经营活动；领取危险废物收集经营许可证的单位，只能从事机动车维修活动中产生的废矿物油和居民日常生活中产生的废镉镍电池的危险废物收集经营活动，不可以超过已申请的危险废物经营许可证的范围来经营。当增加危险废物类别和改变危险废物经营方式时，危险废物经营单位应当按照原申请程序，重新申请领取危险废物经营许可证。

2. 危险废物接收量超过核准量

危险废物经营单位应当严格遵守审批时危险废物接收量的额度，当经营的危险废物超过原批准年经营规模 20% 以上的，应当重新申请领取危险废物经营许可证。

3. 出借经营许可证

在《危险废物经营许可证管理办法》中明确规定禁止伪造、变造、转让危险废物经营许可证。根据《行政许可法》第 80 条①，出借也属于非法转让的一种情形。违法采取上述行为的，由县级以上地方人民政府环境保护主管部门收缴危险废

① 《行政许可法》第 80 条规定：“被许可人有下列行为之一的，行政机关应当依法给予行政处罚；构成犯罪的，依法追究刑事责任：(一) 涂改、倒卖、出租、出借行政许可证件，或者以其他形式非法转让行政许可的……”

物经营许可证或者由原发证机关吊销危险废物经营许可证，并处5万元以上10万元以下的罚款；构成犯罪的，依法追究刑事责任。《危险废物环境许可证管理办法（修订草案）》（征求意见稿）规定除收缴或吊销危险废物环境许可证外，还将并处罚金额提高至10万元以上100万元以下。

最高人民法院、最高人民检察院《关于办理环境污染刑事案件适用法律若干问题的解释》第7条规定，明知他人无危险废物经营许可证，向其提供或者委托其收集、贮存、利用、处置危险废物，严重污染环境的，以共同犯罪论处。

4. 危险废物运输单位资质不符合要求，或者与其签订的合同过期等

《危险废物经营许可证管理办法》第5条第2款规定申请领取危险废物收集、贮存、处置综合经营许可证，有符合国务院交通主管部门有关危险货物运输安全要求的运输工具；第6条第1款规定申请领取危险废物收集经营许可证，要有防雨、防渗的运输工具。因此危险废物经营单位在运输过程中要与有危险废物运输资质的单位合作，并及时审核其资质是否还在有效期内，以及是否在被许可的范围之内。当与运输单位的合同到期后，要及时进行续签。

案例7-4　出借危险废弃物处理资质的行为是否构成污染环境罪①

2020年，成都市龙泉驿区法院审理了一起提供危险废物经营许可资质给无资质的他人并放任其处置危险废物的污染环境案，6名被告人因犯污染环境罪，全部被判处刑罚并处罚金。

2018年9月，被告人鄢某得知成都某玻璃制造公司有危险废弃物安全处置业务。鄢某决定参与该公司的危险废弃物安全处置招标比选，并通过朋友联系到具有危险废弃物处理资质的，四川某废渣处理厂法定代表人被告人廖某，鄢某与廖某商量以四六分成为条件借用其资质，并安排儿子鄢某夏去参与投标。

廖某同意后，将危险废弃物处理资质以授权委托书的形式，委托鄢某夏作为代表参与该次危险废弃物安全处置比选竞标。次日，鄢某夏以3800元/吨处置费中标后，廖某将危险废物安全代处置协议用快递寄给了鄢某夏。最终，由鄢某夏与成都某玻璃制造公司签订了危险废物安全代处置协议。

① 曾昌文：《一人非法出借资质　六人犯污染环境罪获刑》，载《四川法治报》，http://www.sichuanpeace.gov.cn/azsf/20200611/2264069.html。

然而，廖某却没有按照协议及相关规定处理该危险废弃物。2018年10月，鄢某为了尽快处理掉这些危险废弃物，找被告人郑某联系运输车辆转移处置。郑某明知该废弃物为工业废弃物后，为了从中谋取利益，联系了被告人杨某树来转移处置。杨某树没有处理资质，却在得知该废弃物为工业废弃物的情况下，仍以6.5万元的处置费与鄢某达成了转移该废弃物的口头协议。随后，杨某树按照鄢某、郑某的要求，冒充中标协议中具有承运资质的南充市某运输公司车辆，指使被告人赖某、罗某江来处理。

赖某、罗某江二人明知污水不是生活污水后，仍驾驶吸污车将该危险废弃物转运至成都经济技术开发区某污水井并非法倾倒至下水管道中。

2018年10月2日，被告人杨某树等人在非法倾倒危险废弃物过程中，被接报的成都市龙泉驿区环境保护局工作人员现场查获。经查，两车共倾倒危险废弃物26.26吨。所倾倒的危险废弃物经生活污水下水管道流至某环保科技公司的水质净化厂项目部，经该净化厂紧急人工处理，未使危险废弃物大量流入自然环境。四川省环境监察执法局专家意见认定，以上所倾倒的废矿物油的油层属于《国家危险废物名录》废物类别中的HW08。

经查，被告鄢某、廖某、郑某、杨某树、赖某、罗某江非法倾倒3吨以上的危险废物，其行为已构成污染环境罪。本案涉犯罪结果的发生由多个环节构成，系多因一果。在共同犯罪中，鄢某、廖某、郑某、杨某树系主犯；被告人赖某、罗某江系从犯。廖某对案涉废料的具体处理不知情，系间接故意，在案件诉讼过程中认罪认罚，最终，龙泉驿区法院分别判决被告人鄢某、廖某等6人拘役、有期徒刑5个月至1年1个月不等的刑罚，并处2000元至5万元不等的罚金。

三、危险废物安全管理

2019年的响水"3·21"特别重大爆炸事故，是一起长期违法贮存危险废物导致自燃进而引发爆炸的特别重大生产安全责任事故，造成了重大的伤亡和财产损失。危险废物的安全问题越来越受到政府和公众的关注。

2021年5月，国务院办公厅发布《强化危险废物监管和利用处置能力改革实施方案》（国办函〔2021〕47号），该方案提出到2022年年底，危险废物监管体制机制进一步完善，建立安全监管与环境监管联动机制，危险废物非法转移倾倒案件高发态势得到有效遏制。并要求到2025年年底，建立健全源头严防、过程严管、后果严惩的危险废物监管体系。危险废物利用处置能力充分保障，技术和运营水平进一步提升。

该实施方案提出要落实企业主体责任。危险废物产生、收集、贮存、运输、利用、处置企业（以下简称危险废物相关企业）的主要负责人（法定代表人、实际控制人）是危险废物污染环境防治和安全生产第一责任人，严格落实危险废物污染环境防治和安全生产法律法规制度。危险废物相关企业依法及时公开危险废物污染环境防治信息，依法依规投保环境污染责任保险。特别提醒，包括《安全生产法》（2021 年修正）在内的安全生产的法律法规和标准，危险废物相关企业也应当加强学习并严格落实。

该实施方案要求各地区各部门按分工落实危险废物监管职责。发展改革、工业和信息化、生态环境、应急管理、公安、交通运输、卫生健康、住房城乡建设、海关等有关部门要落实在危险废物利用处置、污染环境防治、安全生产、运输安全以及卫生防疫等方面的监管职责。强化部门间协调沟通，形成工作合力。

在收集转运过程的安全方面，非法转移倾倒将给社会环境和人民的生活带来巨大的安全隐患。我国现在依法严厉打击各类固体废物非法转移行为，全面提升危险废物利用处置能力和全过程信息化监管水平，有效防范固体废物特别是危险废物非法转移倾倒引发的突发环境事件。

四、危险废物转移

《固体废物污染环境防治法》第 82 条规定了危险废物转移的要求。转移危险废物的，应当按照国家有关规定填写、运行危险废物电子或者纸质转移联单。跨省、自治区、直辖市转移危险废物的，应当向危险废物移出地省、自治区、直辖市人民政府生态环境主管部门申请。未经批准的，不得转移。危险废物转移管理应当全程管控、提高效率，具体办法由国务院生态环境主管部门会同国务院交通运输主管部门和公安部门制定。

2020 年 10 月，生态环境部发布《危险废物转移环境管理办法（修订草案）》（征求意见稿）。2021 年 9 月 18 日，生态环境部召开部务会议，审议并原则通过《危险废物转移管理办法》。此次修订明确了危险废物转移相关方的一般责任；更新并细化了转移联单填写和运行等过程中出现违规行为的处罚措施；明确了针对危险废物转移相关方一般责任的罚则；规定了危险废物移出人与造成环境污染和生态破坏的受托方承担连带责任等。

危险废物的产生者应根据《固体废物污染环境防治法》第 37 条的要求,对受托方的主体资格和技术能力进行核实,依法签订书面合同,在合同中约定污染防治要求。应如实填写转移联单。

危险废物承运人负责将承运的危险废物妥善地运输、交付给接受人,应核对拟承运危险废物相关信息,做到安全运输,发生突发情况应及时采取应急处置措施并向有关部门报告。危险废物接受人负责对接收的危险废物以无害化方式进行利用处置,具有核对转移联单和接受危险废物相关信息、合规利用处置、结果告知和如实记录及报告责任。

危险废物收集转运等过程也是《强化危险废物监管和利用处置能力改革实施方案》的重点内容,要求强化危险废物收集转运等过程监管,推动收集转运贮存专业化、转移运输便捷化。

危险废物环境管理是生态文明建设和生态环境保护的重要内容,对于改善环境质量、防范环境风险、维护生态环境安全、保障人体健康具有重要意义。到 2025 年年底,建立健全“源头严防、过程严管、后果严惩”的危险废物环境监管体系的目标,企业必须从自身抓好落实,做好防治措施,保障危险废物的安全合规处置。

第六节　环境污染第三方治理

环境污染第三方治理是排污者通过缴纳或按合同约定支付费用,委托环境服务公司进行污染治理的新模式。第三方治理是推进环保设施建设和运营专业化、产业化的重要途径,是促进环境服务业发展的有效措施。2014 年,国务院办公厅《关于推行环境污染第三方治理的意见》(国办发〔2014〕69 号)发布。2017 年,原环保部发布了《关于推进环境污染第三方治理的实施意见》,提出以环境污染治理“市场化、专业化、产业化”为导向,推动建立排污者付费、第三方治理与排污许可证制度有机结合的污染治理新机制,引导社会资本积极参与,不断提升治理效率和专业化水平。

一、第三方治理基本概述

1. 排污者负担原则

排污者担负污染治理主体责任，并根据污染物种类、数量和浓度，承担污染治理费用。第三方治理单位按照有关法律法规和标准以及排污单位的委托要求，承担合同约定的污染治理责任。排污者与第三方治理单位通过合同约定，建立相互督促、共同负责的市场运行机制。

2. 明确第三方治理责任

排污者承担污染治理主体责任，可依法委托第三方开展污染治理，依据与第三方治理单位签订的环境服务合同履行相应责任和义务。如果第三方治理单位在有关环境服务活动中弄虚作假，对造成的环境污染和生态破坏负有责任，除依照有关法律法规予以处罚外，还应与造成环境污染和生态破坏的其他责任者承担连带责任。

在环境污染治理公共设施和工业园区污染治理领域，政府作为第三方治理委托方时，因排污单位违反相关法律或合同规定导致环境污染，政府可依据相关法律或合同规定向排污单位追责第三方治理合同的签订和执行。

关于政府或排污单位与第三方治理单位应依据相关法律法规，参考国家发展和改革委员会、原环保部等部委联合印发的《环境污染第三方治理合同（示范文本）》签订环境服务合同，明确委托事项、治理边界、责任义务、相互监督制约措施及双方履行责任所需条件，并设立违约责任追究、仲裁调解及赔偿补偿机制。政府或排污单位可委托各方共同认可的环境检测机构对治理效果进行评估，作为合同约定的治理费用支付依据。

在污染治理设施运行方面，排污单位与第三方治理单位应确保环保设施的正常运行，不得无故停运。因改造、更新、维护、维修环保设施或其他特殊情况需暂停环保设施运行的，第三方治理单位应按照合同约定向排污单位报告。第三方治理单位应按照合同约定建立台账记录，记录环保设施运行和维护情况、在线监测数据等能够反映环保设施运行情况的必要材料。

3. 第三方治理企业的税收优惠政策

我国近几年陆续出台了一些税收优惠政策，第三方治理企业可以依法享受，如《环境保护专用设备企业所得税优惠目录（2017 年版）》、“三免三减半”。企业购买并实际使用环保专用设备，其设备投资额的10%可以从企业当年的应纳企业所得税额中抵免，但这些设备必须在目录规定的5大类19项中。

2019年3月20日召开的国务院常务会议决定，从2019年1月1日起至2021年年底止，对从事污染防治的第三方企业，减按15%的税率征收企业所得税。

二、第三方治理与委托方的责任划分

1. 委托方与第三方治理单位的责任探讨

这个问题已经在第三方治理的基本概述中提到，排污企业承担污染治理的主体责任，第三方治理企业按照有关法律法规和标准以及排污企业的委托要求，承担约定的污染治理责任。国家发展和改革委员会、原环保部、财政部、住房和城乡建设部分别于2016年、2017年发布《环境污染第三方治理示范合同》，原环保部于2017年发布《关于推进环境污染第三方治理的实施意见》，上述文件也多次就排污者、第三方治理企业之间的内部法律关系属于民事法律关系予以确认。

至此，第三方治理企业参与环境污染治理活动至少已经形成如下几层法律关系，即生态环境行政监管部门与排污者行政法律关系，排污者与第三方治理企业民事法律关系，特定情形下生态环境行政监管部门与第三方治理企业民事、行政交叉法律关系。

达标排放和环境污染治理仍然是排污企业的责任，环保部门通常将排污单位作为其环境监管的主体，而第三方治理企业与排污企业之间是一种民事合同关系，其所承担的主要是合同责任。

当排污企业存在环境污染排放等方面的违法行为时，生态环境部门通常认为排污单位（委托方）是建设单位，即环境影响评价、环保设施竣工验收、排污许可证等证照上的主体均为排污单位（委托方），通常生产设备、污染防治设施的所有权等也是排污单位，因此大多将排污单位作为环境行政处罚的对象，并主张如果属于第三方治理单位的责任的，排污单位可以在承担环境行政责任后，根据合同约定向第三方治理单位主张权利。

但是，随着第三方治理制度的广泛推行，上述做法也受到了越来越多的质疑。传统的第三方治理模式是委托方履行所有的报批手续，建设和购买了设施设备后，委托有技术能力的第三方运行。在这种情况下，第三方提供的只是劳务服务。随着实践的发展,越来越多的环境第三方治理公司采取“EPC + O”(设计、采购、施工和运营一体化模式)或者类似“合同能源管理”的方式与委托方开展合作。在这种情况下,如果仍然简单地采取一概由委托方承担行政责任的责任界定方式,已经越来越与实际不相适应。

例如,有的企业在规划阶段就通过招标或其他合适方式确定有专业技术能力和融资能力的第三方治理服务机构并签订合同,由该服务机构根据委托方的排放状况和排放要求,委托方不承担费用,第三方机构自行筹措资金并负责设计、采购设备、安装调试并运行,委托方在运行时根据合同约定每月支付费用。这种就是“EPC + O”。

“EPC + O”其实并非一个新概念,在我国国家政策文件层面,最早提及类似概念的文件是2005年年底国务院发布的《关于落实科学发展观加强环境保护的决定》(国发〔2005〕39号),文中要求“推行污染治理工程的设计、施工和运营一体化模式,鼓励排污单位委托专业化公司承担污染治理或设施运营”。此后国务院陆续出台的《关于加快发展节能环保产业的意见》(国发〔2013〕30号)、《关于加快发展生产性服务业促进产业结构调整升级的指导意见》(国发〔2014〕26号)中均提到了要在环保领域鼓励发展包括系统设计、设备成套、工程施工、调试运行、维护管理在内的环保服务总承包。在上述政策的引导下,设计、施工和运营一体化总承包模式最早开始在国内的环保领域运用,适用范围也越来越广泛。

结合现在的“碳达峰、碳中和”形势,在碳领域,“EPC + O”也越来越广泛。例如有的公司为了实现碳中和,决定要利用厂区空地、厂房屋顶等建设分布式光伏项目。但建设分布式光伏项目毕竟是个技术活,也需要一定的资金投入,很多能源企业有技术、有经验、有资金,通常也会采取类似“EPC + O”。

因此,在这种情况下,如果某些违法行为有证据证明确实是由于第三方治理单位的原因导致的(例如污染防治设施不正常运行、超标排放等),这时如果仍一味地坚持只能由环评批复上的主体或排污许可证的持有人(委托方)承担行政责任,未必妥当,与“以事实为依据,以法律为准绳”的原则不相一致。笔者在这些年提供法律服务的过程中,曾经在这方面做过许多有益的尝试,提供的法律意见和法律服务得到了相关方的认可。

2. 污染源自动监控设施运营单位的环境行政责任

原环保部《关于推进环境污染第三方治理的实施意见》指出,“第三方治理单位在有关环境服务活动中弄虚作假，对造成的环境污染和生态破坏负有责任的，除依照有关法律法规予以处罚外，还应当与造成环境污染和生态破坏的其他责任者承担连带责任”。

污染源自动监控设备的运行和维护有很高的技术要求，通常都会与专业第三方治理单位签署运行和维护协议。在《污染源自动监控设施现场监督检查办法》中明确区分了污染源自动监控设施排污企业的自运行和委托给专业化运行单位的社会化运行两种方式，将受托运营单位与排污单位并列为环境行政监管对象，并分别对排污单位和受托运营单位规定了接受现场监督检查的义务及相应的法律责任。通过总结法律规定的内容，其中受托运营的设施监督企业的义务为：

保证污染源自动监控设施正常运行。污染源自动监控设施确需拆除或者停运的，应当事先向有管辖权的监督检查机构报告，经有管辖权的监督检查机构同意后方可实施。污染源自动监控设施发生故障不能正常使用的，应当在发生故障后 12 小时内向有管辖权的监督检查机构报告，并及时检修，保证在 5 个工作日内恢复正常运行。停运期间，应当按照有关规定和技术规范，采用手工监测等方式，对污染物排放状况进行监测，并报送监测数据。

接受和配合监督检查机构的现场监督检查，并按照要求提供相关技术资料。现场检查时，运营单位应当按照环保部门的要求对污染源自动监控设施的硬件、软件进行技术测试。

受托运营单位违反上述法定义务的，应依《污染源自动监控设施现场监督检查办法》的规定承担相应的法律责任：

第一，对于不接受和配合监督检查机构的现场监督检查的，具体包括采取禁止进入、拖延时间等方式阻挠现场监督检查人员进入现场检查污染源自动监控设施的；不配合进行仪器标定等现场测试的；不按照要求提供相关技术资料和运行记录的；不如实回答现场监督检查人员询问的，依法处罚。

第二，对于不正常运行污染源自动监控设施的，诸如擅自拆除、闲置污染源自动监控设施或者未经环境保护主管部门同意，部分或者全部停运污染源自动监控设施的；污染源自动监控设施发生故障不能正常运行，不按照规定报告又不及时检修恢复正常运行的；不按照技术规范操作，导致污染源自动监控数据明显失真的；不按照技术规范操作，导致传输的污染源自动监控数据明显不一致的；不按照技术规范操作，导致排污单位生产工况、污染治理设施运行与自动监控数据相关性异常的；擅自改动污染源自动监控系统相关参数和数据的；污染源自动监控数据未通过有效性审核或者有效性审核失效的；其他人为原因造成的污染源自动监控设施不正常运行的，依《水污染防治法》第 73 条或者《大气污染防治法》第 46 条第 3 项的规定处罚。

第三，对于弄虚作假的，包括将部分或者全部污染物不经规范的排放口排放，规避污染源自动监控设施监控的；违反技术规范，通过稀释、吸附、吸收、过滤等方式处理监控样品的；不按照技术规范的要求，对仪器、试剂进行变动操作的；违反技术规范的要求，对污染源自动监控系统功能进行删除、修改、增加、干扰，造成污染源自动监控系统不能正常运行，或者对污染源自动监控系统中存储、处理或者传输的数据和应用程序进行删除、修改、增加操作的；其他欺骗现场监督检查人员，掩盖真实排污状况的，依照《水污染防治法》第 70 条或《大气污染防治法》第 46 条第 2 项的规定处罚。

第四，对于违反技术规范的要求，对污染源自动监控系统功能进行删除、修改、增加、干扰，造成污染源自动监控系统不能正常运行，或者对污染源自动监控系统中存储、处理或者传输的数据和应用程序进行删除、修改、增加的操作，构成违反治安管理行为的，由环境保护主管部门移送公安部门依法处理；涉嫌构成犯罪的，移送司法机关依《刑法》的规定追究刑事责任。

三、环境污染第三方治理的典型案例

为进一步推进环境污染第三方治理工作，推广实践经验、管理制度和有效模式，在面向全国征集环境污染第三方治理典型案例的基础上，经过评估、总结，2017 年 12 月，国家发展改革委办公厅印发环境污染第三方治理的六个典型案例。现摘录其中三个案例供参考①。

案例 7-5　中煤旭阳焦化污水第三方治理案

【概况】

河北中煤旭阳焦化有限公司原有污水处理站两座，由于系统运行不稳定，不

① 参见国家发展改革委办公厅《关于印发环境污染第三方治理典型案例（第一批）的通知》，载国家发展和改革委员会网，https://www.ndrc.gov.cn/xxgk/zcfb/tz/201712/t20171220_962625.html。

能有效达标排放。2015 年 4 月，河北协同环保科技股份有限公司与河北中煤旭阳焦化有限公司签订合同，负责该公司焦化废水处理设施第三方运营。项目位于河北中煤旭阳焦化有限公司现有厂区内，河北协同环保科技股份有限公司对原有污水处理站进行了扩建及改造，扩建后的污水处理站处理能力达到 250 立方米/小时，生化系统采用传统的 A/A-O 工艺。项目总投资 2000 万元。

【借鉴价值】

该案例的项目建设和收费机制具有一定借鉴价值。

1. 镶嵌式治理模式

该案例采用了典型的镶嵌式治理模式。第三方治理企业对焦化企业原有污水处理站的设备进行改造，并在原有的污水处理工艺基础上进行优化调节，处理后的废水全部回用。项目投入小，运营费用低于企业自运营费用。

2. 收费机制

第三方治理企业根据进水 COD 指标范围和出水指标要求，制定了差异化收费方式，按照重点污染物浓度实行阶梯处理价格。该收费机制可以为焦化企业节约费用，同时也有利于保障第三方运营企业利益。

案例 7 – 6　衡水工业新区环境污染第三方治理案

【概况】

衡水工业新区是衡水市综合环境较为敏感的区域，规模以上工业企业达到 100 家。原来各企业的污染物治理设施都由企业自己运营，部分企业技术力量不足，设施运营状况不稳定，常有排放超标现象出现。2015 年衡水工业新区决定引进第三方环境综合治理服务商，并通过招标选定了航天凯天环保科技股份有限公司负责新区环境服务以及环境污染综合整治。衡水工业新区管委会的投资公司与航天凯天环保科技股份有限公司共同投资成立衡水凯天环境工程有限公司，推进新区污染治理。

【借鉴价值】

该案例的综合整治整体打包模式及收付费机制具有一定借鉴价值。

1. 整体打包模式

衡水工业新区通过招标选定第三方，项目涵盖生活污水、工业废水、中水回用、污泥处理、废气治理、监控平台建设等工程，系统性强。第三方治理企业从源头整体统筹规划,最大限度保障环境治理效果。

2. 收付费机制

衡水工业新区管委会建立收支平台,采取差异化收费方式,通过平台向排污企业收取污水处理费,并按照绩效考核结果向衡水凯天环境工程有限公司支付运营服务费。

案例7-7 苏州工业园区污泥处置及资源化利用案

【概况】

2009年4月,法国苏伊士集团与中新苏州工业园区市政公用发展集团有限公司共同组建苏州工业园区中法环境技术有限公司,致力于园区污泥处置服务。中法环境技术有限公司负责苏州工业园区污泥处置及资源化利用项目的投资、建设和运营,园区政府负责项目的监管和评估。

该项目一期工程于2010年2月正式开工建设,2011年5月正式投产;二期工程于2015年6月开工建设,2016年7月正式投产。

【借鉴价值】

该案例的项目建设和运行模式具有一定借鉴价值。项目采用"产业协同、循环利用"的建设模式,在规划设计上体现了循环经济和可持续发展的理念。

具体做法是:(1)项目选址于苏州东吴热电有限公司厂区内,并且紧邻园区第二污水处理厂,最大限度地缩短了脱水污泥和干污泥的运输距离。(2)充分利用污水厂、污泥厂及热电厂各自的资源。污泥厂利用热电厂的余热蒸汽和污水厂产生的中水干化污水厂产生的污泥,干化后的污泥作为生物质能用于热电厂焚烧发电,产生的蒸汽冷凝水回到热电厂作为锅炉补给水循环利用,焚烧产生的灰渣作为建筑辅材;生产过程中产生的污水排回污水厂进行处理后达标排放,实现了污泥厂、污水厂与热电厂之间资源共享、协同发展。

第八章　突发环境事件合规管理

第一节　突发环境事件分级

一、突发环境事件分级

根据国务院于2014年12月29日颁布的《国家突发环境事件应急预案》中的相关规定，突发环境事件分为特别重大、重大、较大和一般四级。

1. 特别重大突发环境事件

凡符合下列情形之一的，为特别重大突发环境事件：(1)因环境污染直接导致30人以上死亡或100人以上中毒或重伤的；(2)因环境污染疏散、转移人员5万人以上的；(3)因环境污染造成直接经济损失1亿元以上的；(4)因环境污染造成区域生态功能丧失或该区域国家重点保护物种灭绝的；(5)因环境污染造成设区的市级以上城市集中式饮用水水源地取水中断的；(6)Ⅰ、Ⅱ类放射源丢失、被盗、失控并造成大范围严重辐射污染后果的；放射性同位素和射线装置失控导致3人以上急性死亡的；放射性物质泄漏，造成大范围辐射污染后果的；(7)造成重大跨国境影响的境内突发环境事件。

2. 重大突发环境事件

凡符合下列情形之一的，为重大突发环境事件：(1)因环境污染直接导致10人以上30人以下死亡或50人以上100人以下中毒或重伤的；(2)因环境污染疏散、转移人员1万人以上5万人以下的；(3)因环境污染造成直接经济损失2000万元以上1亿元以下的；(4)因环境污染造成区域生态功能部分丧失或该区域国家重点保护野生动植物种群大批死亡的；(5)因环境污染造成县级城市集中式饮用水水源地取水中断的；(6)Ⅰ、Ⅱ类放射源丢失、被盗的；放射性同位素和射线装置失控导致3人以下急性死亡或者10人以上急性重度放射病、局部器官残疾的;放射性物质泄漏,造成较大范围辐射污染后果的;(7)造成跨省级行政区域影响的突发环境事件。

3. 较大突发环境事件

凡符合下列情形之一的,为较大突发环境事件:(1)因环境污染直接导致3人以上10人以下死亡或10人以上50人以下中毒或重伤的;(2)因环境污染疏散、转移人员5000人以上1万人以下的;(3)因环境污染造成直接经济损失500万元以上2000万元以下的;(4)因环境污染造成国家重点保护的动植物物种受到破坏的;(5)因环境污染造成乡镇集中式饮用水水源地取水中断的;(6)Ⅲ类放射源丢失、被盗的;放射性同位素和射线装置失控导致10人以下急性重度放射病、局部器官残疾的;放射性物质泄漏,造成小范围辐射污染后果的;(7)造成跨设区的市级行政区域影响的突发环境事件。

4. 一般突发环境事件

凡符合下列情形之一的,为一般突发环境事件:(1)因环境污染直接导致3人以下死亡或10人以下中毒或重伤的;(2)因环境污染疏散、转移人员5000人以下的;(3)因环境污染造成直接经济损失500万元以下的;(4)因环境污染造成跨县级行政区域纠纷,引起一般性群体影响的;(5)Ⅳ、Ⅴ类放射源丢失、被盗的;放射性同位素和射线装置失控导致人员受到超过年剂量限值的照射的;放射性物质泄漏,造成厂区内或设施内局部辐射污染后果的;铀矿冶、伴生矿超标排放,造成环境辐射污染后果的;(6)对环境造成一定影响,尚未达到较大突发环境事件级别的。

二、响应分级

《国家突发环境事件应急预案》中,根据突发环境事件的严重程度和发展态势,将应急响应设定为Ⅰ级、Ⅱ级、Ⅲ级和Ⅳ级四个等级。

初判发生特别重大、重大突发环境事件,分别启动Ⅰ级、Ⅱ级应急响应,由事发地省级人民政府负责应对工作。

初判发生较大突发环境事件,启动Ⅲ级应急响应,由事发地设区的市级人民政府负责应对工作。

初判发生一般突发环境事件,启动Ⅳ级应急响应,由事发地县级人民政府负责应对工作。

突发环境事件发生在易造成重大影响的地区或重要时段时,可适当提高响应级别。应急响应启动后,可视事件损失情况及其发展趋势调整响应级别,避免响应不足或响应过度。

三、预警分级

《突发事件应对法》规定,国家建立健全突发事件预警制度。可以预警的自然灾害、事故灾难和公共卫生事件的预警级别,按照突发事件发生的紧急程度、发展势态和可能造成的危害程度分为一级、二级、三级和四级,分别用红色、橙色、黄色和蓝色标示,一级为最高级别。

发布三级、四级警报,宣布进入预警期后,县级以上地方各级人民政府应当根据即将发生的突发事件的特点和可能造成的危害,采取下列措施:(1)启动应急预案;(2)责令有关部门、专业机构、监测网点和负有特定职责的人员及时收集、报告有关信息,向社会公布反映突发事件信息的渠道,加强对突发事件发生、发展情况的监测、预报和预警工作;(3)组织有关部门和机构、专业技术人员、有关专家学者,随时对突发事件信息进行分析评估,预测发生突发事件可能性的大小、影响范围和强度以及可能发生的突发事件的级别;(4)定时向社会发布与公众有关的突发事件预测信息和分析评估结果,并对相关信息的报道工作进行管理;(5)及时按照有关规定向社会发布可能受到突发事件危害的警告,宣传避免、减轻危害的常识,公布咨询电话。

发布一级、二级警报,宣布进入预警期后,县级以上地方各级人民政府除采取上述的措施外,还应当针对即将发生的突发事件的特点和可能造成的危害,采取下列一项或者多项措施:(1)责令应急救援队伍、负有特定职责的人员进入待命状态,并动员后备人员做好参加应急救援和处置工作的准备;(2)调集应急救援所需物资、设备、工具,准备应急设施和避难场所,并确保其处于良好状态、随时可以投入正常使用;(3)加强对重点单位、重要部位和重要基础设施的安全保卫,维护社会治安秩序;(4)采取必要措施,确保交通、通信、供水、排水、供电、供气、供热等公共设施的安全和正常运行;(5)及时向社会发布有关采取特定措施避免或者减轻危害的建议、劝告;(6)转移、疏散或者撤离易受突发事件危害的人员并予以妥善安置,转移重要财产;(7)关闭或者限制使用易受突发事件危害的场所,控制或者限制容易导致危害扩大的公共场所的活动;(8)法律、法规、规章规定的其他必要的防范性、保护性措施。

第二节　环境风险评估与应急资源调查

《环境保护法》第47条第3款规定,企业事业单位应当按照国家有关规定制定突发环境事件应急预案,报环境保护主管部门和有关部门备案。

2015年1月8日,原环保部颁布《企业事业单位突发环境事件应急预案备案管理办法(试行)》。根据该管理办法,企业制定环境应急预案包括:成立环境应急预案编制组,开展环境风险评估和应急资源调查,编制环境应急预案、评审、备案,并要求定期组织演练。

一、环境风险评估

根据《企业突发环境事件风险评估指南(试行)》(环办〔2014〕34号)相关规定,企业环境风险评估,按照资料准备与环境风险识别、可能发生突发环境事件及其后果分析、现有环境风险防控和环境应急管理差距分析、制定完善环境风险防控和应急措施的实施计划、划定突发环境事件风险等级五个步骤实施。

1. 资料准备与环境风险识别

进行环境风险识别的第一步是收集相关资料,包括:(1)企业基本信息;(2)周边环境风险受体;(3)涉及环境风险物质和数量;(4)生产工艺;(5)安全生产管理;(6)环境风险单元及现有环境风险防控与应急措施;(7)现有应急资源等。

2. 可能发生的突发环境事件及其后果情景分析

收集国内外同类企业突发环境事件资料,包括年份日期、地点、装置规模、引发原因、物料泄漏量、影响范围、采取的应急措施、事件损失、事件对环境及人造成的影响等。

提出所有可能发生突发环境事件情景,包括:火灾、爆炸、泄漏等生产安全事故及可能引起的次生、衍生厂外环境污染及人员伤亡事故;环境风险防控设施失灵或非正常操作;非正常工况(如开、停车等);污染治理设施非正常运行;违法排污;停电、断水、停气等;通信或运输系统故障;各种自然灾害、极端天气或不利气象条件等。针对上述提出的每种情景进行源强分析，包括释放环境风险物质的种类、物理化学性质、最小和最大释放量、扩散范围、浓度分布、持续时间、危害程度。

根据以上分析，从地表水、地下水、土壤、大气、人口、财产乃至社会等方面考虑并给出突发环境事件对环境风险受体的影响程度和范围，包括如需要疏散的人口数量，是否影响到饮用水水源地取水，是否造成跨界影响生态敏感区生态功能，预估可能发生的突发环境事件级别等。

3. 现有环境风险防控和环境应急管理差距分析

根据前面两个步骤的分析，从环境风险管理制度，环境风险防控与应急措施，环境应急资源，历史经验教训总结，需要整改的短期、中期和长期项目内容等几个方面对现有环境风险防控与应急措施的完备性、可靠性和有效性进行分析论证，找出差距、问题，提出需要整改的短期、中期和长期项目内容。

4. 完善环境风险防控与应急措施的实施计划

针对需要整改的短期、中期和长期项目，分别制订完善环境风险防控和应急措施的实施计划。实施计划应明确环境风险管理制度、环境风险防控措施、环境应急能力建设等内容，逐项制定加强环境风险防控措施和应急管理的目标、责任人及完成时限。每完成一次实施计划，都应将计划完成情况登记建档备查。对于因外部因素致使企业不能排除或完善的情况，如环境风险受体的距离和防护等问题，应及时向所在地县级以上人民政府及其有关部门报告，并配合采取措施消除隐患。

5. 划定企业环境风险等级

完成短期、中期或长期的实施计划后，应及时修订突发环境事件应急预案，划定或重新划定企业环境风险等级，并记录等级划定过程，包括：(1)计算所涉及环境风险物质数量与其临界量比值(Q)；(2)逐项计算工艺过程与环境风险控制水平值(M)，确定工艺过程与环境风险控制水平；(3)判断企业周边环境风险受体是否符合环评及批复文件的卫生或大气防护距离要求，确定环境风险受体类型(E)；(4)确定企业环境事件风险等级，按要求表征级别。

二、应急资源调查

2019 年 3 月 1 日生态环境部办公厅印发《环境应急资源调查指南(试行)》

(环办应急〔2019〕17号),指导生态环境部门和企事业单位组织开展环境应急资源调查工作。环境应急资源调查应遵循客观、专业、可靠的原则,“客观”是指针对已经储备的资源和已经掌握的资源信息进行调查。“专业”是指重点针对环境应急时的专用资源进行调查。“可靠”是指调查过程科学、调查结论可信、资源调集可保障。一般按以下程序组织开展调查:

(1)制定调查方案。收集分析环境风险评估、应急预案、演练记录、事件处置记录和历史调查、日常管理资料,确定调查目标、对象、范围、方式、计划等,设计调查表格,明确人员和任务。

(2)安排部署调查。通过印发通知、组织培训、召开会议等形式,安排部署调查任务,使调查人员了解调查内容和时间安排,掌握调查技术路线和调查技术重点。

(3)信息采集审核。调查人员按照调查方案,采取填表调查、问卷调查、实地调查等相结合的方式收集有关信息,填写调查表格。汇总收集到的信息,通过逻辑分析、人员访谈、现场抽查等方式,查验数据的完备性、真实性、有效性。重点环境应急资源应进行现场勘查。

(4)编写调查报告。调查报告一般包括调查概要、调查过程及数据核实、调查结果与结论,并附以环境应急资源信息清单、分布图、调配流程及调查方案等必要文件。

(5)建立信息档案。汇总整理调查成果。建立包括资源清单、调查报告、管理制度在内的调查信息档案,逐步实现调查信息的结构化、数据化、信息化。

(6)调查数据更新。调查主体应当加强对环境应急资源信息的动态管理,及时更新环境应急资源信息。在评估修订环境应急预案时,应对环境应急资源情况一并进行更新。

企事业单位的调查以企事业单位内部为主,包括自储、代储、协议储备的环境应急资源。必要时也可以把能够用于环境应急的产品、原料、辅料纳入调查范围。

第三节　突发环境事件应急预案管理

在进行了环境风险评估和应急资源调查之后,应该进入应急预案的编制阶段。应急预案的编制是各类突发事故的应急基础,是开展应急救援的底线。一本完整的应急预案,有利于对突发事件做出及时的响应和处置,最大限度地减少突发事件造成的损失。以中石油吉林"11·13"爆炸事故及松花江水污染事件为例,该事件发生的间接原因就包括应急预案的缺失。

案例8-1　中石油吉林"11·13"爆炸事故及松花江水污染事件①

2005年11月13日,中国石油天然气股份有限公司吉林石化分公司(以下简称吉化分公司)双苯厂硝基苯精馏塔发生爆炸,造成8人死亡,60人受伤,直接经济损失6908万元,并引发松花江水污染事件。国务院事故及事件调查组经过深入调查、取证和分析,认定中石油吉林石化分公司双苯厂"11·13"爆炸事故和松花江水污染事件是一起特大安全生产责任事故和特别重大水污染责任事件。

爆炸事故的直接原因是:硝基苯精制岗位外操人员违反操作规程,引起进入预热器的物料突沸并发生剧烈振动,使预热器及管线的法兰松动、密封失效,空气吸入系统,由于摩擦、静电等原因,导致硝基苯精馏塔发生爆炸,并引发其他装置、设施连续爆炸。爆炸事故的主要原因是:吉化分公司及双苯厂对安全生产管理不够重视,对存在的安全隐患整改不力,安全生产管理制度存在漏洞,劳动组织管理存在缺陷。

污染事件的主要原因是:双苯厂没有事故状态下防止受污染的"清净下水"流入松花江的措施,爆炸事故发生后,未能及时采取有效措施,防止泄漏出来的部分物料和循环水及抢救事故现场消防水与残余物料的混合物流入松花江。

污染事件的间接原因是:吉化分公司及双苯厂对可能发生的事故会引发松花江水污染问题没有进行深入研究,有关应急预案有重大缺失;吉林市事故应急

---

① 《国务院对吉化爆炸事故及松花江水污染事件作出处理》,载中央人民政府网,http://www.gov.cn/ztzl/2006-11/24/content_453127.htm。

救援指挥部对水污染估计不足，重视不够，未提出防控措施和要求；中国石油天然气集团公司和股份公司对环境保护工作重视不够，对吉化分公司环保工作中存在的问题失察，对水污染估计不足，重视不够，未能及时督促采取措施；吉林市环保局没有及时向事故应急救援指挥部建议采取措施；吉林省环保局对水污染问题重视不够，没有按照有关规定全面、准确地报告水污染程度；环保总局在事件初期对可能产生的严重后果估计不足，重视不够，没有及时提出妥善处置意见。

按照事故调查"四不放过"的原则，给予中石油集团公司副总经理行政记过处分，给予吉化分公司董事长、总经理、党委书记、吉化分公司双苯厂厂长等9名企业责任人员行政撤职、行政降级、行政记大过、撤销党内职务、党内严重警告等党纪政纪处分；给予吉林省环保局局长行政记大过、党内警告处分，给予吉林市环保局局长行政警告处分。

为了吸取事故教训，国务院要求各级党、政领导干部和企业负责人要进一步增强安全生产意识和环境保护意识，提高对危险化学品安全生产以及事故引发环境污染的认识，切实加强危险化学品的安全监督管理和环境监测监管工作。要求有关部门尽快组织研究并修订石油和化工企业设计规范，限期落实事故状态下"清净下水"不得排放的措施，防止和减少事故状态下的环境污染。要结合实际情况，不断改进本地区、本部门和本单位《重大突发事件应急救援预案》中控制、消除环境污染的应急措施，坚决防范和遏制重特大生产安全事故和环境污染事件的发生。

【案件启示】

这是一起典型的特别重大的污染事故。因企业的应急预案有重大缺失，致使一个生产安全事故演变成众人瞩目的严重的突发环境事件，众多相关责任人被追究责任，教训极为深刻。

根据原环保部颁布的《企业事业单位突发环境事件应急预案备案管理办法（试行）》的相关规定，环境应急预案体现自救互救、信息报告和先期处置特点，侧重明确现场组织指挥机制、应急队伍分工、信息报告、监测预警、不同情景下的应对流程和措施、应急资源保障等内容。

一、环境应急预案的分类

根据原环保部于 2010 年 9 月 28 日颁布的《突发环境事件应急预案管理暂行办法》,企业事业单位的环境应急预案包括综合环境应急预案、专项环境应急预案和现场处置预案。

1. 综合环境应急预案

对环境风险种类较多、可能发生多种类型突发事件的,企业事业单位应当编制综合环境应急预案。综合环境应急预案应当包括本单位的应急组织机构及其职责、预案体系及响应程序、事件预防及应急保障、应急培训及预案演练等内容。

2. 专项环境应急预案

对某一种类的环境风险,企业事业单位应当根据存在的重大危险源和可能发生的突发事件类型,编制相应的专项环境应急预案。专项环境应急预案应当包括危险性分析、可能发生的事件特征、主要污染物种类、应急组织机构与职责、预防措施、应急处置程序和应急保障等内容。

3. 现场处置预案

对危险性较大的重点岗位,企业事业单位应当编制重点工作岗位的现场处置预案。现场处置预案应当包括危险性分析、可能发生的事件特征、应急处置程序、应急处置要点和注意事项等内容。

企业事业单位编制的综合环境应急预案、专项环境应急预案和现场处置预案之间应当相互协调,并与所涉及的其他应急预案相互衔接。

二、突发环境事件应急预案的编制内容

根据《突发环境事件应急预案管理暂行办法》第 6 条和第 10 条,企业的突发环境事件应急预案的内容包括:

(1)总则,包括编制目的、编制依据、适用范围和工作原则等;

(2)应急组织指挥体系与职责,包括领导机构、工作机构、地方机构或者现场指挥机构、环境应急专家组等;

(3)预防与预警机制,包括应急准备措施、环境风险隐患排查和整治措施、预警分级指标、预警发布或者解除程序、预警相应措施等;

(4)应急处置,包括应急预案启动条件、信息报告、先期处置、分级响应、指挥

与协调、信息发布、应急终止等程序和措施；

(5)后期处置，包括善后处置、调查与评估、恢复重建等；

(6)应急保障，包括人力资源保障、财力保障、物资保障、医疗卫生保障、交通运输保障、治安维护、通信保障、科技支撑等；

(7)监督管理，包括应急预案演练、宣教培训、责任与奖惩等；

(8)附则，包括名词术语、预案解释、修订情况和实施日期等；

(9)本单位的概况、周边环境状况、环境敏感点等；

(10)本单位的环境危险源情况分析，主要包括环境危险源的基本情况以及可能产生的危害后果及严重程度；

(11)应急物资储备情况，针对单位危险源数量和性质应储备的应急物资品名和基本储量等；

(12)附件，包括相关单位和人员通信录、标准化格式文本、工作流程图、应急物资储备清单等。

三、突发环境事件应急预案的备案与演练

1. 评审

企业组织专家和可能受影响的居民、单位代表对环境应急预案进行评审，开展演练进行检验。评审专家一般应包括环境应急预案涉及的相关政府管理部门人员、相关行业协会代表、具有相关领域经验的人员等。

2. 备案

根据原环保部颁布的《企业事业单位突发环境事件应急预案备案管理办法(试行)》的相关规定，企业环境应急预案应当在环境应急预案签署发布之日起20个工作日内，向企业所在地县级环境保护主管部门备案。跨县级以上行政区域的企业环境应急预案，应当向沿线或跨域涉及的县级环境保护主管部门备案。

建设单位制定的环境应急预案或者修订的企业环境应急预案，应当在建设项目投入生产或者使用前，按照要求，向建设项目所在地受理部门备案。企业环境应急预案有重大修订的，应当在发布之日起20个工作日内向原受理部门变更备案。环境应急预案个别内容进行调整、需要告知环境保护主管部门的，应当在发布之日起20个工作日内以文件形式告知原受理部门。

企业环境应急预案首次备案需提交的文件包括：(1)突发环境事件应急预案

备案表；（2）环境应急预案及编制说明的纸质文件和电子文件，环境应急预案包括环境应急预案的签署发布文件、环境应急预案文本，编制说明包括编制过程概述、重点内容说明、征求意见及采纳情况说明、评审情况说明；（3）环境风险评估报告的纸质文件和电子文件；（4）环境应急资源调查报告的纸质文件和电子文件；（5）环境应急预案评审意见的纸质文件和电子文件。

提交备案文件也可以通过信函、电子数据交换等方式进行。通过电子数据交换方式提交的，可以只提交电子文件。

企业事业单位的环境应急预案每3年至少修订一次，有下列情形之一的，企事业单位应当及时进行修订：（1）本单位生产工艺和技术发生变化的；（2）相关单位和人员发生变化或者应急组织指挥体系或职责调整的；（3）周围环境或者环境敏感点发生变化的；（4）环境应急预案依据的法律、法规、规章等发生变化的；（5）环境保护主管部门或者企业事业单位认为应当适时修订的其他情形；（6）环境保护主管部门或者企业事业单位，应当于环境应急预案修订后30日内将新修订的预案报原预案备案管理部门重新备案；预案备案部门可以根据预案修订的具体情况要求修订预案的环境保护主管部门或者企业事业单位对修订后的预案进行评估。

3. 演练

根据原环保部于2015年4月16日颁布的《突发环境事件应急管理办法》，企业事业单位应当定期开展应急演练，撰写演练评估报告，分析存在问题，根据演练情况及时修改完善应急预案，并采取便于公众知晓和查询的方式公开本单位的突发环境事件应急预案演练情况。

四、法律责任

《突发环境事件应急管理办法》第38条规定，企业事业单位有下列情形之一的，由县级以上环境保护主管部门责令改正，可以处1万元以上3万元以下罚款：（1）未按规定开展突发环境事件风险评估工作，确定风险等级的；（2）未按规定开展环境安全隐患排查治理工作，建立隐患排查治理档案的；（3）未按规定将突发环境事件应急预案备案的；（4）未按规定开展突发环境事件应急培训，如实记录培训情况的；（5）未按规定储备必要的环境应急装备和物资；（6）未按规定公开突发环境事件相关信息的。

第四节 突发环境事件应急处置

一、突发环境事件的法律责任

《环境保护法》第 47 条规定,各级人民政府及其有关部门和企业事业单位,应当依照《突发事件应对法》的规定,做好突发环境事件的风险控制、应急准备、应急处置和事后恢复等工作。企业事业单位应当按照国家有关规定制定突发环境事件应急预案,报环境保护主管部门和有关部门备案。在发生或者可能发生突发环境事件时,企业事业单位应当立即采取措施处理,及时通报可能受到危害的单位和居民,并向环境保护主管部门和有关部门报告。

《突发事件应对法》第 64 条规定,有关单位有下列情形之一的,由所在地履行统一领导职责的人民政府责令停产停业,暂扣或者吊销许可证或者营业执照,并处 5 万元以上 20 万元以下的罚款;构成违反治安管理行为的,由公安机关依法给予处罚:(1)未按规定采取预防措施,导致发生严重突发事件的;(2)未及时消除已发现的可能引发突发事件的隐患,导致发生严重突发事件的;(3)未做好应急设备、设施日常维护、检测工作,导致发生严重突发事件或者突发事件危害扩大的;(4)突发事件发生后,不及时组织开展应急救援工作,造成严重后果的。上述规定的行为,其他法律、行政法规规定由人民政府有关部门依法决定处罚的,从其规定。

《突发事件应对法》第 67 条、第 68 条还规定,单位或者个人违反本法规定,导致突发事件发生或者危害扩大,给他人人身、财产造成损害的,应当依法承担民事责任;构成犯罪的,依法追究刑事责任。

《突发环境事件应急管理办法》第 37 条第 2 款规定,较大、重大和特别重大突发环境事件发生后,企业事业单位未按要求执行停产、停排措施,继续违反法律法规规定排放污染物的,环境保护主管部门应当依法对造成污染物排放的设施、设备实施查封、扣押。

案例8-2　“3·28”伊春鹿鸣矿业尾矿库泄漏事故①

2020年3月28日13时30分左右,黑龙江省伊春市伊春鹿鸣矿业有限公司(以下简称鹿鸣矿业)尾矿库发生泄漏,造成铁力市第一水厂停止取水,伊春市、绥化市境内部分河段、农田及林地污染。事件发生后,黑龙江省人民政府启动突发环境事件应急二级响应,生态环境部、应急管理部迅速派出工作组和专家组赶赴现场,指导当地政府开展应急处置工作。

经专家核算,此次事件中尾矿库泄漏232万~245万立方米尾矿(砂水混合物)。泄漏钼总量89.39~117.53吨,其中砂相中87~115吨,水相中2.39~2.53吨。事件造成依吉密河至呼兰河约340公里河道钼浓度超标,其中依吉密河河道约115公里,呼兰河河道约225公里。3月29日21时30分,铁力市第一水厂(依吉密河水源地)受事件影响停止取水,至5月3日由铁力市第三水厂替代供水,其间约6.8万人用水因减压供水等受到一定影响。依吉密河沿岸部分农田和林地受到一定程度污染。伊吉密河及呼兰河沿线3公里范围内农村饮用水地下水源未发现钼浓度超标现象。

事故的直接原因是:经现场调查取证和检测分析论证,鹿鸣矿业尾矿库4#排水井拱板和井架工程质量达不到设计和施工规范要求,拱板发生结构破坏导致尾矿泄漏,井架在不平衡尾矿、水和冰块的压力作用下倒塌,进而导致尾矿经排水隧洞大量泄漏。

事故的间接原因是:企业未认真落实尾矿库回水隧洞工程(含排水井、拱板,下同)建设主体责任,在工程招投标、拱板制作和安装、竣工验收等方面存在违法违规行为,安全、环境风险管理和应急准备不到位,调查期间拒不提供重要材料,对事件发生负有直接责任。

经黑龙江省有关部门及有关国有企业进一步调查处理,相关责任单位和人员被严肃问责。其中,中国中铁股份有限公司对相关下属企业共43人、中国五矿集团有限公司对相关下属企业共9人予以问责。

【案件启示】

这是一起典型的泄漏事故并引发的污染环境事件。企业对可能造成污染的

---

① 《黑龙江伊春鹿鸣矿业有限公司“3·28”尾矿库泄漏次生重大突发环境事件调查报告》,载生态环境部网,http://www.mee.gov.cn/ywgz/HJyj/yjxy/202105/t20210520_833709.shtml。

环境风险估计不充分,对有关应急预案有重大缺失,最终可能造成重大的环境污染事故。同时《突发环境事件应急管理办法》规定,应急处置期间,企业事业单位应当服从统一指挥,全面、准确地提供本单位与应急处置相关的技术资料,协助维护应急现场秩序,保护与突发环境事件相关的各项证据。

二、突发环境事件发生后的应急处置与救援

2015 年原环保部发布的《突发环境事件应急管理办法》第 23 条指出,企业事业单位造成或者可能造成突发环境事件时,应当立即启动突发环境事件应急预案,采取切断或者控制污染源以及其他防止危害扩大的必要措施,及时通报可能受到危害的单位和居民,并向事发地县级以上环境保护主管部门报告,接受调查处理。应急处置期间,企业事业单位应当服从统一指挥,全面、准确地提供本单位与应急处置相关的技术资料,协助维护应急现场秩序,保护与突发环境事件相关的各项证据。第 34 条指出,企业事业单位应当按照有关规定,采取便于公众知晓和查询的方式公开本单位环境风险防范工作开展情况、突发环境事件应急预案及演练情况、突发环境事件发生及处置情况,以及落实整改要求情况等环境信息。

突发环境事件发生后,企业应根据需要,采取如下措施:

1. 现场污染处置

涉事企业事业单位或其他生产经营者要立即采取关闭、停产、封堵、围挡、喷淋、转移等措施,切断和控制污染源,防止污染蔓延扩散。做好有毒有害物质和消防废水、废液等的收集、清理和安全处置工作。当涉事企业事业单位或其他生产经营者不明时,由当地环境保护主管部门组织对污染来源开展调查,查明涉事单位,确定污染物种类和污染范围。

2. 转移安置人员

根据突发环境事件影响及事发当地的气象、地理环境、人员密集度等,建立现场警戒区域、交通管制区域和重点防护区域,确定受威胁人员疏散的方式和途径,有组织、有秩序地及时疏散转移受威胁人员和可能受影响地区居民,确保其生命安全。妥善做好转移人员安置工作,确保其有饭吃、有水喝、有衣穿、有住处和必要的医疗条件。

3. 医学救援

迅速组织当地医疗资源和力量,对伤病员进行诊断治疗,根据需要及时、安

全地将重症伤病员转运到有条件的医疗机构加强救治。指导和协助开展受污染人员的去污洗消工作，提出保护公众健康的措施建议。视情况增派医疗卫生专家和卫生应急队伍、调配急需医药物资，支持事发地医学救援工作，做好受影响人员的心理援助。

4. 应急监测

加强大气、水体、土壤等应急监测工作，根据突发环境事件的污染物种类、性质以及当地自然、社会环境状况等，明确相应的应急监测方案及监测方法，确定监测的布点和频次，调配应急监测设备、车辆，及时准确监测，为突发环境事件应急决策提供依据。

5. 信息发布和舆论引导

通过政府授权发布、发新闻稿、接受记者采访、举行新闻发布会、组织专家解读等方式，借助电视、广播、报纸、互联网等多种途径，主动、及时、准确、客观地向社会发布突发环境事件和应对工作信息，回应社会关切，澄清不实信息，正确引导社会舆论。信息发布内容包括事件原因、污染程度、影响范围、应对措施、需要公众配合采取的措施、公众防范常识和事件调查处理进展情况等。

三、突发环境事件的事后恢复与重建

1. 损害评估

突发环境事件应急响应终止后，要及时组织开展污染损害评估，并将评估结果向社会公布。评估结论作为事件调查处理、损害赔偿、环境修复和生态恢复重建的依据。

2. 事件调查

突发环境事件发生后，根据有关规定，由环境保护主管部门牵头，可会同监察机关及相关部门，组织开展事件调查，查明事件原因和性质，提出整改防范措施和处理建议。企事业单位应配合有关部门的调查工作。

3. 善后处置

事发地人民政府要及时组织制订补助、补偿、抚慰、抚恤、安置和环境恢复等善后工作方案并组织实施。保险机构要及时开展相关理赔工作。

第五节　重污染天气的应对

一、重污染天气应急预案和应急减排清单

《大气污染防治法》第 94 条规定，县级以上地方人民政府应当将重污染天气应对纳入突发事件应急管理体系。省、自治区、直辖市、设区的市人民政府以及可能发生重污染天气的县级人民政府，应当制定重污染天气应急预案，向上一级人民政府生态环境主管部门备案，并向社会公布。

《大气污染防治法》第 96 条规定，县级以上地方人民政府应当依据重污染天气的预警等级，及时启动应急预案，根据应急需要可以采取责令有关企业停产或者限产、限制部分机动车行驶、禁止燃放烟花爆竹、停止工地土石方作业和建筑物拆除施工、停止露天烧烤、停止幼儿园和学校组织的户外活动、组织开展人工影响天气作业等应急措施。

为进一步优化重污染天气应急减排清单的科学性、针对性、有效性和可操作性，生态环境部办公厅 2019 年 7 月发布《关于印送〈关于加强重污染天气应对夯实应急减排措施的指导意见〉的函》（环办大气〔2019〕648 号）。

该指导意见指出，要针对重点区域、重点领域，在重点时段对不同环保绩效水平的工业企业，采取更加精准、更加科学的差异化应急减排措施，有利于增强企业预期，提前有序调整生产，减少对正常生产经营的影响。同时，也有利于鼓励“先进”、鞭策“后进”，推动企业绿色发展，促进全行业提标改造升级转型。

该指导意见进一步明确了应急预案修订的基本原则：（1）坚持底线思维有效应对；（2）坚持突出重点精准减排；（3）坚持绩效分级差异管控；（4）坚持措施可行有据可查。

该指导意见指出，黄色、橙色、红色预警分别对应Ⅲ级、Ⅱ级、Ⅰ级应急响应，二氧化硫、氮氧化物、颗粒物和挥发性有机物的减排比例在Ⅲ级、Ⅱ级、Ⅰ级应急响应期间，应分别达到全社会排放量占比的 10%、20% 和 30%。

该函件的附件《重污染天气重点行业应急减排措施制定技术指南》，用以指导重点区域各有关地方编制和修订重污染天气应急预案和制定重点行业应急减

排措施。

该技术指南将企业根据其生产工艺、污染治理设施等不同分为 A 级、B 级和 C 级三类。重污染天气期间，对于 A 级企业，鼓励结合实际，自主采取减排措施；对于 B 级企业，要求采取部分停产等措施；对于 C 级企业，限产停产的措施则更加严格。

该技术指南涉及钢铁、有色、化工、焦化、铸造、建材、其他等 7 大类，包括长流程联合钢铁、短流程钢铁、铁合金、焦化、氧化铝、电解铝、炭素、铜冶炼、铅锌冶炼、再生铜铝铅锌、水泥、砖瓦窑、陶瓷、耐火材料、玻璃、岩棉、石灰窑、铸造、炼油与石油化工、煤制氮肥、制药、农药、涂料、油墨、家具、包装印刷、人造板、塑料、橡胶、工业涂装和工业锅炉等 31 个行业，简要列举了每个行业的适用范围、生产工艺、产排污环节、减排措施和核查方式等内容，并对钢铁、焦化、氧化铝、电解铝、炭素、铜冶炼、陶瓷、玻璃、石灰窑、铸造、炼油与石油化工、制药、农药、涂料、油墨等 15 个行业进行了绩效分级，制定差异化减排措施。

各省市均根据要求制定了相应的重污染天气应急预案，有的政府部门也制定了相应的应急预案。企业应当根据各地方人民政府和主管部门的要求，根据自身实际，制定相应的预案和应急减排清单。

二、违反重污染天气应对规定的法律责任

对于违反重污染天气应急预案的规定，应当限产停产而拒不执行的，法律法规作出了相应的规定。《大气污染防治法》第 30 条规定，企业事业单位和其他生产经营者违反法律法规规定排放大气污染物，造成或者可能造成严重大气污染，或者有关证据可能灭失或者被隐匿的，县级以上人民政府生态环境主管部门和其他负有大气环境保护监督管理职责的部门，可以对有关设施、设备、物品采取查封、扣押等行政强制措施。

一些地方性法规对违反重污染天气应急预案的，作出了进一步的规定。例如：

《上海市大气污染防治条例》第 81 条规定，对于违反重污染天气应急预案相关规定，拒不执行暂停或限制生产措施的，由市或者区生态环境部门处 2 万元以上 20 万元以下罚款；拒不执行扬尘管控措施的，由建设、交通、房屋等有关行政管理部门或城管执法部门依据各自职责处 1 万元以上 10 万元以下罚款；拒不执

行机动车管控、禁止燃放烟花爆竹措施的,由公安机关依照有关规定予以处罚。

《北京市大气污染防治条例》第91条规定,对于违反重污染天气应急预案的规定,有关排污单位拒不执行市人民政府责令停产、限产决定的,市或者区环境保护行政主管部门可以查封排污设施,处1万元以上10万元以下罚款;拒不执行停止工地土石方作业、建筑拆除施工或露天烧烤的应对措施的,由城市管理综合执法部门处1万元以上10万元以下罚款。拒不执行机动车停驶和禁止燃放烟花爆竹的应对措施的,由公安机关依据有关规定予以处罚。

生态环境部部长信箱
拒不执行重污染天气应急措施法律适用的请示的回复①

【来信】

在日常执法中发现个别企业拒不执行重污染天气应急响应措施,在法律适用中存在意见分歧,主要有以下两种:一、依据《中华人民共和国大气污染防治法》第九十九条第二项(超标或超总量排污)的规定进行处罚。(该条款在实际操作时,排污量不容易界定)。二、依据《中华人民共和国大气污染防治法》第一百二十一条第二款(拒不执行重污染天气应急措施)的规定进行处罚。(该条款没有明确执法主体,而且没有自由裁量,同时该条款中所表述的"拒不执行停止工地土石方作业或者建筑物拆除施工等重污染天气应急措施的"中是否适用于执行停产措施的工业企业)。为慎重执法,拒不执行重污染天气应急响应措施究竟适用哪个条款予以处罚,望给予解疑答复。

【回复】

一、关于企业拒不执行重污染天气应急响应措施适用法律条款问题

对个别企业拒不执行重污染天气应急响应措施采取行政处罚措施,均不适用《中华人民共和国大气污染防治法》第九十九条第二款和第一百二十一条第二款规定。第一百二十一条第二款"违反本法规定,拒不执行停止工地土石方作业或者建筑物拆除施工等重污染天气应急措施的,由县级以上地方人民政府确定的监督管理部门处一万元以上十万元以下的罚款"。此条款中的"等"字作等内理解,即只适用于"拒不执行停止工地土石方作业或者建筑物拆除施工"。违反

① 《拒不执行重污染天气应急措施法律适用的请示的回复》,载生态环境部网,http://www.mee.gov.cn/hdjl/hfhz/201801/t20180124_430247.shtml。

第九十六条第一款规定的其他违法行为,可依据《中华人民共和国大气污染防治法》其他条款实施处罚。

二、关于企业拒不执行重污染天气应急响应措施可依法对其采取行政强制措施

《中华人民共和国大气污染防治法》第三十条对企业违法排污行为执行强制性措施作了规定,即"企业事业单位和其他生产经营者违反法律法规规定排放大气污染物,造成或者可能造成严重大气污染,或者有关证据可能灭失或者被隐匿的,县级以上人民政府环境保护主管部门和其他负有大气环境保护监督管理职责的部门,可以对有关设施、设备、物品采取查封、扣押等行政强制措施"。县级以上地方人民政府启动重污染天气应急响应,责令有关企业停产或者限产,是依据《中华人民共和国大气污染防治法》第九十六条第一款实施。拒不执行应急措施,包括企业拒不执行停产或者限产应急措施,属于违反《中华人民共和国大气污染防治法》的行为,可按照《中华人民共和国大气污染防治法》第三十条规定实施查封、扣押。

绿色发展篇

党的十八大明确提出大力推进生态文明建设，努力建设美丽中国，实现中华民族永续发展。十八大以来，"绿水青山就是金山银山"理念深入人心，生态文明顶层设计和制度体系建设加快推进，污染治理强力推进，绿色发展成效明显，生态环境质量持续改善，一幅美丽中国新画卷正徐徐展开。

气候变化是人类21世纪面临的最大挑战，威胁着人类健康与可持续发展。2020年9月22日，习近平主席在第七十五届联合国大会一般性辩论上宣布："中国将提高国家自主贡献力度，采取更加有力的政策和措施，二氧化碳排放力争于2030年前达到峰值，努力争取2060年前实现碳中和。"绿色低碳发展，必将成为新时代的主旋律。

第九章　气候变化应对与碳排放管理

第一节　气候变化应对的国际合作和国内政策进展

一、应对气候变化的国际合作

气候变化是21世纪人类发展面临的最不确定的重大挑战，其规模之大、范围之广、影响之深史无前例。近百年来，许多观测资料表明，地球气候正经历着以全球变暖为主要特征的显著变化，而中国的气候变化趋势与全球的总趋势基本一致。气候变化导致冰川和积雪融化加速，引起海平面上升，水资源分布失衡，生物多样性受到威胁，灾害性气候事件频发。气候变化对农、林、牧、渔等经济社会活动产生不利影响，加剧疾病传播，威胁经济社会发展和人体健康。这一系列极具破坏力的现象，可能给社会生活和经济增长造成巨大损失，进而引发生存危机和金融领域的动荡及风险的“绿天鹅”事件。各国携手应对气候变化，共同推进绿色、低碳发展已成为当今世界的主流。

为提供有关气候变化的科学技术和社会经济认知状况、气候变化原因、潜在影响和应对策略的综合评估，联合国环境规划署（United Nations Environment Programme，UNEP）和世界气象组织（World Meteorological Organization，WMO）于1988年共同组建了政府间气候变化专门委员会（Intergovernmental Panel on Climate Change，IPCC），每六年左右IPCC就会编写出有关气候变化的综合评估报告，目前IPCC正处于第六个评估周期。IPCC第三次评估报告指出，近50年的全球气候变暖主要是由人类活动大量排放的二氧化碳、甲烷、氧化亚氮等温室气体的增温效应造成的。控制和降低以二氧化碳为主的温室气体的排放，对于应对全球气候变化至关重要。

根据IPCC的研究成果，1992年联合国环境与发展大会通过了《联合国气候变化框架公约》(United Nations Framework Convention on Climate Change, UNFCCC),确立了应对气候变化的最终目标、国际合作应对气候变化的基本原则,主要包括“共同但有区别的责任”原则、公平原则、各自能力原则和可持续发展原则等,该公约成为第一个应对气候变化的国际法文件。

IPCC 于 1995 年第二次气候变化科学评估报告中提出了《气候变化的影响、适应和减缓:科学技术分析》。1997 年 12 月在日本京都由联合国气候变化框架公约参加国三次会议通过的《京都议定书》(Kyoto Protocol),规定发达国家从 2005 年开始承担减少碳排放量的义务,而发展中国家则从 2012 年开始承担减排义务。相比 1900 年,工业化国家在 2008 ~2010 年内应将其以二氧化碳为主的六种温室气体的总排放量至少减少 5.2%。同时规定,包括中国和印度在内的发展中国家可自愿制定削减排放量目标。2005 年 2 月 16 日,《京都议定书》正式生效。这是人类历史上首次以法规的形式来限制温室气体排放。

2015 年 12 月 12 日在第二十一届联合国气候变化大会(巴黎气候大会)上通过《巴黎协定》(The Paris Agreement),这是继 1992 年《联合国气候变化框架公约》和 1997 年《京都议定书》之后又一个里程碑式的法律文本。《巴黎协定》共 29 条,当中包括目标、减缓、适应、损失损害、资金、技术、能力建设、透明度、全球盘点等内容。《巴黎协定》的长期目标是将全球平均气温较前工业化时期上升幅度控制在 2 摄氏度以内,并努力将温度上升幅度限制在 1.5 摄氏度以内。只有全球尽快实现温室气体排放达到峰值,21 世纪下半叶实现温室气体净零排放,才能降低气候变化给地球带来的生态风险以及给人类带来的生存危机。

《巴黎协定》制定了“只进不退”的棘齿锁定(Ratchet)机制。各国提出的行动目标建立在不断进步的基础上,建立从 2023 年开始每 5 年对各国行动的效果进行定期评估的约束机制。《巴黎协定》要求建立针对国家自主贡献(Intended Nationally Determined Contributions, INDC)机制、资金机制、可持续性机制(市场机制)等完整、透明的运作和公开透明机制促进其执行。所有国家(包括欧美、中印)都将遵循“衡量、报告和核实”的同一体系,但会根据发展中国家的能力灵活进行。自《巴黎协定》签订以来,全球已经有 100 多个国家提出了碳达峰和碳中和的目标。

二、我国气候变化应对的战略和政策体系进展

1. 我国应对气候变化战略与政策

中国是遭受气候变化不利影响最为严重的国家之一。积极应对气候变化，努力控制温室气体排放，提高适应气候变化的能力，不仅是中国保障经济安全、能源安全、生态安全、粮食安全以及人民生命财产安全，实现可持续发展的内在要求，也是深度参与全球治理、打造人类命运共同体、推动全人类共同发展的责任担当。中国政府采取了一系列与应对气候变化相关的政策和措施，为减缓和适应气候变化做出了积极的贡献。

中国早在1994年就制定和发布了可持续发展战略《中国21世纪议程——中国21世纪人口、环境与发展白皮书》，并于1996年首次将可持续发展作为经济社会发展的重要指导方针和战略目标，2003年中国政府又制定了《中国21世纪初可持续发展行动纲要》。2006年，中国提出了2010年单位国内生产总值能耗比2005年下降20%左右的约束性指标，2007年在发展中国家中第一个制定并实施了《中国应对气候变化国家方案》，2009年在国务院常务会议上，还确定了到2020年单位国内生产总值温室气体排放比2005年下降40%～45%的行动目标。

近十年来，国务院先后制定了《"十二五"节能减排综合性工作方案》《"十二五"控制温室气体排放工作方案》《节能减排"十二五"规划》《"十三五"节能减排综合工作方案》等，建立了温室气体排放目标分解落实考核机制。我国从"十二五"中后期开始，每年开展省级碳强度下降目标考核工作。在这套工作机制保障下，2019年碳排放强度比2005年降低48.1%，提前实现了碳排放强度下降40%～45%的目标。

2013年国家发展和改革委员会、财政部、住房和城乡建设部发布《国家适应气候变化战略》、2014年国务院发布《2014—2015年节能减排低碳发展行动方案》和《国家应对气候变化规划(2014—2020年)》。2015年我国向联合国提交了《强化应对气候变化行动——中国国家自主贡献》，提出了包括二氧化碳排放达峰在内的国家自主贡献目标，同时提出中国对2015年协议谈判的意见，以推动巴黎会议取得圆满成功。2015年9月中美两国发表《中美元首气候变化联合声明》。

2020年9月22日，习近平主席在第七十五届联合国大会一般性辩论上宣布："中国将提高国家自主贡献力度，采取更加有力的政策和措施，二氧化碳排放力争于2030年前达到峰值，努力争取2060年前实现碳中和。"2020年12月12日，习近平主席在北京气候雄心峰会上进一步宣布，到2030年，中国单位国内生产总值二氧化碳排放将比2005年下降65%以上，非化石能源占一次能源消费比重将达到25%左右，森林蓄积量将比2005年增加60亿立方米，风电、太阳能发电总装机容量将达到12亿千瓦以上。

2021年10月，中国碳达峰、碳中和"1+N"政策体系中最重要的两个政策文件先后发布。2021年10月24日，中共中央、国务院《关于完整准确全面贯彻新发展理念做好碳达峰、碳中和工作的意见》公布。这就是双碳政策中最重要的"1"，是党中央对碳达峰、碳中和工作进行的系统谋划和总体部署，覆盖碳达峰、碳中和两个阶段，是管总管长远的顶层设计。

该意见指出，实现碳达峰、碳中和，是以习近平同志为核心的党中央统筹国内国际两个大局作出的重大战略决策，是着力解决资源环境约束突出问题、实现中华民族永续发展的必然选择，是构建人类命运共同体的庄严承诺。要把碳达峰、碳中和纳入经济社会发展全局，以经济社会发展全面绿色转型为引领，以能源绿色低碳发展为关键，加快形成节约资源和保护环境的产业结构、生产方式、生活方式、空间格局，坚定不移走生态优先、绿色低碳的高质量发展道路，确保如期实现碳达峰、碳中和。

2021年10月26日，国务院《关于印发2030年前碳达峰行动方案的通知》公布。该方案围绕贯彻落实党中央、国务院关于碳达峰、碳中和的重大战略决策，按照《关于完整准确全面贯彻新发展理念做好碳达峰碳中和工作的意见》的工作要求，聚焦2030年前碳达峰目标，对推进碳达峰工作作出总体部署。该方案要求，将碳达峰贯穿于经济社会发展全过程和各方面，重点实施能源绿色低碳转型行动、节能降碳增效行动、工业领域碳达峰行动、城乡建设碳达峰行动、交通运输绿色低碳行动、循环经济助力降碳行动、绿色低碳科技创新行动、碳汇能力巩固提升行动、绿色低碳全民行动、各地区梯次有序碳达峰行动等"碳达峰十大行动"，并就开展国际合作和加强政策保障作出相应部署。

2. 我国应对气候变化的立法进展

国内现行的法律中有30多部法律与气候变化相关，由于温室气体并不等同于大气污染物,所以环境污染的法律不适用于温室气体排放。因此,需要一部综合性的法律来确定应对气候变化管理的体制和机制,同时确定社会各方在应对气候变化中的权责关系,不仅对全国应对气候变化工作和地方气候变化立法发挥指导作用,同时也对相关法律法规中涉及气候变化的规定具有统领作用。

2009 年 8 月全国人大常委会发布《关于积极应对气候变化的决议》,提出要研究气候立法的问题,此后生态环境主管部门也在推动。2013 年,应对气候变化法律起草工作领导小组宣告成立,《应对气候变化法(草案)》起草工作开始提上日程,并起草提交给相关部门征求意见,主要内容是确立应对气候变化的原则、主要制度和措施、法律责任等。2016 年,《应对气候变化法》被列入了《国务院 2016 年立法工作计划》中,作为研究项目。

2021 年 4 月 27 日在国务院新闻办公室举行的吹风会上,生态环境部应对气候变化司负责人介绍,碳达峰、碳中和工作是一个经济社会系统性变革,也是一个长期的过程,需要有专门的应对气候变化法作为支撑。新的立法当中还需更好地考虑应对气候变化的减缓和适应要求,从建立法律体系的角度考虑立法的问题。

第二节　碳排放权交易

一、国际碳排放权交易简介

碳排放权交易可通过总量控制和碳价格机制,形成对碳减排的约束和激励机制,有利于引导各类市场主体主动减排。作为控制温室气体排放的一种市场化手段,相对于行政手段具有全社会减排成本较低、能够为企业减排提供灵活选择等优势。为碳排放权定价、构建碳交易市场,已成为国际社会促进低碳发展和技术创新的关键政策手段。

1997 年《京都议定书》首次提出把市场机制作为解决温室气体减排问题的新路径。为了促进各国完成温室气体减排目标,《京都议定书》允许采取以下四种减排方式:(1)两个发达国家之间可以进行碳排放额度买卖的排放权交易(IET),即难以完成削减任务的国家,可以花钱从超额完成任务的国家买进超出的额度;(2)以“净排放量”计算温室气体排放量,即从本国实际排放量中扣除森林所吸收的二氧化碳的数量;(3)可以采用清洁发展(绿色开发)机制(CDM),促使发达国家和发展中国家共同减排温室气体;(4)可以采用“集团方式”(JI),即欧盟内部的许多国家可视为一个整体,采取有的国家削减、有的国家增加的方法,在总体上完成减排任务。《京都议定书》通过买卖碳排放量,自上而下创建一个全球化的二氧化碳市场。

2005年欧盟启动全球首个碳交易市场,包括所有成员国以及挪威、冰岛和列支敦士登,覆盖该区域约45%的温室气体排放,涉及超过1.1万家高耗能企业及航空运营商①。目前,国际碳市场规模不断扩大,国际碳行动伙伴组织最新发布的《2021年度全球碳市场进展报告》指出,全球已建成的碳交易系统(ETS)达24个,22个国家和地区正在考虑或积极开发碳交易系统。目前碳市场覆盖全球16%的排放量、近1/3的人口和54%的全球国内生产总值。碳市场建设将极大助力实现应对气候变化《巴黎协定》目标。

二、我国碳排放市场建设进展

2011年,国家发展和改革委员会办公厅发布《关于开展碳排放权交易试点工作的通知》,决定在北京市、天津市、上海市、重庆市、湖北省、广东省及深圳市共7个省(市)开展碳排放权交易试点,在42个省(市)开展低碳试点,探索符合中国国情的低碳发展新模式。

自2013年6月起,深圳市、上海市、北京市、广东省、天津市、湖北省、重庆市相继启动了碳排放权交易试点工作。截至2021年3月,我国碳排放权交易共覆盖20多个行业、近3000家重点排放企业,累计覆盖4.4亿吨碳排放量,累计成交金额约104.7亿元,是全球覆盖二氧化碳排放量规模最大的碳市场。

2016年,国家发展和改革委员会办公厅发布《关于切实做好全国碳排放权交易市场启动重点工作的通知》,要求做好相关准备工作,全国碳排放权交易市场第一阶段将涵盖石化、化工、建材、钢铁、有色、造纸、电力、航空等重点排放行业。

2017年国家发展和改革委员会印发《全国碳排放权交易市场建设方案(发

① 参见方莹馨等:《全球碳排放权交易市场建设不断加快》,载《人民日报》2021年4月23日,第16版。

电行业)》,全国碳排放权交易体系正式启动。全国碳市场启动初期将以电力行业(纯发电和热电联产)为突破口,后续石化、化工、建材、钢铁等重要行业将逐步纳入。各地按照部署开展了碳排放历史数据报送与核查,推进全国碳市场相关能力建设,针对重点排放单位和第三方核查机构开展了人员培训。

2019 年 12 月 16 日,国家财政部发布了《碳排放权交易有关会计处理暂行规定》,为构建全国统一的碳排放权交易市场奠定了基础。

2020 年 12 月,生态环境部印发《2019—2020 年全国碳排放权交易配额总量设定与分配实施方案(发电行业)》,明确了纳入配额管理的机组类别、配额分配方法等内容,并汇总形成了《纳入 2019—2020 年全国碳排放权交易配额管理的重点排放单位名单》。

2020 年 12 月 31 日,生态环境部发布《碳排放权交易管理办法(试行)》(生态环境部令第 19 号),自 2021 年 2 月 1 日起施行。该管理办法明确规定,生态环境部按照国家有关规定,组织建立全国碳排放权注册登记机构和全国碳排放权交易机构,组织建设全国碳排放权注册登记系统和全国碳排放权交易系统。

该管理办法中明确,温室气体是指大气中吸收和重新放出红外辐射的自然和人为的气态成分,包括二氧化碳(CO_2)、甲烷(CH_4)、氧化亚氮(N_2O)、氢氟碳化物(HFCs)、全氟化碳(PFCs)、六氟化硫(SF_6)和三氟化氮(NF_3)。

从"十四五"开始,生态环境保护部门将协同推进污染防治与应对气候变化"双轨制"。2021 年 1 月,生态环境部发布《关于统筹和加强应对气候变化与生态环境保护相关工作的指导意见》,从战略规划、政策法规、制度体系、试点示范、国际合作等 5 个方面,围绕落实二氧化碳排放达峰目标与碳中和愿景,建立健全统筹融合、协同高效的工作体系,推进应对气候变化与生态环境保护相关工作统一谋划、统一布置,统一实施、统一检查。

全国碳交易市场于 2021 年 7 月正式上线交易。根据专家预测,全国碳市场启动后,覆盖排放量超过 40 亿吨,将成为全球覆盖温室气体排放量规模最大的碳交易市场。

三、《碳排放权交易管理暂行条例(草案修改稿)》

2021 年 3 月 30 日,生态环境部办公厅发布《关于公开征求〈碳排放权交易管理暂行条例(草案修改稿)〉意见的通知》,公开征集意见。该"草案修改稿"为推动实现二氧化碳排放达峰目标和碳中和愿景，明确了参与管理和指导全国碳排放权交易及相关活动的其他国家主管部门、全国碳排放权注册登记机构和全国碳排放权交易机构的其他国家监管部门、交易主体和核查技术服务机构的其他国家监管部门，确定建立监管信息共享和执法协作配合机制。

该“草案修改稿”提出，全国碳排放权交易市场的交易产品主要是碳排放配额，经国务院批准可以适时增加其他交易产品。该“草案修改稿”同时强化了企业责任主体，落实了具体温室气体排放数据报送和核查要求。重点排放单位对温室气体排放报告的真实性、完整性和准确性负责，并要求每年3月31日前报送温室气体排放报告，设计数据的原始记录和台账应保留至少5年。

针对重点排放单位违规清缴的，“草案修改稿”规定“处十万元以上五十万元以下的罚款”；增加“违规核查追责”“违规交易追责”“机构交易追责”“抗拒监督检查追责”相关规定，对核查机构弄虚作假、操纵碳排放权交易市场、违规进行交易、拒绝阻挠监督检查等行为，以大额罚款等处罚，对违法操纵碳排放权交易市场的，最高处罚即可在没收违法所得的同时，并处1000万元的罚款，相较于“征求意见稿”，“草案修改稿”加大了处罚力度，并从报告报送、数据记录、台账管理等方面细化了追责行为。

四、《碳排放权交易管理办法（试行）》及配套规则

在部门规章层面，我国已实施《碳排放权交易管理办法（试行）》《清洁发展机制项目运行管理暂行办法》《中国清洁发展机制基金管理办法》《温室气体自愿减排交易管理暂行办法》《节能低碳产品认证管理办法》《碳排放权交易有关会计处理暂行规定》等部门规章。

2021年，生态环境部相继实施《碳排放权交易管理办法（试行）》、《企业温室气体排放报告核查指南（试行）》、《碳排放权登记管理规则（试行）》、《碳排放权交易管理规则（试行）》和《碳排放权结算管理规则（试行）》，规定了各级生态环境主管部门和市场参与主体的责任、权利和义务，以及全国碳市场运行的关键环节和工作要求，并与温室气体核算报告、核查、碳排放权登记交易结算等方面的规范性文件，共同搭建起全国碳市场的基本制度框架。

（1）碳交易主体：重点排放单位以及符合国家有关交易规则的机构和个人，是全国碳排放权交易市场的交易主体。属于全国碳排放权交易市场覆盖行业，

年度温室气体排放量达到 2.6 万吨二氧化碳当量的单位，应当列入温室气体重点排放单位名录。

(2)交易标的：《碳排放权交易管理办法(试行)》、《碳排放权交易管理规则(试行)》和《碳排放权交易管理暂行条例(草案修改稿)》皆规定了目前全国碳市场的交易标的为碳排放配额，生态环境部按照国家有关规定或经国务院批准可以适时增加其他交易产品。

(3)碳配额分配：碳排放配额分配初期以免费分配为主，国家将根据情况适时引入有偿分配，并逐步扩大有偿分配比例。

(4)交易账户：每个交易主体只能开设一个交易账户，可以根据业务需要申请多个操作员和相应的账户操作权限。交易主体应当保证交易账户开户资料的真实、完整、准确和有效。

(5)交易模式：碳排放权交易通过全国碳排放权交易系统进行，可采取协议转让、单向竞价等交易方式。碳排放配额交易以"每吨二氧化碳当量价格"为计价单位，买卖申报量的最小变动计量为 1 吨二氧化碳当量，申报价格的最小变动计量为 0.01 元人民币。重点排放单位应根据其核查的温室气体实际排放量履行配额清缴义务。

(6)国家核证自愿减排量(CCER)市场：根据《碳排放权交易管理办法(试行)》，CCER 是指对我国境内可再生能源、林业碳汇、甲烷利用等项目的温室气体减排效果进行量化核证，并在国家温室气体自愿减排交易注册登记系统中登记的温室气体减排量。CCER 交易是碳排放权交易市场的补充形式。重点排放单位可以购买经过核证并登记的温室气体削减排放量，用于抵销其一定比例的碳排放配额清缴。

(7)交易机制：在碳排放管理及交易机制下，重点排放单位的实际排放量如超过其所分配的碳排放配额，则可通过全国碳市场购买其他重点排放单位的盈余碳排放配额；或在抵销限额内使用 CCER 抵销其碳排放配额的清缴；或承担未足额清缴的法律责任(如罚款、通报或核减下一年度配额等)。若当年碳排放配额存在盈余，则可以通过全国碳市场出售或结转至后续年度使用。

第三节 企业的碳排放管理

2021 年 1 月，17 家石油和化工企业、化工园区以及中国石油和化学工业联合会在京联合签署并共同发布《中国石油和化学工业碳达峰与碳中和宣言》。该宣言称，将努力实现从能源资源生产到化工产品制造等各个环节的低碳化，实施二氧化碳捕集、利用与封存的全产业链示范项目建设，发挥引领和带动作用，奋力打造世界领先洁净能源化工企业和园区。这是国内首例以行业名义宣示碳达峰和碳中和的决心和行动计划。除了石化行业，煤炭、钢铁、电力、汽车、环保、交通等行业近期也正在编制出台碳行动计划方案。

国内部分企业纷纷对外公布集团或企业的碳中和目标和路线图，甚至提出供应链和产品全生命周期的碳中和目标。企业需要结合所处行业，选择适合企业情况的碳减排技术，了解企业可能被纳入全国碳市场的时间表，并选择符合政策规划的碳排放战略目标。

一、温室气体排放核算与报告

温室气体排放核算与报告是开展碳排放交易的一项基础工作。企业温室气体排放核算目前主要服务于排放权市场的交易，是企业获取和清缴配额的重要依据。生产型企业首先需要完成碳排放核算工作，了解不同计算边界下碳排放的主要环节和排放量，重点排放单位则需要建立制度，对履约清缴进行管理，适时参与碳配额交易，以相对经济的方式获得可供清缴的碳排放配额。

《碳排放权交易管理办法（试行）》规定，重点排放单位应当根据生态环境部制定的温室气体排放核算与报告技术规范，编制该单位上一年度的温室气体排放报告，载明排放量，并于每年 3 月 31 日前报生产经营场所所在地的省级生态环境主管部门。

目前，国内主动开展碳排放量核算和报告的主要有两类：一是碳排放权交易试点地区已参与碳排放权交易。这部分开展碳排放量核算的动因是政府监管和市场交易的需要。二是部分外资和大型国有。这些主要是出于供应链国际合作方的要求，或是为提升社会责任形象而开展碳排放核算。其他主动要求进行碳排放核算的数量还非常少，很少因为真正感受到减排压力而进行碳排放核算。从已发布的碳排放核算的信息质量看，也呈现核算范围界定不清、核算方法不一致、报告格式不统一等问题。

在企业温室气体核算与报告方面，在对温室气体排放进行核算时，当前的方法大致可以分为两类：一类是对于地区边界范围内的温室气体清单编制方法；另一类是针对企业、组织等对象的温室气体核算方法。在目前的三级温室气体统计核算中，国家、地方温室气体清单的编制属于第一类，企事业单位的温室气体核算属于第二类。

温室气体核算体系（GHG Protocol，GHGP）是国际上最为广泛使用的温室气体核算工具，旨在帮助政府和企业理解、测量与管理温室气体排放。其由世界资源研究所（The World Resource Institute，WRI）和世界可持续发展工商理事会（World Business Council for Sustainable Development，WBCSD）合作开发，由四个相互独立但又相互关联的标准组成，包括：《温室气体核算：体系企业核算与报告标准》（以下简称《企业标准》）、《企业价值链（范围3）核算与报告标准》、《产品生命周期核算和报告标准》和《温室气体核算体系项目量化方法》。

《企业标准》是温室气体核算体系中最核心的标准之一，涵盖了《京都议定书》规定的六种温室气体：二氧化碳、甲烷、氧化亚氮、氢氟碳化物、全氟化碳和六氟化硫的核算和报告指导，为企业和其他组织编制温室气体排放清单提供了标准和指南。

GHGP将温室气体排放分为了三种类型，即范围1、范围2、范围3。其中范围1是直接排放，范围2和范围3是间接排放（见表9－1）。

表9－1　排放范围的定义

类型	定义
范围1	即在企业实体控制范围之内，直接控制或拥有的排放源所产生的直接排放，包括静止燃烧、移动燃烧、化学或生产过程，或无组织逸散
范围2	企业自用的外购电力所产生的间接排放，也包括蒸汽、加热、冷气等
范围3	企业在范围2以外的间接排放，包括企业供应链/价值链上下游可能产生的所有排放，如原材料的采掘、生产和运输，消费者使用产品和服务等

国家发展和改革委员会在2013年10月、2014年12月和2015年7月三批印发了24个行业的《企业温室气体核算方法与报告指南》。该指南主要包括三大

部分:核算、监测和报告。

温室气体排放的核算可采用基于计算的方法或基于测量的方法。基于计算的方法是指通过活动水平数据和相关参数之间的计算得到温室气体的排放量,主要包括排放因子法和物料平衡法。基于测量的方法是指通过相关仪器设备对温室气体的浓度或体积等进行连续测量得到温室气体排放量的方法。同一排放主体可以选用基于计算或基于测量的方法,如采用基于测量的方法,应通过基于计算的方法对其结果进行验证。

二、温室气体排放核查

在温室气体核查方面,从企业层面的具体实践上可分为两个阶段。第一个阶段是2005年以后,我国企业在参与CDM项目及自愿减排项目的过程中,按照相关要求进行的核查活动。第二个阶段是2013年我国启动排放权交易试点工作以后,相关重点排放单位进行的温室气体报告与核查,以及为开发CCER项目进行的核查。

《碳排放权交易管理办法(试行)》规定,省级生态环境主管部门应当组织开展对重点排放单位温室气体排放报告的核查,并将核查结果告知重点排放单位。核查结果应当作为重点排放单位碳排放配额清缴依据。重点排放单位对核查结果有异议的,可以自被告知核查结果之日起7个工作日内,向组织核查的省级生态环境主管部门申请复核。

国际标准化组织ISO制定了一套国际通用的温室气体核查标准ISO14064,作为一个温室气体的量化、报告与验证的实用工具,ISO14064应用于企业量化、报告和控制温室气体的排放和消除。标准共分三个部分:第一部分为组织层面对温室气体排放和清除的量化和报告规范及指南;第二部分为项目层面对温室气体减排和清除增加的量化、监测和报告规范及指南;第三部分为温室气体声明审定与核查的规范及指南。

2018年12月,国际标准化组织ISO发布ISO14064第一部分最新版ISO14064－1:2018《组织层面上对温室气体排放和清除的量化和报告的规范及指南》。修订后,温室气体排放源就变成了以下六个(见表9－2)。

表 9－2　温室气体排放源

类别	排放源
1	直接温室气体排放,如锅炉、柴油发电机
2	输入能源的间接温室气体排放,如外购电力、热力
3	运输产生的温室气体排放,如员工通勤、商旅
4	组织使用产品的间接温室气体排放,如外购原料的生产
5	与使用本组织产品相关的间接温室气体排放,如消费者使用商品
6	其他来源的间接温室气体排放,上述类型之外的排放

三、企业碳资产管理

如前所述,碳排放管理的相关法规政策,特别是上位法及行政法规还在审定当中,近期国家还将出台相关配套的政策及行动方案,并指导各部门制定相关实施细则。企业需对碳排放相关法规保持关注,并考虑建立专门的碳排放法规库,定期收集并更新法规要求。

根据《碳排放权交易管理办法(试行)》等相关法律规定的重点排放单位的义务,重点排放单位在履约过程中应认真做到以下几个方面:

首先,应制定排放监测计划并报相应的碳交易主管部门备案,并且严格按照备案的监测计划实施监测活动。

其次,应履行年度报告义务,重点排放单位应当根据生态环境部制定的温室气体排放核算与报告技术规范,编制该单位上一年度的温室气体排放报告,载明排放量,并定期公开,接受社会监督(涉及国家秘密和商业秘密的除外)。

最后,重点排放单位应每年按时向分配配额的省级生态环境主管部门清缴上年度碳排放配额,并根据配额持有情况参与碳市场交易。如企业暂时还未纳入重点排放单位的,可以关注 CCER 的立法动向。

企业在碳排放管理、核算及核查方面,都需要专业机构及人员的支持。其可以考虑自行培养相关管理人员,也可以考虑聘请外部第三方给予支持,企业管理层需对碳排放管理相关主题有初步了解,才能够对第三方的服务给出评价和反馈。

第十章　能源管理与清洁生产

第一节　节能管理

改革开放40多年来,我国的经济发展成绩令人瞩目,但产生的问题也相对集中。今天的中国存在资源消耗大、环境污染严重的问题。因此我们要坚持节约资源的基本国策,积极将节约能源放在首位,这是降低温室气体排放的根本途径。

节约能源是指加强用能管理,采取技术上可行、经济上合理以及环境和社会可以承受的措施,从能源生产到消费的各个环节,降低消耗、减少损失和污染物排放、制止浪费,有效、合理地利用能源。能源是包括煤炭、石油、天然气、生物质能、电力、热力以及其他直接或者通过加工、转换而取得有用能的各种资源。

一、节约能源法

《国民经济和社会发展第十三个五年规划纲要》设专节对“全面推进能源节约”进行了阐述,提出要“推进能源消费革命”;要“实施全民节能行动计划”,将“能源消费总量控制在50亿吨标准煤以内”。《国民经济和社会发展第十四个五年规划和2035年远景目标纲要》提出要构建现代能源体系,推进能源革命,建设清洁低碳、安全高效的能源体系,提高能源供给保障能力。

《节约能源法》最近一次修正在2018年。《节约能源法》规定,用能单位应当遵循以下规定:

(1)按照合理用能的原则,加强节能管理,制定并实施节能计划和节能技术措施,降低能源消耗。

(2)建立节能目标责任制,对节能工作取得成绩的集体、个人给予奖励。

(3)定期开展节能教育和岗位节能培训。

(4)加强能源计量管理,按照规定配备和使用经依法检定合格的能源计量器具。

(5)建立能源消费统计和能源利用状况分析制度,对各类能源的消费实行分类计量和统计,并确保能源消费统计数据真实、完整。

(6)能源生产经营单位不得向本单位职工无偿提供能源。任何单位不得对能源消费实行包费制。

(7)国家对落后的耗能过高的用能产品、设备和生产工艺实行淘汰制度。

(8)生产过程中耗能高的产品的生产单位,应当执行单位产品能耗限额标准。

(9)对高耗能的特种设备,按照国务院的规定实行节能审查和监管。

(10)国家实行强制性能源效率标准和能源效率标识管理。

根据《节约能源法》相关规定,国家加强对重点用能单位的节能管理。其中重点用能单位包括:年综合能源消费总量1万吨标准煤以上的用能单位;国务院有关部门或者省、自治区、直辖市人民政府管理节能工作的部门指定的年综合能源消费总量5000吨以上不满1万吨标准煤的用能单位。

根据该法,重点用能单位应当遵循以下要求:

(1)每年向管理节能工作的部门报送上年度的能源利用状况报告。能源利用状况包括能源消费情况、能源利用效率、节能目标完成情况和节能效益分析、节能措施等内容。

(2)设立能源管理岗位,在具有节能专业知识、实际经验以及中级以上技术职称的人员中聘任能源管理负责人,并报管理节能工作的部门和有关部门备案。

(3)管理节能工作的部门对重点用能单位报送的能源利用状况报告进行审查,并提出书面整改要求,限期整改。重点用能单位无正当理由拒不落实整改要求或者整改没有达到要求的,由管理节能工作的部门处10万元以上30万元以下罚款。

二、节能评估和审查制度

为促进固定资产投资项目科学合理利用能源,从源头上杜绝能源浪费,提高能源利用效率,加强能源消费总量管理,国家发展和改革委员会于2010年9月17日颁布《固定资产投资项目节能评估和审查暂行办法》(国家发展和改革委员会令第6号,已失效),该办法规定固定资产投资项目节能评估按照项目建成投产后年能源消费量实行分类管理。该制度自实施以来,在提高新上项目能效水平,从源头控制不合理能源消费,促进完成能耗双控目标等方面发挥了积极作用。

为推进简政放权,做好节能审查"放管服"工作,2016年11月27日,国家发展和改革委员会颁布了《固定资产投资项目节能审查办法》(国家发展和改革委员会令第44号),自2017年1月1日起施行,2010年9月17日颁布的《固定资产投资项目节能评估和审查暂行办法》同时废止。

本次修改幅度大,主要变化如下:(1)取消国家发展改革委员会节能评估和审查,由国家发展改革委员会核报国务院审批、核准或国家发展改革委员会审批、核准的固定资产投资项目,其节能审查交由地方负责。(2)企业投资项目节能审查由项目核准的前置条件,改为开工前完成即可。(3)提高需开展节能审查的项目用能量门槛,国家发展改革委员会将制定并公布免于节能审查的行业目录,大幅减少节能审查的项目数量。(4)强化事中事后监管,利用投资项目在线审批监管平台,实现全国节能审查信息动态监管;利用全国信用信息共享平台,实施违法违规信息信用管理;对地方实施节能审查情况进行定期巡查,对重大项目节能审查意见落实情况进行不定期抽查;开展节能审查意见落实情况的验收,形成节能审查闭环管理。(5)明确把能耗双控管理要求等作为节能审查的主要内容之一,发挥节能审查从源头上遏制不合理的能源消费,促进实现国家和地方能耗"双控"目标任务的作用。

具体规定如下:

(1)政府投资项目,建设单位在报送项目可行性研究报告前,需取得节能审查机关出具的节能审查意见。企业投资项目,建设单位需在开工建设前取得节能审查机关出具的节能审查意见。未按本办法规定进行节能审查,或节能审查未通过的项目,建设单位不得开工建设,已经建成的不得投入生产、使用。

(2)固定资产投资项目节能审查由地方节能审查机关负责。国家发展改革委核报国务院审批以及国家发展改革委审批的政府投资项目,建设单位在报送项目可行性研究报告前,需取得省级节能审查机关出具的节能审查意见。国家发展改革委核报国务院核准以及国家发展改革委核准的企业投资项目,建设单位需在开工建设前取得省级节能审查机关出具的节能审查意见。

(3)年综合能源消费量5000吨标准煤及以上(改扩建项目按照建成投产后年综合能源消费增量计算,电力折算系数按当量值,下同)的固定资产投资项目,其节能审查由省级节能审查机关负责。其他固定资产投资项目,其节能审查管理权限由省级节能审查机关依据实际情况自行决定。

(4)年综合能源消费量不满1000吨标准煤,且年电力消费量不满500万千瓦时的固定资产投资项目,以及用能工艺简单、节能潜力小的行业(具体行业目录由国家发展改革委制定并公布)的固定资产投资项目应按照相关节能标准、规范建设,不再单独进行节能审查。

(5)建设单位应编制固定资产投资项目节能报告。

(6)节能审查意见自印发之日起2年内有效。通过节能审查的固定资产投资项目,建设内容、能效水平等发生重大变动的,建设单位应向节能审查机关提出变更申请。

(7)固定资产投资项目投入生产、使用前,应对其节能审查意见落实情况进行验收。

(8)固定资产投资项目节能审查应纳入投资项目在线审批监管平台统一管理,实行网上受理、办理、监管和服务,实现审查过程和结果的可查询、可监督。

三、节能鼓励措施

为激励企事业单位积极响应国家的节能政策,国家有关部门制订了一系列激励措施。具体如下:

1. 财政安排节能专项资金

中央财政和省级地方财政安排节能专项资金,支持节能技术研究开发、节能技术和产品的示范与推广、重点节能工程的实施、节能宣传培训、信息服务和表彰奖励等。

国家通过财政补贴支持节能照明器具等节能产品的推广和使用。

2. 税收优惠政策

国家对生产、使用列入国务院管理节能工作的部门会同国务院有关部门制定并公布的节能技术、节能产品推广目录的需要支持的节能技术、节能产品,实行税收优惠等扶持政策。

国家运用税收等政策,鼓励先进节能技术、设备的进口,控制在生产过程中耗能高、污染重的产品的出口。

3. 信贷支持

国家引导金融机构增加对节能项目的信贷支持,为符合条件的节能技术研究开发、节能产品生产以及节能技术改造等项目提供优惠贷款。国家推动和引导社会有关方面加大对节能的资金投入,加快节能技术改造。

4. 价格政策

国家实行有利于节能的价格政策,引导用能单位和个人节能;支持推广电力需求侧管理、合同能源管理、节能自愿协议等节能办法。

国家实行峰谷分时电价、季节性电价、可中断负荷电价制度,鼓励电力用户合理调整用电负荷;对钢铁、有色金属、建材、化工和其他主要耗能行业的企业,分淘汰、限制、允许和鼓励类实行差别电价政策。

5. 表彰奖励

各级人民政府对在节能管理、节能科学技术研究和推广应用中有显著成绩以及检举严重浪费能源行为的单位和个人,给予表彰和奖励。

第二节 新能源开发与利用

一、可再生能源发展现状与政策法规进展

改革开放以来,我国新能源发展经历了成长起步、产业化发展、规模化发展几个阶段。自 1973 年石油危机以来,全世界把目光投向了可再生能源。可再生能源,是指风能、太阳能、水能、生物质能、地热能、海洋能等非化石能源。我国认识到可再生能源是未来的新兴能源,通过引进、消化、吸收和再创新,新能源发电技术得到较大发展和应用,政府相继制订了各种扶持政策。

随着国际社会对保障能源安全、保护生态环境、应对气候变化等问题日益重视,全球可再生能源开发利用规模不断扩大,应用成本快速下降,发展可再生能

源已成为许多国家推进能源转型的核心内容和应对气候变化的重要途径。

目前,我国可再生能源开发利用规模稳居世界第一,为能源绿色低碳转型提供强大支撑。新形势下,国际能源合作呈现新趋势,共建"一带一路"成为能源合作新亮点。截至2020年年底,我国可再生能源发电装机总规模达到9.3亿千瓦,占总装机的比重达到42.4%,较2012年增长14.6个百分点,成为推进能源生产和消费革命、推动能源转型的重要措施,为实现碳达峰、碳中和目标奠定了坚实基础。

1. 可再生能源法律体系与发展趋势

2006年1月1日,我国《可再生能源法》正式施行,《可再生能源产业发展指导目录》相继公布。随后从《可再生能源发展"十一五"规划》到《可再生能源发展"十三五"规划》,从《可再生能源中长期发展规划》到《新能源产业振兴和发展规划》,可再生能源法律法规体系逐步完善,有效推进了可再生能源的产业化发展进程。

2009年《可再生能源法》进行了修改完善,构建了支持可再生能源发展的五项重要制度,即总量目标制度、强制上网制度、分类补贴制度、费用分摊制度和专项资金制度,确立了我国可再生能源发展的基本法律体系框架。

2019年8月至11月全国人大常委会组织开展了《可再生能源法》执法检查。《可再生能源法》主要法律制度基本落实,法律得到有效实施,基本实现了立法目的。随着技术的进步,可再生能源发电成本明显下降,装备制造产业快速发展,可再生能源开发利用水平快速提升,在拉动经济增长、优化产业结构和扩大就业岗位、落实控制温室气体排放目标和治理大气污染等方面发挥了重要作用,为调整能源结构、实现绿色发展做出了积极贡献。但伴随可再生能源产业快速发展,《可再生能源法》在实施过程中仍有不足,包括各级可再生能源规划未充分落实衔接,可再生能源开发规划与电网规划实施中缺乏衔接,可再生能源消纳压力仍然较大,全额保障性收购制度落实尚不到位,电价补偿和发展基金问题较为突出,与相关财税、土地、环保等政策衔接不够,非电应用支持政策存在短板,技术研发应用仍需加强,行业监管力度不够等问题。未来还需适时启动《可再生能源法》修改。

案例10-1 环保组织自然之友诉国网甘肃公司、国网宁夏公司弃风弃光公益诉讼案①

自新能源建设以来,“弃风弃光”现象一直存在。2014年以前,国家对光伏电站建设提出了“合理布局、就近接入、当地消纳、有序推进”的总体要求。但在一些省份的具体实施上,问题层出不穷。以甘肃为例,根据《人民日报》2015年年底的报道,甘肃省当年上半年弃风电量31亿千瓦时,弃风率31%。报道指出,新能源发电的困境主要在于新能源发电的特性、电网建设、市场消纳能力等方面。2016年6月,在央广网报道中指出,全国年均弃风率达到了15%,部分西部省份达到了31%,已经成为一个顽疾。

2016年9月,北京市朝阳区自然之友环境研究所(以下简称自然之友)对国网宁夏电力公司和国网甘肃公司分别提起环境公益诉讼,要求电网公司依法全额收购其电网覆盖范围内新能源上网电量,并承担已造成的环境损失。

2018年8月14日,甘肃省兰州市中级人民法院就对原告与被告国网甘肃公司环境民事公益诉讼一案作出裁定,认为国网甘肃电力公司作为电力购销和调配电力供应的电网企业,并非发电企业,其本身没有实施污染环境、破坏生态的行为,以该诉讼不符合环境民事公益诉讼起诉的条件为由,驳回自然之友的起诉。

自然之友不服该裁定,向甘肃省高级人民法院提起上诉。2019年1月24日,自然之友收到甘肃省高级人民法院作出的民事裁定书[(2018)甘民终679号],裁定撤销兰州市中级人民法院(2017)甘01民初434号民事裁定,并指令甘肃矿区人民法院审理。

2020年7月29日,自然之友诉国网宁夏公司环境公益诉讼在银川市中级人民法院进行证据交换,双方代理律师围绕着自然之友最新变更的诉讼请求与提交的证据材料分别发表意见。

尚未见上述两案的进一步的公开报道。

2017年11月8日,也就是在上述环境公益案件进展期间,国家发展改革委

---

① 《宁夏弃风案:给孩子留下美好的未来》,载自然之友网2020年8月5日,http://www.fon.org.cn/action/domain/content/160。《自然之友:“我们的目的是让弃风弃光问题进入各方视野正视这一困局”》,载北极星风力发电网,https://news.bjx.com.cn/html/20180416/891969.shtml。

和国家能源局印发《解决弃水弃风弃光问题实施方案》(发改能源〔2017〕1942号)。该实施方案要求推进能源生产和消费革命,尽快解决弃水弃风弃光问题,要求各地区和有关单位高度重视可再生能源电力消纳工作,积极落实方案提出的各项任务要求,采取有效措施提高可再生能源利用水平,推动解决弃水弃风弃光问题取得实际成效。该实施方案要求到2020年在全国范围内有效解决弃水弃风弃光问题。

根据国家能源局2021年1月30日召开的2021年一季度网上新闻发布会提供的统计数据,2020年全国弃风电量约166亿千瓦时,平均利用率97%,较上年同期提高1个百分点;全国弃光电量52.6亿千瓦时,平均利用率98%,与上年平均利用率持平。可见,和上述公益诉讼提起前相比,现在弃风弃光率已经大大降低。因此,不论上述两个案件最后判决结果如何,环境公益诉讼的社会效果已经实现。

2020年9月底,司法部办公厅发布《关于征求〈电力法(修订草案送审稿)〉意见的函》,向有关部门征求意见。该修订草案送审稿增加"电网企业应当在保证电网安全运行的前提下,依照规划落实可再生能源发电及时接入电网和并网运行,提供无歧视,无障碍上网服务",将与《可再生能源法》保障性收购制度相衔接,解决可再生能源上网难的问题。

2. 可再生能源配套措施及发展趋势

国务院相关部门高度重视《可再生能源法》的贯彻实施,依法在资源调查、总量目标、规划引导、应用示范、产业监测、并网消纳等方面出台了《可再生能源发电有关管理规定》《可再生能源发电全额保障性收购管理办法》《清洁能源消纳行动计划(2018—2020年)》等上百项配套规章政策,规范了可再生能源发电上网管理有关内容,明确了上网电价和费用分摊制度,制定了可再生能源装备设备、工程建设、并网运行等技术标准,为推动可再生能源快速发展营造了良好的政策环境,可再生能源发展的综合效益逐步显现。

2009年,在总结风电特许权项目招标成果的基础上,国家发展改革委出台《关于完善风力发电上网电价政策的通知》,建立了四类风能资源区风电标杆上网电价。

2010年,国家能源局印发《风电标准建设工作规则》、《能源行业风电标准化技术委员会章程》和《风电标准体系框架》,加强风电标准化工作,规范和指导我国风电行业健康发展。

2013 年，国务院发布《关于促进光伏产业健康发展的若干意见》，随后近百项支持和规范光伏行业发展的政策性文件密集出台，覆盖范围涵盖了产品制造、市场应用、财税、价格、补贴、土地管理等产业发展的各个相关方面。

随着市场化的发展，可再生能源目标引导制度、建立可再生能源绿色证书交易机制、可再生能源配额制等制度逐步提出，为推动利用方式多元化发展，《关于进一步落实分布式光伏发电有关政策的通知》（已失效）、《关于推进多能互补集成优化示范工程建设的实施意见》、《分散式风电项目开发建设暂行管理办法》、《关于促进生物质能供热发展的指导意见》、国家能源局《关于开展“百个城镇”生物质热电联产县域清洁供热示范项目建设的通知》、《完善生物质发电项目建设运行的实施方案》、《关于促进非水可再生能源发电健康发展的若干意见》、《关于建立健全可再生能源电力消纳保障机制的通知》等政策先后出台；风电投资监测预警机制、光伏发电市场环境监测等规范市场发展的机制相继建立，新能源发展政策环境逐步完善①。

在《可再生能源发展“十三五”规划》中，提出 2020 年、2030 年非化石能源占一次能源消费比重分别达到 15%、20% 的能源发展战略目标。《国民经济和社会发展第十四个五年规划和 2035 年远景目标纲要》提出加快发展非化石能源，坚持集中式和分布式并举，大力提升风电、光伏发电规模，加快发展东中部分布式能源，有序发展海上风电，加快西南水电基地建设，安全稳妥推动沿海核电建设，建设一批多能互补的清洁能源基地，非化石能源占能源消费总量比重提高到 20% 左右。

2021 年 2 月 2 日，国务院发布《关于加快建立健全绿色低碳循环发展经济体系的指导意见》，其中提到推动能源体系绿色低碳转型。坚持节能优先，完善能源消费总量和强度双控制度。提升可再生能源利用比例，大力推动风电、光伏发电发展，因地制宜发展水能、地热能、海洋能、氢能、生物质能、光热发电。

2021 年 2 月 24 日，国家发展改革委、财政部、中国人民银行等五部委联合发布《关于引导加大金融支持力度促进风电和光伏发电等行业健康有序发展的通

---

① 参见《改革开放四十年新能源建设成就与展望》，载微信公众号“能源发展与政策”2018 年 10 月 31 日，https://mp.weixin.qq.com/s/qc0H0F_tIM6IGHAfZbE1sg。

知》,通过九大措施,加大金融支持力度,促进风电和光伏发电等行业健康有序发展。

2021 年 7 月 29 日,国家发展改革委和国家能源局发布《关于鼓励可再生能源发电企业自建或购买调峰能力增加并网规模的通知》,鼓励发电企业通过自建或购买调峰储能能力的方式,增加可再生能源发电装机并网规模,以努力实现应对气候变化自主贡献目标,促进风电、太阳能发电等可再生能源大力发展和充分消纳。

二、可再生能源开发项目的合规建设与运行

为了贯彻落实《可再生能源法》,规范可再生能源发电项目管理,促进我国可再生能源发电产业的更快发展,国家发展和改革委员会于 2006 年制定《可再生能源发电有关管理规定》,对项目管理、电网企业责任、发电企业责任作出规定,并明确项目建设要符合省级以上发展规划和建设布局的总体要求,做到合理有序开发。

根据可再生能源的不同种类,国家陆续出台了多项政策,要求各主体依法建设和运行。

1. 风电光伏开发项目的合规建设与运行

近年来国家能源局等部门发布了《海上风电开发建设管理办法》(国能新能〔2016〕394 号)、《分散式风电项目开发建设暂行管理办法》(国能发新能〔2018〕30 号)、《关于减轻可再生能源领域企业负担有关事项的通知》(国能发新能〔2018〕34 号)、《关于 2020 年风电、光伏发电项目建设有关事项的通知》(国能发新能〔2020〕17 号)、《关于开展风电开发建设情况专项监管的通知》(国能综通新能〔2020〕78 号)等政策文件,对地方能源主管部门、电网企业、风电企业落实国家规划(年度建设方案)、产业政策、项目核准、电网接入、建设标准等情况开展监管。重点核查项目建设标准执行情况,包括风电企业是否按国家有关设计标准和核准文件要求开展风电项目建设、项目开工建设手续是否完备、是否存在违规变更投资主体情况。

2021 年 5 月,国家能源局发布《关于 2021 年风电、光伏发电开发建设有关事项的通知》,就 2021 年风电、光伏发电开发建设有关事项发出通知,要求强化可再生能源电力消纳责任权重引导机制、建立并网多元保障机制,并加快推进存量

项目建设，稳步推进户用光伏发电建设及简化接网流程。

2. 生物质能发电项目的合规建设与运营

原建设部、国家计委2001年制定了《城市生活垃圾焚烧处理工程项目建设标准》，编制、评估、审批城市生活垃圾焚烧处理工程项目可行性研究报告的重要依据，也是有关部门审查城市生活垃圾焚烧处理工程项目初步设计和监督检查整个建设过程标准的尺度。为规范我国生活垃圾焚烧发电建设项目环境管理，原环保部制定了《生活垃圾焚烧发电建设项目环境准入条件(试行)》(环办环评〔2018〕20号)。

为规范生活垃圾焚烧发电厂自动监测数据使用，推动生活垃圾焚烧发电厂达标排放，依法查处环境违法行为，生态环境部制定了《生活垃圾焚烧发电厂自动监测数据应用管理规定》(生态环境部令第10号)。2020年7月财政部、生态环境部联合发布了《关于核减环境违法垃圾焚烧发电项目可再生能源电价附加补助资金的通知》，对2020年6月30日前已纳入补贴清单、但未完成"装、树、联"的垃圾焚烧发电项目，电网企业应先暂停拨付补贴资金，待发电企业完成"装、树、联"且向社会公开自动监测数据后再拨付补贴资金。同时提到，纳入补贴范围的垃圾焚烧发电项目，出现《生活垃圾焚烧发电厂自动监测数据应用管理规定》第10条、第11条违法情形被处罚的，电网企业应核减其相应焚烧炉违法当日上网电量的补贴金额。

为做好生物质发电项目建设，完善项目建设运行管理，推动行业持续健康发展，2020年9月国家发展改革委、财政部、国家能源局研究制定了《完善生物质发电项目建设运行的实施方案》。

3. 氢能的合规建设与运营

氢能是一种绿色、高效的二次能源，具有热值较高、储量丰富、来源多样、应用广泛、利用形式多等特点，被众多科学家视为"21世纪终极能源"。随着氢能产业的兴起，全球迎来"氢能社会"发展热潮，美国、日本、韩国、欧盟等发达国家和地区均出台相应政策，将发展氢能产业提升到国家能源战略高度。

2020年10月9日，国务院常务会议正式通过《新能源汽车产业发展规划(2021—2035年)》，指出要加强充换电、加氢等基础设施建设，而政府则需发挥在标准法规制定、质量安全监管等方面作用。

2020年12月，国务院新闻办公室发布《新时代的中国能源发展》白皮书提出,加速发展绿氢制取、储运和应用等氢能产业链技术装备,促进氢能燃料电池技术链、氢燃料电池汽车产业链发展。支持能源各环节各场景储能应用,着力推进储能与可再生能源互补发展。

2021 年我国《国民经济和社会发展第十四个五年规划和 2035 年远景目标纲要》明确将氢能列入可再生能源发展“十四五”规划编制重点任务。

各地陆续发布氢能发展规划,以电解水制氢为代表的绿氢市场投资风起云涌。氢能项目涉及的环保、安全等需要引起业界和监管部门的足够重视。

第三节 清洁生产与低碳循环发展

一、清洁生产的源头控制

《清洁生产促进法》由第九届全国人民代表大会常务委员会第二十八次会议于 2002 年 6 月 29 日通过,自 2003 年 1 月 1 日起施行。2012 年 2 月 29 日,第十一届全国人民代表大会常务委员会第二十五次会议审议通过《关于修改〈中华人民共和国清洁生产促进法〉的决定》,自 2012 年 7 月 1 日起施行。

根据该法,清洁生产是指不断采取改进设计、使用清洁的能源和原料、采用先进的工艺技术与设备、改善管理、综合利用等措施,从源头削减污染,提高资源利用效率,减少或者避免生产、服务和产品使用过程中污染物的产生和排放,以减轻或者消除对人类健康和环境的危害。

2015 年 1 月 1 日施行的《环境保护法》也规定,国家鼓励和促进清洁生产,推广清洁能源的生产和使用。企业应当优先使用清洁能源,采用资源利用率高、污染物排放量少的工艺、设备以及废弃物综合利用技术和污染物无害化处理技术,减少污染物的产生。

根据《清洁生产促进法》,国务院应当制定有利于实施清洁生产的财政税收政策。国务院及其有关部门和省、自治区、直辖市人民政府,应当制定有利于实施清洁生产的产业政策、技术开发和推广政策。县级以上地方人民政府根据国家清洁生产推行规划、有关行业专项清洁生产推行规划,按照本地区节约资源、降低能源消耗、减少重点污染物排放的要求,确定本地区清洁生产的重点项目,制定推行清洁生产的实施规划并组织落实。

《清洁生产促进法》第 19 条规定，企业在进行技术改造过程中，应当采取以下清洁生产措施：(1) 采用无毒、无害或者低毒、低害的原料，替代毒性大、危害严重的原料；(2) 采用资源利用率高、污染物产生量少的工艺和设备，替代资源利用率低、污染物产生量多的工艺和设备；(3) 对生产过程中产生的废物、废水和余热等进行综合利用或者循环使用；(4) 采用能够达到国家或者地方规定的污染物排放标准和污染物排放总量控制指标的污染防治技术。

《清洁生产促进法》第 20 条规定，产品和包装物的设计，应当考虑其在生命周期中对人类健康和环境的影响，优先选择无毒、无害、易于降解或者便于回收利用的方案。企业对产品的包装应当合理，包装的材质、结构和成本应当与内装产品的质量、规格和成本相适应，减少包装性废物的产生，不得进行过度包装。

对于企业运营过程和建设项目生产过程中已经产生的污染，应进行末端治理，选择合适的处置方案，使对环境造成的损害降到最低。主要包括以下措施：(1) 对生产过程中产生的废物、废水和余热等进行综合利用或者循环使用；(2) 采用能够达到国家或者地方规定的污染物排放标准和污染物排放总量控制指标的污染防治技术；(3) 企业应当在经济技术可行的条件下对生产和服务过程中产生的废物、余热等自行回收利用或者转让给有条件的其他企业和个人利用。

二、清洁生产审核

2004 年 8 月 16 日，国家发展和改革委员会和原国家环保局联合发布《清洁生产审核暂行办法》。2012 年 7 月 1 日起施行的《清洁生产促进法》规定，企业应当根据需要对生产和服务实施清洁生产审核。2016 年 5 月 16 日，国家发展和改革委员会和原环保部联合发布《清洁生产审核办法》，对清洁生产审核作出明确规定。2021 年 7 月，国家发展改革委发布《"十四五"循环经济发展规划》(发改环资〔2021〕969 号) 提出要强化重点行业清洁生产。依法在"双超双有高耗能"行业实施强制性清洁生产审核，引导其他行业自觉自愿开展审核。进一步规范清洁生产审核行为，提高清洁生产审核质量。

清洁生产审核是指按照一定程序，对生产和服务过程进行调查和诊断，找出能耗高、物耗高、污染重的原因，提出降低能耗、物耗、废物产生以及减少有毒有害物料的使用、产生和废弃物资源化利用的方案，进而选定并实施技术经济及环境可行的清洁生产方案的过程。

清洁生产审核程序主要包括审核准备、预审核、审核、方案的产生和筛选、方案的确定、方案的实施、持续清洁生产等。

清洁生产审核分为自愿性审核和强制性审核。有下列情形之一的企业，应当实施强制性清洁生产审核：(1)污染物排放超过国家或者地方规定的排放标准，或者虽未超过国家或者地方规定的排放标准，但超过重点污染物排放总量控制指标的；(2)超过单位产品能源消耗限额标准构成高耗能的；(3)使用有毒、有害原料进行生产或者在生产中排放有毒、有害物质的。

实施强制性清洁生产审核的企业，应当将审核结果向所在地县级以上地方人民政府负责清洁生产综合协调的部门、环境保护部门报告，并在本地区主要媒体上公布，接受公众监督，但涉及商业秘密的除外。

清洁生产审核以企业自行组织开展为主。实施强制性清洁生产审核的企业，如果自行独立组织开展清洁生产审核，应具备以下条件：(1)具备开展清洁生产审核物料平衡测试、能量和水平衡测试的基本检测分析器具、设备或手段；(2)拥有熟悉相关行业生产工艺、技术规程和节能、节水、污染防治管理要求的技术人员。不具备独立开展清洁生产审核能力的企业，可以聘请外部专家或委托具备相应能力的咨询服务机构协助开展清洁生产审核。

三、低碳循环发展

循环经济是指在生产、流通和消费等过程中进行的减量化、再利用、资源化活动的总称。建立健全绿色低碳循环发展经济体系，促进经济社会发展全面绿色转型，是解决我国资源环境生态问题的基础之策。发展循环经济可以实现材料和产品的循环利用，从而节约能源，有效减少二氧化碳等温室气体的排放，并提升产品的碳封存能力。

为贯彻落实党的十九大部署，加快建立健全绿色低碳循环发展的经济体系，国务院 2021 年 2 月发布《关于加快建立健全绿色低碳循环发展经济体系的指导意见》，对加快建立健全绿色低碳循环发展的经济体系作了顶层设计和总体部署。该意见从生产、流通、消费、基础设施、绿色技术、法律法规政策等 6 个方面对绿色低碳循环发展作出了部署安排，并明确了 85 项重点任务和牵头单位。

为了促进循环经济发展，提高资源利用效率，保护和改善环境，实现可持续发展，我国制定了《循环经济促进法》。根据法规要求，企业事业单位应当建立健全管理制度，采取措施，降低资源消耗，减少废物的产生量和排放量，提高废物的再利用和资源化水平。《循环经济促进法》中工业企业的主要义务包括减量化、再利用、资源化，其中减量化主要有以下方面：

（1）生产列入强制回收名录的产品或者包装物的企业，必须对废弃的产品或者包装物负责回收；对其中可以利用的，由各该生产企业负责利用；对因不具备技术经济条件而不适合利用的，由各该生产企业负责无害化处置。

（2）从事工艺、设备、产品及包装物设计，应当按照减少资源消耗和废物产生的要求，优先选择采用易回收、易拆解、易降解、无毒无害或者低毒低害的材料和设计方案，并应当符合有关国家标准的强制性要求。

（3）工业企业应当采用先进或者适用的节水技术、工艺和设备，制订并实施节水计划，加强节水管理，对生产用水进行全过程控制。工业企业应当加强用水计量管理，配备和使用合格的用水计量器具，建立水耗统计和用水状况分析制度。新建、改建、扩建建设项目，应当配套建设节水设施。节水设施应当与主体工程同时设计、同时施工、同时投产使用。

（4）建筑设计、建设、施工等单位应当按照国家有关规定和标准，对其设计、建设、施工的建筑物及构筑物采用节能、节水、节地、节材的技术工艺和小型、轻型、再生产品。有条件的地区，应当充分利用太阳能、地热能、风能等可再生能源。

（5）企业应当发展串联用水系统和循环用水系统，提高水的重复利用率。企业应当采用先进技术、工艺和设备，对生产过程中产生的废水进行再生利用。企业应当采用先进或者适用的回收技术、工艺和设备，对生产过程中产生的余热、余压等进行综合利用。

2021 年 7 月，国家发展和改革委员会印发了《“十四五”循环经济发展规划》，对“十四五”循环经济发展作出了总体部署。该规划以“全面提高资源利用效率”为核心目标，以再利用、资源化为重点，部署了三大重点任务：构建资源循环型产业体系，提高资源利用效率；构建废旧物资循环利用体系，建设资源循环型社会；深化农业循环经济发展，建立循环型农业生产方式。

该规划提出，将实施城市废旧物资循环利用体系建设工程、园区循环化发展工程、大宗固废综合利用示范工程、建筑垃圾资源化利用示范工程、循环经济关键技术与装备创新工程等五大工程,以及再制造产业高质量发展行动、废弃电器电子产品回收利用提质行动、汽车使用全生命周期管理推进行动、塑料污染全链条治理专项行动、快递包装绿色转型推进行动、废旧动力电池循环利用行动等六大行动。

关于废旧动力电池循环利用行动,该规划提出,加强新能源汽车动力电池溯源管理平台建设,完善新能源汽车动力电池回收利用溯源管理体系。推动新能源汽车生产企业和废旧动力电池梯次利用企业通过自建、共建、授权等方式,建设规范化回收服务网点。推进动力电池规范化梯次利用,提高余能检测、残值评估、重组利用、安全管理等技术水平。加强废旧动力电池再生利用与梯次利用成套化先进技术装备推广应用。完善动力电池回收利用标准体系。培育废旧动力电池综合利用骨干企业,促进废旧动力电池循环利用产业发展。

该规划还提出加强财税金融政策支持的系列举措,提出要加强对循环经济重大工程、重点项目和能力建设的支持。加大政府绿色采购力度,积极采购再生资源产品。落实资源综合利用税收优惠政策,扩大环境保护、节能节水等企业所得税优惠目录范围。鼓励金融机构加大对循环经济领域重大工程的投融资力度。加强绿色金融产品创新,加大绿色信贷、绿色债券、绿色基金、绿色保险对循环经济有关企业和项目的支持力度。

该规划提出进一步优化循环经济推进机制:一是推动修订循环经济法律法规,鼓励各地方制定地方性法规,完善循环经济标准体系并深化标准化试点工作等;二是通过统计制度的完善、统计核算方法的优化,提升统计数据对循环经济工作的支撑能力,同时鼓励第三方开展循环经济评价;三是统筹现有资金渠道,加强对循环经济重大工程、重点项目和能力建设的支持;四是强化行业监管,强化市场监管、环境监管。

第十一章　环境信息披露与可持续发展

第一节　环境信息披露制度

一、环境信息披露制度趋势

真实、准确、完整的企业环境信息披露是推进环境治理体系现代化的基础。开展环境信息披露是企业的社会责任,也是消除因信息不对称导致市场失灵的重要手段,能够发挥社会监督作用,推动构建现代环境治理体系。党中央、国务院高度重视环境信息依法披露制度的改革工作,多次作出重要部署。习近平总书记在党的十九大报告中明确提出健全信息强制性披露制度,中共中央、国务院《关于全面加强生态环境保护坚决打好污染防治攻坚战的意见》和《关于构建现代环境治理体系的指导意见》等文件均对建立环境信息披露制度作出部署。

2021 年 5 月 24 日,生态环境部印发经中央全面深化改革委员会会议审议通过的《环境信息依法披露制度改革方案》,对环境信息依法强制性披露制度改革作出规定,从健全规范要求、建立协同管理机制、健全监督机制、加强法治化建设等 4 个方面提出了 15 项重点任务,对推动形成企业自律、管理有效、监督严格、支撑有力的环境信息依法披露制度作出了系统安排。

该改革方案主要从明确披露主体、确定披露内容、及时披露信息、完善披露形式、强化企业管理等 5 个方面,明确了建立健全环境信息依法强制性披露规范要求的工作任务。

一是明确环境信息强制性披露主体。将重点排污单位、实施强制性清洁生产审核的企业、因生态环境违法行为被追究刑事责任或者受到重大行政处罚的上市公司、发债企业等确定为披露主体。

二是确定环境信息强制性披露内容。依据有关法律法规等规定,明确环境信息强制性披露内容和范围,建立动态调整机制。落实国家安全政策,涉及国家秘密,以及重要领域核心关键技术的,企业依法依规不予披露。

三是及时披露重要环境信息。当企业发生对社会公众及投资者有重大影响或引发市场风险的环境行为时,应当及时向社会披露相关环境信息。

四是完善环境信息强制性披露形式。环境信息强制性披露应采用易于理解、便于查询的方式及时自行开展,同时传送至企业环境信息强制性披露系统。属于重点排污单位、实施强制性清洁生产审核的上市公司、发债企业,应当在年报等相关报告中依法依规披露企业环境信息。因生态环境违法行为被追究刑事责任或者受到重大行政处罚的上市公司、发债企业,应当在规定期限内持续披露企业环境信息。

五是强化企业内部环境信息管理。企业披露的环境信息应当真实、准确、完整,使用符合监测标准规范要求的环境数据,优先使用符合国家监测规范的污染物自动监测数据、排污许可证执行报告数据。

该改革方案要求,在相关技术规范的健全方面,由生态环境部门牵头制定企业环境信息依法披露格式准则;工业和信息化部门在相关行业规范条件中,增加环境信息强制性披露要求;证券监督管理部门修订上市公司信息披露有关文件格式,将环境信息强制性披露要求纳入上市公司发行环节,在招股说明书等申报文件中落实相关要求;发展改革、人民银行、证券监督管理部门将环境信息强制性披露要求纳入企业债券、公司债券、非金融企业债务融资工具的信息披露管理办法,修订发债企业信息披露有关文件格式。

二、企业环境信息披露的法规要求

在环境信息公开和披露法规层面,国家已制定《环境保护法》、《企业信息公示暂行条例》、《政府信息公开条例》、《排污许可管理条例》、《企业事业单位环境信息公开办法》、《国家重点监控企业自行监测及信息公开办法(试行)》和《国家重点监控企业污染源监督性监测及信息公开办法(试行)》等法律、法规、规章和规范性文件,要求生态环境保护部门应当遵循公正、公平、便民、客观的原则,及时、准确地公开政府环境信息。企业应当按照自愿公开与强制性公开相结合的原则,及时、准确地公开企业环境信息。对纳入重点排污单位名录的单位,必须按要求公开相应环境信息。

中共中央、国务院于2015年9月发布的《生态文明体制改革总体方案》，中国人民银行、财政部等七部委于2016年8月发布的《关于构建绿色金融体系的指导意见》，国务院于2016年11月发布的《"十三五"生态环境保护规划》等多项规定已明确要建立上市公司环境信息强制披露制度。中共中央办公厅、国务院办公厅于2020年3月3日发布《关于构建现代环境治理体系的指导意见》，再次明确提出要建立完善上市公司和发债企业强制性环境治理信息披露制度。

企业首先需识别自身在环境信息披露方面的法律义务，了解披露的频次、内容和要求，并采取适当的形式对外公布。

1. 建设项目环境信息披露

《环境保护法》规定，对依法应当编制环境影响报告书的建设项目，建设单位应当在编制时向可能受影响的公众说明情况，充分征求意见。负责审批建设项目环境影响评价文件的部门在收到建设项目环境影响报告书后，除涉及国家秘密和商业秘密的事项外，应当全文公开；发现建设项目未充分征求公众意见的，应当责成建设单位征求公众意见。

《建设项目环境保护管理条例》《建设项目竣工环境保护验收暂行办法》规定，除按照国家需要保密的情形外，建设单位应当通过其网站或其他便于公众知晓的方式，向社会公开下列信息：(1)建设项目配套建设的环境保护设施竣工后，公开竣工日期；(2)对建设项目配套建设的环境保护设施进行调试前，公开调试的起止日期；(3)验收报告编制完成后5个工作日内，公开验收报告，公示的期限不得少于20个工作日。

建设单位公开上述信息的同时，应当向所在地县级以上环境保护主管部门报送相关信息，并接受监督检查。验收报告公示期满后5个工作日内，建设单位应当登录全国建设项目竣工环境保护验收信息平台，填报建设项目基本信息、环境保护设施验收情况等相关信息，环境保护主管部门对上述信息予以公开。

建设单位未依法向社会公开环境保护设施验收报告的，由县级以上环境保护行政主管部门责令公开，处5万元以上20万元以下的罚款，并予以公告。

2. 排污单位环境信息披露

《环境保护法》规定，重点排污单位应当如实向社会公开其主要污染物的名称、排放方式、排放浓度和总量、超标排放情况，以及防治污染设施的建设和运行情况，接受社会监督。《企业事业单位环境信息公开办法》细化了重点排污单位的范围及信息公开的内容、方式。

《排污许可管理条例》规定，排污单位应当按照排污许可证规定，如实在全国排污许可证管理信息平台上公开污染物排放信息。污染物排放信息应当包括污染物排放种类、排放浓度和排放量，以及污染防治设施的建设运行情况、排污许可证执行报告、自行监测数据等；其中，水污染物排入市政排水管网的，还应当包括污水接入市政排水管网位置、排放方式等信息。

2021 年 12 月 11 日，生态环境部发布了《企业环境信息依法披露管理办法》(生态环境部令第 24 号)，自 2022 年 2 月 8 日起施行。《企业事业单位环境信息公开办法》(环境保护部令第 31 号)同时废止。该管理办法规定了环境信息披露的主体、披露内容和时限、监督管理和罚则等。

关于环境信息的主体，该管理办法第 7 条规定，下列企业应当按照本办法的规定披露环境信息：(1)重点排污单位；(2)实施强制性清洁生产审核的企业；(3)符合本办法第 8 条规定的上市公司及合并报表范围内的各级子公司(以下简称上市公司)；(4)符合本办法第 8 条规定的发行企业债券、公司债券、非金融企业债务融资工具的企业(以下简称发债企业)；(5)法律法规规定的其他应当披露环境信息的企业。

该管理办法第 8 条规定，上一年度有下列情形之一的上市公司和发债企业，应当按照本办法的规定披露环境信息：(1)因生态环境违法行为被追究刑事责任的；(2)因生态环境违法行为被依法处以 10 万元以上罚款的；(3)因生态环境违法行为被依法实施按日连续处罚的；(4)因生态环境违法行为被依法实施限制生产、停产整治的；(5)因生态环境违法行为被依法吊销生态环境相关许可证件的；(6)因生态环境违法行为，其法定代表人、主要负责人、直接负责的主管人员或者其他直接责任人员被依法处以行政拘留的。

该管理办法第 12 条规定了企业年度环境信息依法披露报告应当包括的内容：(1)企业基本信息，包括企业生产和生态环境保护等方面的基础信息；(2)企业环境管理信息，包括生态环境行政许可、环境保护税、环境污染责任保险、环保信用评价等方面的信息；(3)污染物产生、治理与排放信息，包括污染防治设施，污染物排放，有毒有害物质排放，工业固体废物和危险废物产生、贮存、流向、利用、处置，自行监测等方面的信息；(4)碳排放信息，包括排放量、排放设施等方面的信息；(5)生态环境应急信息，包括突发环境事件应急预案、重污染天气应急响应等方面的信息;(6)生态环境违法信息;(7)本年度临时环境信息依法披露情况;(8)法律法规规定的其他环境信息。

根据该管理办法的规定,对于不披露环境信息,或者披露的环境信息不真实、不准确的,由设区的市级以上生态环境主管部门责令改正,通报批评,并可以处1万元以上10万元以下的罚款;对于披露环境信息不符合准则要求的、披露环境信息超过规定时限的或者未将环境信息上传至企业环境信息依法披露系统的,由设区的市级以上生态环境主管部门责令改正,通报批评,并可以处5万元以下的罚款。

3. 其他环境信息披露要求

上海证券交易所发布《关于加强上市公司社会责任承担工作的通知》暨《上海证券交易所上市公司环境信息披露指引》,明确要求上市公司披露与环境保护相关且可能对股价产生影响的重大事件,被列入国家环保部门的污染严重企业名单的上市公司需要及时披露相关信息。企业发生生态环境相关行政许可事项变更、受到环境行政处罚或者因生态环境违法行为被追究刑事责任、突发生态环境事件、生态环境损害赔偿等,对社会公众及投资者有重大影响或引发市场风险的环境行为时,应当及时向社会披露相关环境信息。

三、现代环境治理体系下的环境公众参与

公众参与在化解邻避冲突中发挥着不可替代的作用。2020年3月,中共中央办公厅、国务院办公厅印发了《关于构建现代环境治理体系的指导意见》,要求健全环境治理全民行动体系,其中包括强化社会监督,构建政府—企业—公众共同治理的模式,可以最大限度地汇聚力量、汇集民智,实现环境社会共治目标。

公众参与的重要前提是信息公开,如果没有信息,公众就无法有效参与。原环保部在推动公众参与方面做了很多探索和尝试,先后出台的《关于培育引导环保社会组织有序发展的指导意见》《关于推进环境保护公众参与的指导意见》等,对公众参与作出了明确规定。2015年1月起实施的《环境保护法》首次设专章提出了信息公开和公众参与。

从环境权利角度,公众参与的内容包括公众的环境信息知情权、环境决策参与权和环境诉讼监督权三种。中国公众参与环境治理的渠道主要有两种:一是由政府提供“自上而下”的官方渠道;二是由民众、专业机构和媒体发起“自下而

上"的民间渠道。从参与阶段的角度,公众参与内容包括环境项目的审批阶段、施工阶段、运营阶段三个阶段。目前,公众参与的阶段越来越多地从施工和运营阶段转向参与和审批决策阶段,且公众提前识别、防范风险能力有所提升。

为保障公民、法人和其他组织获取环境信息、参与和监督环境保护的权利,畅通参与渠道,促进环境保护公众参与依法有序发展,原环保部2015 年7 月发布《环境保护公众参与办法》(以下简称《参与办法》),规定环境保护主管部门可以通过征求意见、问卷调查,组织召开座谈会、专家论证会、听证会等方式开展公众参与环境保护活动,并对各种参与方式作了详细规定,贯彻和体现了生态环境主管部门在组织公众参与活动时应当遵循公开、公平、公正和便民的原则。《参与办法》的出台,让公众参与环保事务的方式更加科学规范,参与渠道更加通畅透明,参与程度更加全面深入,但是要避免出现盲目参与、过激参与等问题。

《参与办法》支持和鼓励公众对环境保护公共事务进行舆论监督和社会监督,规定了公众对污染环境和破坏生态行为的举报途径,以及地方政府和生态环境主管部门不依法履行职责的,公民、法人和其他组织有权向其上级机关或监察机关举报。近年来,随着企业环境管理和污染防治水平的提升,公众和媒体等社会监督的关注点,也从违法排污的举报为主,逐步向更高的合规管理层级转变。该办法不仅关注单一企业主体达标排放情况,还通过环境公益诉讼、信件、评级等形式,努力推动企业强制和自愿性环境信息披露、上下游企业环境合规符合性等。引导企业向行业先进学习,促进企业合规经营。

企业管理者在建立环境管理制度时,可以考虑将信息披露与公众参与相结合。对公众或媒体就企业环境管理反馈的意见,建立有效的沟通渠道,通过社会监督和公众参与,切实改善环境管理工作,已做好的环境保护管理工作也可以通过沟通渠道披露,这有益于提升环境管理的信息披露水平。

第二节　企业环境信用评价

一、企业环境信用评价法规政策

企业环境信用评价,是指生态环境主管部门根据企业环境行为信息,按照规定的指标、方法和程序，对企业环境行为进行信用评价，确定信用等级，并向社会公开，供公众监督和有关部门、机构及组织应用的环境管理手段。2019年7月，国务院办公厅印发《关于加快推进社会信用体系建设构建以信用为基础的新型监管机制的指导意见》（国办发〔2019〕35号），要求加强并完善对市场主体事中、事后环节的信用监管。企业环境信用评价体系在我国国家信用体系建设中占有十分重要的地位。对于环境信用而言，环境信用评价体系是极为重要的组成部分，也是国家信用体系建设的内容。

为贯彻落实国务院《关于加强环境保护重点工作的意见》（国发〔2011〕35号）关于"建立企业环境行为信用评价制度"的规定，以及国务院办公厅《关于社会信用体系建设的若干意见》（国办发〔2007〕17号，已失效）有关要求，2013年，原环保部会同国家发展改革委员会、中国人民银行、原中国银行业监督管理委员会联合制定了《企业环境信用评价办法（试行）》（环发〔2013〕150号，本节以下简称《评价办法》）。包括以下四个方面的主要内容：（1）企业环境信用评价工作的职责分工；（2）应当纳入环境信用评价的企业范围；（3）企业环境信用评价的等级、方法、指标和程序；（4）环境保护"守信激励、失信惩戒"具体措施。

2015年12月，原环保部与国家发展和改革委员会联合发布《关于加强企业环境信用体系建设的指导意见》，在全国范围加快建立企业环境保护"守信激励、失信惩戒"机制。该意见从污染防治、生态保护、环境管理、社会监督四个方面制定了21个指标，并为每项指标设置了权重。

目前，山东、湖北、浙江、江苏、四川、吉林等多个省市都出台了企业环境信用评价管理办法。

二、企业环境信用评价主要内容

1. 应当纳入环境信用评价的企业范围

《评价办法》规定，污染物排放总量大、环境风险高、生态环境影响大的企业，应当纳入环境信用评价范围。

下列企业应当纳入环境信用评价范围：（1）环境保护部公布的国家重点监控企业；（2）设区的市级以上地方人民政府环保部门公布的重点监控企业；（3）重污染行业内的企业，重污染行业包括：火电、钢铁、水泥、电解铝、煤炭、冶金、化工、石化、建材、造纸、酿造、制药、发酵、纺织、制革和采矿业16类行业，以及国家确定的其他污染严重的行业;(4)产能严重过剩行业内的企业;(5)从事能源、自然资源开发、交通基础设施建设,以及其他开发建设活动,可能对生态环境造成重大影响的企业;(6)污染物排放超过国家和地方规定的排放标准的企业,或者超过经有关地方人民政府核定的污染物排放总量控制指标的企业;(7)使用有毒、有害原料进行生产的企业,或者在生产中排放有毒、有害物质的企业;(8)上一年度发生较大及以上突发环境事件的企业;(9)上一年度被处以5万元以上罚款、暂扣或者吊销许可证、责令停产整顿、挂牌督办的企业;(10)省级以上环保部门确定的应当纳入环境信用评价范围的其他企业。

2. 企业环境信用等级

《评价办法》将企业环境信用等级分为环保诚信企业、环保良好企业、环保警示企业、环保不良企业4个等级,依次以"绿牌""蓝牌""黄牌""红牌"标示。

3. 评价信息来源

《评价办法》规定,企业环境信用评价,应当以环保部门通过现场检查、监督性监测、重点污染物总量控制核查,以及履行监管职责的其他活动制作或者获取的企业环境行为信息为基础。省级环保部门可以对用于企业环境信用评价的数据来源和采集频次等事项,做出具体规定。

环保部门在评价企业环境信用过程中,可以综合考虑企业自行监测数据、排污申报登记数据。公众、社会组织以及媒体提供的企业环境行为信息,经核实后可以作为企业环境信用评价的依据。环保部门可以要求参评企业协助提供有关企业环境管理规章制度、企业环保机构和人员配置等企业内部环境管理方面的信息,该信息经核实后可以作为企业环境信用评价的依据。

4. 评价程序

企业环境信用评价周期原则上为一年,评价期间原则上为上一年度。评价结果反映企业上一年度1月1日至12月31日的环境信用状况。企业环境信用评价工作原则上应当在每年4月底前完成。省级环保部门可以根据实际情况,对评价周期、评价期间和完成时限作出调整。

5. 评价结果共享

企业环境信用评价结果将通报给同级发展改革、国有资产监督管理、商务、人民银行等有关主管部门,银行、证券、保险监管机构,监察机关及其他有关机构。有关工会组织、有关行业协会。这些部门或者机构在行政许可、公共采购、评先创优、金融支持、资质等级评定、安排和拨付有关财政补贴专项资金中，充分应用企业环境信用评价结果，并向环保部门及时反馈评价结果的应用情况。

三、企业环境信用评价的激励和惩戒

通过建立守信激励制度，可引导环保良好企业持续改进环境行为，并逐步改进其内部环境管理。《评价办法》规定，对环保诚信企业，可以采取以下激励性措施：包括对其危险废物经营许可证及其他行政许可申请事项，予以积极支持；优先安排环保专项资金或者其他资金补助；优先安排环保科技项目立项；新建项目需要新增重点污染物排放总量控制指标时，纳入调剂顺序并予以优先安排；建议财政等有关部门在确定和调整政府采购名录时，将其产品或者服务优先纳入名录；环保部门在组织有关评优评奖活动中，优先授予其有关荣誉称号；建议银行业金融机构予以积极的信贷支持；建议保险机构予以优惠的环境污染责任保险费率；将环保诚信企业名单推荐给有关国有资产监督管理部门、有关工会组织、有关行业协会以及其他有关机构，并建议授予环保诚信企业及其负责人有关荣誉称号等。

《评价办法》规定，对环保警示企业，可以采取以下约束性措施：责令企业按季度向组织实施环境信用评价工作和直接对该企业实施日常环境监管的生态环境主管部门，书面报告信用评价中发现问题的整改情况；从严审查其危险废物经营许可证及其他行政许可申请事项；加大执法监察频次；从严审批各类环保专项资金补助申请；生态环境主管部门在组织有关评优评奖活动中，暂停授予其有关荣誉称号；建议银行业金融机构严格贷款条件；建议保险机构适度提高环境污染责任保险费率；将环保警示企业名单通报有关国有资产监督管理部门、有关工会组织、有关行业协会以及其他有关机构，建议对环保警示企业及其负责人暂停授予先进企业或者先进个人等荣誉称号等。

《评价办法》规定，建立健全环境保护失信惩戒机制。对环保不良企业，应当采取以下惩戒性措施：(1)责令其向社会公布改善环境行为的计划或者承诺，按季度向实施环境信用评价管理和直接对该企业实施日常环境监管的环保部门，书面报告企业环境信用评价中发现问题的整改情况；(2)结合其环境失信行为的类别和具体情节，从严审查其危险废物经营许可证、可用作原料的固体废物进口许可证以及其他行政许可申请事项;(3)加大执法监察频次;(4)暂停各类环保专项资金补助;(5)建议财政等有关部门在确定和调整政府采购名录时,取消其产品或者服务;(6)环保部门在组织有关评优评奖活动中,不得授予其有关荣誉称号;(7)建议银行业金融机构对其审慎授信,在其环境信用等级提升之前,不予新增贷款,并视情况逐步压缩贷款,直至退出贷款;(8)建议保险机构提高环境污染责任保险费率;(9)将环保不良企业名单通报有关国有资产监督管理部门、有关工会组织、有关行业协会以及其他有关机构,建议对环保不良企业及其负责人不得授予先进企业或者先进个人等荣誉称号;(10)国家或者地方规定的其他惩戒性措施。

在各地出台的企业环境信用评价办法中,有规定各级生态环境主管部门应当将企业环境信用分级分类结果作为实施差异化监管的重要依据。例如,根据企业环境信用评价结果实施分级分类监管。将信用评价结果纳入"双随机"抽查监管事项。相关部门机构依据《关于对环境保护领域失信生产经营单位及其有关人员开展联合惩戒的合作备忘录》等相关政策文件要求,依法依规实施联合惩戒。

四、严重失信名单公示及移出

《评价办法》规定,在企业环境信用评价结果公布后,环保警示企业或者环保不良企业主动改善环境行为、实施有效整改的,可向环保部门提交申请及相关证明材料,要求在其环境行为信息记录中,补充其整改信息。环保部门应当在收到企业申请及相关证明材料之日起 1 个月内进行核实。对经核实的整改信息,环保部门应当将其记录在企业环境行为信息管理系统中,并在核实后的 3 个月内向社会公布。

《浙江省企业环境信用评价管理办法(试行)》(浙环函〔2020〕16 号)规定,生态环境严重失信名单认定 1 年后,被列入单位认为其环境违法行为已经整改到位,环境和社会不良影响基本消除,可以向作出认定的生态环境主管部门提出移出申请。作出认定的生态环境主管部门应当在 15 个工作日内,对不良信息主体提交的完整材料的真实性、准确性予以核对,如确需现场审核的,对申请单位整改情况进行现场审核。经审核已经整改到位,环境和社会不良影响基本消除,应当组织对拟移出的严重失信名单信息进行公示。公示可选择门户网站或当地主要媒介,公示期为 5 个工作日。公示期满后,作出认定的生态环境主管部门应当自公示结束 15 个工作日内作出是否移出的决定,并书面告知申请单位。

《山东省企业环境信用评价办法》(鲁环发〔2020〕52 号)规定,企业环境信用公示期限原则上为自环境违法违规行为信息向社会公示之日起 1 年,列入“黑名单”企业的严重违法失信行为信息公示期限为 3 年,期限届满且完成整改核销后相关信息不再向社会公开,法律法规另有规定的从其规定。

五、环境服务机构及其从业人员环境信用建设

2015 年,原环保部和国家发展改革委员会发布了《关于加强企业环境信用体系建设的指导意见》。该意见不仅提出加强对排污单位的环境信用建设,同时提出要开展环境服务机构及其从业人员环境信用建设。

环评机构、环境污染第三方治理机构、环境监测机构和机动车排放检验机构等环境服务机构在提供环境服务活动中,应当诚实守信,不得弄虚作假。环评机构应当对其主持完成的环评文件的真实性和准确性负责。环境监测机构和机动车排放检验机构应当对其所提供的监(检)测数据的真实性和准确性负责。环境污染第三方治理机构应当按照有关法律法规和标准以及排污企业的委托要求,承担约定的污染治理责任,保证污染防治设施正常运营、维护和污染物达标排放,并如实向社会公开污染治理设施建设、运行和污染排放情况。

1. 环评机构及从业人员信用建设

要求建立环评机构及从业人员信用记录,建立环评评估专家诚信档案,健全环评机构和从业人员失信惩戒制度,完善环评文件责任追究机制。

2. 环境污染第三方治理单位信用建设

加强生活污水、工业废水、除尘脱硫脱硝、工业废气、工业固体废物、危险废物、生活垃圾、重金属污染治理等环境污染第三方治理机构的信用建设。环保部门应当建立第三方治理机构信用记录,将有关机构的基础信息、日常执法监管信息纳入其环境信用记录并向社会公布。实施第三方治理机构“黑名单”制度,对篡改、伪造监测数据,或者不正常运行防治污染设施,或者通过暗管等逃避监管方式违法排放污染物的,列入“黑名单”,并定期向社会公开,各级政府或者有关部门不得采购其环境服务。

3. 环境监测机构信用建设

环保部门应当建立和完善环境监测机构信用记录。环境监测机构及其法定代表人在环境监测服务活动中存在不规范监测行为的，环保部门应当将相应机构、法定代表人、监测技术人员的违法信息记入其信用记录，并及时向社会公布。对存在弄虚作假、篡改或者伪造监测数据等严重失信行为的环境监测机构及其相关责任人，列入“黑名单”，定期向社会公开，并通报质量技术监督主管部门。各级政府或者有关部门购买环境监测服务，应当优先选择信用好的环境监测机构，不得购买列入“黑名单”的环境监测机构的服务。鼓励排污单位选择信用好的环境监测机构提供自行监测、环境管理体系认证和清洁生产审核等环境监测服务。

4. 机动车排放检验机构的信用建设

环保部门应当建立和完善机动车排放检验机构信用记录。对伪造机动车排放检验结果或者出具虚假排放检验报告的，由环保部门依法予以处罚，记入其信用记录，向社会公布并与有关部门信息共享。情节严重的，由负责资质认定的部门取消其检验资格。

第三节　企业价值转换：ESG 与绿色可持续发展

一、ESG 的内涵与价值

ESG，即 Environmental（环境）、Social（社会）和 Governance（治理），是一种关注企业环境、社会、治理绩效而非财务绩效的投资理念和企业评价标准。ESG 投资、影响力投资以及社会责任投资等以可持续发展为目的的投资统称为可持续发展投资。其与可持续发展、企业社会责任等概念有着高度关联。

ESG 理念起源于 20 世纪 70 年代。1971 年，美国成立首只 ESG 基金。1990 年成立首个 ESG 指数。2006 年，联合国成立责任投资原则组织（UN Supported Principles for Responsible Investment，UNPRI）的成立和发展，正式提出 ESG 概念。该组织将环境、社会及公司治理作为衡量可持续发展的重要指标，确立了社会责任投资原则。[①]

ESG 的三个价值支柱是环境责任、社会责任和公司治理责任。环境责任,是指公司应当提升生产经营中的环境绩效,降低单位产出带来的环境成本;社会责任,是指公司应当坚持更高的商业伦理、社会伦理和法律标准,重视与外部社会之间的内在联系,包括人的权利、相关方利益以及行业生态改进;公司治理责任,是指公司应当完善现代企业制度,围绕受托责任合理分配股东、董事会、管理层权力,形成从发展战略到具体行动的科学管理制度体系。

近年来,随着境外投资者不断加入中国资本市场,中国上市公司的环境、社会和公司治理表现也成为越来越多的境内外投资者和资产管理公司关注的重点。部分外资企业在总部投资人的要求之下,也需要收集公司在 ESG 管理方面的信息并按要求披露。

香港联合交易所的 ESG 信息披露制度可供借鉴。2012 年,香港联合交易所对上市公司首次发布了《环境、社会及管治报告指引》(以下简称《ESG 指引》),倡导上市公司进行 ESG 信息披露。2015 年 7 月 17 日,香港联合交易所颁布了《ESG 指引》首次修订版。2019 年 12 月 18 日,香港联合交易所发布《ESG 指引》最新修订版,自 2020 年 7 月 1 日起实施。新版指引在原有《ESG 指引》基础上强化了上市公司基于董事会层面的 ESG 战略管理要求,就董事会 ESG 管治、ESG 汇报原则和范围提出强制性披露建议,并增加了 ESG 关键绩效指标的内容,提升了信息披露时效性,提出了指标的量化考虑要求等[②]。

良好的 ESG 表现能够带来市场价值的提升和融资成本的降低。在做好污染防控的前提下,企业提高自身 ESG 表现和可持续发展能力,将有助于实现社会价值与经营发展的"双赢",实现环境价值到经济价值、社会价值的转换。在 ESG 价值理念的引导下,企业除了做好自身的合规管理工作外,还将合规管理延伸至供应链及产品全生命周期。

二、ESG 与 SDGs、CSR、EHS 关系

可持续发展目标(Sustainable Development Goals,SDGs)是联合国所有成员

---

① 参见李志青、符翀等:《ESG 理论与实务》,复旦大学出版社 2021 年版,第 1 页。

② 参见李志青、符翀等:《ESG 理论与实务》,复旦大学出版社 2021 年版,第 120 页。

国在2015年通过的全球行动目标，旨在到2030年前结束贫困，保护地球，确保所有人都享有和平与繁荣。SDGs共包含17项可持续发展子目标，覆盖健康、教育、性别平等、气候行动等议题，在社会、经济和环境可持续性之间取得平衡。SDGs将指导2015年至2030年的全球发展政策和资金使用，联合国开发计划署（The United Nations Development Programme，UNDP）作为推动SDGs的主要机构亦将督促各国政府的发展政策，以及民间组织和私营机构包括投资者的资金使用符合SDGs。投资者如何应对ESG问题会对可持续发展目标的实现产生重要影响，需要在其中考虑SDGs相关要素。

企业社会责任（Corporate Social Responsibility，CSR），根据欧盟2001年所提出的概念，CSR是企业在自愿的基础上，把社会和环境的影响整合到企业运营以及与利益相关方的互动过程中。CSR最重要的一点是通过信息披露与利益相关方进行沟通，常见形式即CSR报告。秉持ESG理念的投资者也十分重视被投企业披露环境、社会和公司治理的绩效信息，近年来资本市场也在大力倡导上市公司发布ESG报告。CSR强调多利益相关方视角，关注的群体比较宽泛。ESG主要从资本市场的投资者角度出发，聚焦企业社会绩效与股东回报之间的关系。CSR应用场景比较宽泛，可能出现在企业的供应链管理、品牌营销、社区沟通、员工管理等领域，这些部门都可能成为CSR工作的管理部门。ESG应用场景聚焦在资本市场，特别是在投资者与上市公司之间，企业内部一般是投资者关系管理部门负责ESG。

EHS是Environment（环境）、Health（健康）、Safety（安全）的缩写。EHS管理体系是环境管理体系（Environmental Management System，EMS）和职业健康安全管理体系（Occupational Health and Safety Management System，OHSMS）两体系的整合。在外资企业中较早建立了完善的EHS管理体系，包括建立相关的管理制度、明确主要负责人、配置专门的管理机构和人员，并在财务预算方面为EHS管理提供专项支持。ESG在环境和社会责任方面与EHS密切相关，许多ESG报告的数据需来自EHS管理，包括碳及温室气体排放、环境政策、能源的使用、生物多样性、员工环境意识、污染防控措施落实情况、劳工职业防护、安全生产管理成果等。

ESG在社会责任（S）方面和公司治理（G）方面，比EHS范围更广。社会责任不仅要求企业关注传统的安全责任，还包含了经济责任、法律责任、伦理责任、产品责任和慈善责任,要求公司董事会参与并关注 ESG 各方面的管理。可以说,做好 EHS 合规是提升 ESG 表现的前提条件,公司高层对 ESG 的关注,也可以促进 EHS 合规更进一步发展。

三、ESG 相关指标与评价体系

当前市场上对 ESG 评价的主流落脚点在于根据相关 ESG 指标和要素,来评估公司在 ESG 方面的表现,评价结果将为投资者提供投资决策,而且相关方法已经比较成熟,国际上 ESG 评价机构主要有美国著名指数编制公司(Morgan Stanley Capital International,MSCI)、摩根士丹利、汤森路透、富时以及道琼斯,国内领先的本土 ESG 评价机构有商道融绿、社会价值投资联盟等。

目前,国际上的 ESG 理念及评价体系主要涉及三方面:各国际组织和交易所制定关于 ESG 信息的披露和报告的原则及指引、评级机构对企业 ESG 的评级,以及国际主要投资机构发布的 ESG 投资指引。其中,ESG 信息的披露是前提条件,ESG 评估提供了评价和比较的方法,而 ESG 投资是基于两者的实践。

ESG 理念及评价体系的内容包括了企业在经营中需要考虑的多层次、多维度的因素。其中,在环境方面:碳及温室气体排放、环境政策、废物污染及管理政策、能源使用/消费、自然资源(特别是水资源)使用和管理政策、生物多样性、合规性。在社会方面:性别及性别平衡政策、人权政策及违反情况、社团(或社区)、健康安全、管理培训、劳动规范、产品责任、合规性。在治理方面:公司治理、贪污受贿政策、反不公平竞争、风险管理、税收透明、公平的劳动实践、道德行为准则、合规性。

ESG 评级和标准体系正在迅速扩展和分散化,利益相关者的关注点和方法存在很大差异,其中一些关注管理和策略,另一些关注绩效和指标。世界可持续发展工商理事会(WBCSD)报告说,截至 2018 年,全球有超过 600 个 ESG 评级及排名体系和 2000 多个单个 ESG 报告指标,并有不断增加的趋势。

国际上与 ESG 相关的主要指标见表 11 – 1。

表 11 – 1　国际上与 ESG 相关的主要指标

文件名	制定主体	涉及 ESG 的相关指标
可持续发展报告指南(第 4 版)	全球报告倡议组织(Global Reporting Initiative, GRI)	聚焦环境和社会,环境包括 12 类 34 项,涵盖物料、能源、污水和废弃物、废气排放等领域;社会类包括 30 类 48 项,涵盖劳工实践、人权、社会影响、产品责任等领域
可持续发展会计准则	可持续发展会计准则委员会(Sustainable Accounting Standards Board, SASB)	可持续准则整体包括 10 大类 79 个行业,其中有设计环境和治理
综合报告	国际综合报告委员会(The International Integrated Reporting Council, IIRC)	财务绩效和社会、环境的联系
欧盟 2014 非财务报告指引	欧盟议会和欧盟委员会(EU)	环境问题、社会和员工问题、人权、反腐败和贿赂问题、董事会和管理层多样性
环境和社会框架	世界银行(The World Bank)	聚焦环境和社会,由可持续发展愿景、投资项目融资的环境和社会政策、环境和社会标准及其附件三部分组成
可持续框架和公司治理发展框架	国际金融公司(The international finance corporation)	可持续框架聚焦环境和社会。单独对公司治理提出框架,认为没有针对所有客户的“一刀切”的方法
公司可持续报告	亚洲开发银行(Asian Development Bank, ADB)	环境、社会和治理信息。关注的领域包括:农业和食品安全、气候变化、性别和发展、社会发展和贫困、水等
公司治理原则	二十国集团 G20/经合组织(OECD)	涉及公司治理的原则,包括治理框架基础、股东权利、机构投资者、股票市场和其他中介、利益相关者、披露和透明、董事会职责等

2019 年 1 月,惠誉评级(Fitch Rating,“惠誉”)宣布推出全球首个结合环境、社会责任和公司治理三大因素的企业信用评级系统。同年 4 月,穆迪(Moody’s)收购环境、社会与治理研究,数据和评估领域的全球领导者 Vigeo Eiris 的多数股权,将 ESG 因素纳入了其企业信用评级方法学。目前,越来越多的报告和评级的第三方提供商正在对国际和国内的许多上市公司的环境、社会和治理绩效进行

评估和评级。机构投资者、资产管理者、金融机构和其他利益相关者越来越依赖这些报告和评级来评估和衡量企业在一段时间内 ESG 的表现。这些 ESG 评级结果也成为投资者与企业在 ESG 评级进行沟通的基础。

ESG 评价首要关注的就是企业经营活动对环境的影响,其出发点就是保护环境。通过 ESG 的具体评价指标,可以引导企业进入绿色发展模式,提升治理污染和保护环境的效率,从而更好地处理企业发展、经济增长与环境可持续发展之间的关系。在 ESG 评价表现好的企业,更容易降低生产经营产生的环境和社会资源的成本,降低社会和自然环境因素。平时在环境管理方面做的好的企业,在面临国家政策对环境、安全等执法政策更加严格时,不需要大规模投入合规成本,且抵御政策风险的能力也更强。

四、企业 ESG 实践与可持续发展

2016 年 8 月 31 日,中国人民银行、财政部、国家发展和改革委员会、原环保部、原银监会、证监会、原保监会七部委联合发布《关于构建绿色金融体系的指导意见》,构建绿色金融体系也上升为国家战略要求,统一和完善有关监管规则和标准,强化对信息披露的要求。

2019 年 12 月 30 日,中国银行保险监督管理委员会发布《关于推动银行业和保险业高质量发展的指导意见》,该意见提出,银行业金融机构要建立健全环境与社会风险管理体系,将环境、社会、治理要求纳入授信全流程,强化环境、社会、治理信息披露和与利益相关者的交流互动。2020 年 3 月,中共中央办公厅、国务院办公厅印发《关于构建现代环境治理体系的指导意见》,将上市公司环保信息强制性披露机制纳入企业信用的范畴,并且将披露主体从上市公司延伸至“上市公司和发债企业”。

2021 年 6 月 28 日,中国证券监督管理委员会发布 2021 年第 15 号和第 16 号公告,公布了修订后的《公开发行证券的公司信息披露内容与格式准则第 2 号—年度报告的内容与格式(2021 年修订)》和《公开发行证券的公司信息披露内容与格式准则第 3 号—半年度报告的内容与格式(2021 年修订)》,自公布之日起施行。

本次修订内容之一是新增环境和社会责任章节。将定期报告正文与环境保护、社会责任有关条文统一整合至新增后的第五节“环境和社会责任”,并在定期

报告中新增报告期内公司因环境问题受到行政处罚情况的披露内容，鼓励公司自愿披露在报告期内为减少其碳排放所采取的措施及效果等。

以《公开发行证券的公司信息披露内容与格式准则第 2 号—年度报告的内容与格式(2021 年修订)》为例，其第 41 条规定，属于环境保护部门公布的重点排污单位的公司或其主要子公司，应当根据法律、行政法规、部门规章及规范性文件的规定披露以下主要环境信息：

(1)排污信息。包括但不限于主要污染物及特征污染物的名称、排放方式、排放口数量和分布情况、排放浓度和总量、超标排放情况、执行的污染物排放标准、核定的排放总量。

(2)防治污染设施的建设和运行情况。

(3)建设项目环境影响评价及其他环境保护行政许可情况。

(4)突发环境事件应急预案。

(5)环境自行监测方案。

(6)报告期内因环境问题受到行政处罚的情况。

(7)其他应当公开的环境信息。

重点排污单位之外的公司应当披露报告期内因环境问题受到行政处罚的情况，并可以参照上述要求披露其他环境信息，若不披露其他环境信息，应当充分说明原因。

鼓励公司自愿披露有利于保护生态、防治污染、履行环境责任的相关信息。环境信息核查机构、鉴证机构、评价机构、指数公司等第三方机构对公司环境信息存在核查、鉴定、评价的，鼓励公司披露相关信息。鼓励公司自愿披露在报告期内为减少其碳排放所采取的措施及效果。

随着 ESG 信息披露方面的相关监管政策越来越明确，上市公司在 ESG 领域将遇到合规、管理、品牌三重风险。实施自上而下、全面的 ESG 风险管理势在必行，包括 ESG 评级管理、ESG 绩效与目标管理等在内的 ESG 管治工作逐步成为上市公司需要重点管理的重要部分。

优秀的 ESG 评级或评级的持续提升能力可以为上市公司塑造良好的资本市场品牌。上市公司需建立有效的 ESG 管理组织架构，进一步明确董事会的 ESG 管理职责，制定公司层面 ESG 方针及战略，并推进 ESG 相关部门具体落实等，从而有效提升公司 ESG 管理效率，并进一步强化 ESG 风险管理，监控长期 ESG 风险及机遇,同时考虑对供应链的可持续发展进行管理,设置减碳目标,以符合可持续评级要求。此外,ESG 表现较好的企业可以获得更多各方利益相关者的信任,并拓宽融资渠道,为助力企业实现碳中和目标提供更多资金支持。

从 ESG 实践行动来说,ESG 不能仅限于前期合规行动,还要披露治理与愿景信息,向下传递目标和数据信息,通过加强 ESG 信息传播和表达的能力、提升可持续发展意愿和提高数据质量等,提高 ESG 的绩效表现。

附　录

最高人民法院、最高人民检察院关于办理环境污染刑事案件适用法律若干问题的解释

（2016年11月7日最高人民法院审判委员会第1698次会议、2016年12月8日最高人民检察院第十二届检察委员会第58次会议通过，自2017年1月1日起施行）

为依法惩治有关环境污染犯罪，根据《中华人民共和国刑法》《中华人民共和国刑事诉讼法》的有关规定，现就办理此类刑事案件适用法律的若干问题解释如下：

第一条 实施刑法第三百三十八条规定的行为，具有下列情形之一的，应当认定为“严重污染环境”：

（一）在饮用水水源一级保护区、自然保护区核心区排放、倾倒、处置有放射性的废物、含传染病病原体的废物、有毒物质的；

（二）非法排放、倾倒、处置危险废物三吨以上的；

（三）排放、倾倒、处置含铅、汞、镉、铬、砷、铊、锑的污染物，超过国家或者地方污染物排放标准三倍以上的；

（四）排放、倾倒、处置含镍、铜、锌、银、钒、锰、钴的污染物，超过国家或者地方污染物排放标准十倍以上的；

（五）通过暗管、渗井、渗坑、裂隙、溶洞、灌注等逃避监管的方式排放、倾倒、处置有放射性的废物、含传染病病原体的废物、有毒物质的；

（六）二年内曾因违反国家规定，排放、倾倒、处置有放射性的废物、含传染病病原体的废物、有毒物质受过两次以上行政处罚，又实施前列行为的；

（七）重点排污单位篡改、伪造自动监测数据或者干扰自动监测设施，排放化学需氧量、氨氮、二氧化硫、氮氧化物等污染物的；

（八）违法减少防治污染设施运行支出一百万元以上的；

（九）违法所得或者致使公私财产损失三十万元以上的；

（十）造成生态环境严重损害的；

（十一）致使乡镇以上集中式饮用水水源取水中断十二小时以上的；

（十二）致使基本农田、防护林地、特种用途林地五亩以上，其他农用地十亩以上，其他土地二十亩以上基本功能丧失或者遭受永久性破坏的；

（十三）致使森林或者其他林木死亡五十立方米以上，或者幼树死亡二千五百株以上的；

（十四）致使疏散、转移群众五千人以上的；

（十五）致使三十人以上中毒的；

（十六）致使三人以上轻伤、轻度残疾或者器官组织损伤导致一般功能障碍的；

（十七）致使一人以上重伤、中度残疾或者器官组织损伤导致严重功能障碍的；

（十八）其他严重污染环境的情形。

第二条　实施刑法第三百三十九条、第四百零八条规定的行为，致使公私财产损失三十万元以上，或者具有本解释第一条第十项至第十七项规定情形之一的，应当认定为“致使公私财产遭受重大损失或者严重危害人体健康”或者“致使公私财产遭受重大损失或者造成人身伤亡的严重后果”。

第三条　实施刑法第三百三十八条、第三百三十九条规定的行为，具有下列情形之一的，应当认定为“后果特别严重”：

（一）致使县级以上城区集中式饮用水水源取水中断十二小时以上的；

（二）非法排放、倾倒、处置危险废物一百吨以上的；

（三）致使基本农田、防护林地、特种用途林地十五亩以上，其他农用地三十亩以上，其他土地六十亩以上基本功能丧失或者遭受永久性破坏的；

（四）致使森林或者其他林木死亡一百五十立方米以上，或者幼树死亡七千五百株以上的；

（五）致使公私财产损失一百万元以上的；

（六）造成生态环境特别严重损害的；

（七）致使疏散、转移群众一万五千人以上的；

（八）致使一百人以上中毒的；

（九）致使十人以上轻伤、轻度残疾或者器官组织损伤导致一般功能障碍的；

（十）致使三人以上重伤、中度残疾或者器官组织损伤导致严重功能障碍的；

（十一）致使一人以上重伤、中度残疾或者器官组织损伤导致严重功能障碍，并致使五人以上轻伤、轻度残疾或者器官组织损伤导致一般功能障碍的；

（十二）致使一人以上死亡或者重度残疾的；

（十三）其他后果特别严重的情形。

第四条 实施刑法第三百三十八条、第三百三十九条规定的犯罪行为，具有下列情形之一的，应当从重处罚：

（一）阻挠环境监督检查或者突发环境事件调查，尚不构成妨害公务等犯罪的；

（二）在医院、学校、居民区等人口集中地区及其附近，违反国家规定排放、倾倒、处置有放射性的废物、含传染病病原体的废物、有毒物质或者其他有害物质的；

（三）在重污染天气预警期间、突发环境事件处置期间或者被责令限期整改期间，违反国家规定排放、倾倒、处置有放射性的废物、含传染病病原体的废物、有毒物质或者其他有害物质的；

（四）具有危险废物经营许可证的企业违反国家规定排放、倾倒、处置有放射性的废物、含传染病病原体的废物、有毒物质或者其他有害物质的。

第五条 实施刑法第三百三十八条、第三百三十九条规定的行为，刚达到应当追究刑事责任的标准，但行为人及时采取措施，防止损失扩大、消除污染，全部赔偿损失，积极修复生态环境，且系初犯，确有悔罪表现的，可以认定为情节轻微，不起诉或者免予刑事处罚；确有必要判处刑罚的，应当从宽处罚。

第六条 无危险废物经营许可证从事收集、贮存、利用、处置危险废物经营活动，严重污染环境的，按照污染环境罪定罪处罚；同时构成非法经营罪的，依照处罚较重的规定定罪处罚。

实施前款规定的行为，不具有超标排放污染物、非法倾倒污染物或者其他违法造成环境污染的情形的，可以认定为非法经营情节显著轻微危害不大，不认为是犯罪；构成生产、销售伪劣产品等其他犯罪的，以其他犯罪论处。

第七条 明知他人无危险废物经营许可证，向其提供或者委托其收集、贮存、利用、处置危险废物，严重污染环境的，以共同犯罪论处。

第八条 违反国家规定，排放、倾倒、处置含有毒害性、放射性、传染病病原体等物质的污染物，同时构成污染环境罪、非法处置进口的固体废物罪、投放危险物质罪等犯罪的，依照处罚较重的规定定罪处罚。

第九条 环境影响评价机构或其人员，故意提供虚假环境影响评价文件，情节严重的，或者严重不负责任，出具的环境影响评价文件存在重大失实，造成严重后果的，应当依照刑法第二百二十九条、第二百三十一条的规定，以提供虚假证明文件罪或者出具证明文件重大失实罪定罪处罚。

第十条 违反国家规定，针对环境质量监测系统实施下列行为，或者强令、指使、授意他人实施下列行为的，应当依照刑法第二百八十六条的规定，以破坏计算机信息系统罪论处：

（一）修改参数或者监测数据的；

（二）干扰采样，致使监测数据严重失真的；

（三）其他破坏环境质量监测系统的行为。

重点排污单位篡改、伪造自动监测数据或者干扰自动监测设施，排放化学需氧量、氨氮、二氧化硫、氮氧化物等污染物，同时构成污染环境罪和破坏计算机信息系统罪的，依照处罚较重的规定定罪处罚。

从事环境监测设施维护、运营的人员实施或者参与实施篡改、伪造自动监测数据、干扰自动监测设施、破坏环境质量监测系统等行为的，应当从重处罚。

第十一条 单位实施本解释规定的犯罪的，依照本解释规定的定罪量刑标准，对直接负责的主管人员和其他直接责任人员定罪处罚，并对单位判处罚金。

第十二条 环境保护主管部门及其所属监测机构在行政执法过程中收集的监测数据，在刑事诉讼中可以作为证据使用。

公安机关单独或者会同环境保护主管部门，提取污染物样品进行检测获取的数据，在刑事诉讼中可以作为证据使用。

第十三条 对国家危险废物名录所列的废物，可以依据涉案物质的来源、产生过程、被告人供述、证人证言以及经批准或者备案的环境影响评价文件等证据，结合环境保护主管部门、公安机关等出具的书面意见作出认定。

对于危险废物的数量，可以综合被告人供述，涉案企业的生产工艺、物耗、能耗情况，以及经批准或者备案的环境影响评价文件等证据作出认定。

第十四条 对案件所涉的环境污染专门性问题难以确定的,依据司法鉴定机构出具的鉴定意见,或者国务院环境保护主管部门、公安部门指定的机构出具的报告,结合其他证据作出认定。

第十五条 下列物质应当认定为刑法第三百三十八条规定的“有毒物质”:

(一)危险废物,是指列入国家危险废物名录,或者根据国家规定的危险废物鉴别标准和鉴别方法认定的,具有危险特性的废物;

(二)《关于持久性有机污染物的斯德哥尔摩公约》附件所列物质;

(三)含重金属的污染物;

(四)其他具有毒性,可能污染环境的物质。

第十六条 无危险废物经营许可证,以营利为目的,从危险废物中提取物质作为原材料或者燃料,并具有超标排放污染物、非法倾倒污染物或者其他违法造成环境污染的情形的行为,应当认定为“非法处置危险废物”。

第十七条 本解释所称“二年内”,以第一次违法行为受到行政处罚的生效之日与又实施相应行为之日的时间间隔计算确定。

本解释所称“重点排污单位”,是指设区的市级以上人民政府环境保护主管部门依法确定的应当安装、使用污染物排放自动监测设备的重点监控企业及其他单位。

本解释所称“违法所得”,是指实施刑法第三百三十八条、第三百三十九条规定的行为所得和可得的全部违法收入。

本解释所称“公私财产损失”,包括实施刑法第三百三十八条、第三百三十九条规定的行为直接造成财产损毁、减少的实际价值,为防止污染扩大、消除污染而采取必要合理措施所产生的费用,以及处置突发环境事件的应急监测费用。

本解释所称“生态环境损害”,包括生态环境修复费用,生态环境修复期间服务功能的损失和生态环境功能永久性损害造成的损失,以及其他必要合理费用。

本解释所称“无危险废物经营许可证”,是指未取得危险废物经营许可证,或者超出危险废物经营许可证的经营范围。

第十八条 本解释自 2017 年 1 月 1 日起施行。本解释施行后,《最高人民法院、最高人民检察院关于办理环境污染刑事案件适用法律若干问题的解释》(法释〔2013〕15 号)同时废止;之前发布的司法解释与本解释不一致的,以本解释为准。

最高人民法院、最高人民检察院、公安部、司法部、生态环境部印发《关于办理环境污染刑事案件有关问题座谈会纪要》的通知

各省、自治区、直辖市高级人民法院、人民检察院、公安厅(局)、司法厅(局)、生态环境厅(局),解放军军事法院、解放军军事检察院,新疆维吾尔自治区高级人民法院生产建设兵团分院,新疆生产建设兵团人民检察院、公安局、司法局、环境保护局:

为深入学习贯彻习近平生态文明思想,认真落实党中央重大决策部署和全国人大常委会决议要求,全力参与和服务保障打好污染防治攻坚战,推进生态文明建设,形成各部门依法惩治环境污染犯罪的合力,2018 年 12 月,最高人民法院、最高人民检察院、公安部、司法部、生态环境部在北京联合召开座谈会。会议交流了当前办理环境污染刑事案件的工作情况,分析了遇到的突出困难和问题,研究了解决措施,对办理环境污染刑事案件中的有关问题形成了统一认识。现将会议纪要印发,请认真组织学习,并在工作中遵照执行。执行中遇到的重大问题,请及时向最高人民法院、最高人民检察院、公安部、司法部、生态环境部请示报告。

最高人民法院、最高人民检察院
公安部　司法部
生态环境部
2019 年 2 月 20 日

最高人民法院、最高人民检察院、公安部、司法部、生态环境部关于办理环境污染刑事案件有关问题座谈会纪要

2018 年 6 月 16 日,中共中央、国务院发布《关于全面加强生态环境保护坚决打好污染防治攻坚战的意见》。7 月 10 日,全国人民代表大会常务委员会通过了《关于全面加强生态环境保护依法推动打好污染防治攻坚战的决议》。为深入学习贯彻习近平生态文明思想,认真落实党中央重大决策部署和全国人大常委会决议要求,全力参与和服务保障打好污染防治攻坚战,推进生态文明建设,形成各部门依法惩治环境污染犯罪的合力,2018 年 12 月,最高人民法院、最高人民检察院、公安部、司法部、生态环境部在北京联合召开座谈会。会议交流了当前办理环境污染刑事案件的工作情况,分析了遇到的突出困难和问题,研究了解决措施。会议对办理环境污染刑事案件中的有关问题形成了统一认识。纪要如下:

一

会议指出,2018 年 5 月 18 日至 19 日,全国生态环境保护大会在北京胜利召开,习近平总书记出席会议并发表重要讲话,着眼人民福祉和民族未来,从党和国家事业发展全局出发,全面总结党的十八大以来我国生态文明建设和生态环境保护工作取得的历史性成就、发生的历史性变革,深刻阐述加强生态文明建设的重大意义,明确提出加强生态文明建设必须坚持的重要原则,对加强生态环境保护、打好污染防治攻坚战作出了全面部署。这次大会最大的亮点,就是确立了习近平生态文明思想。习近平生态文明思想站在坚持和发展中国特色社会主义、实现中华民族伟大复兴中国梦的战略高度,把生态文明建设摆在治国理政的突出位置,作为统筹推进"五位一体"总体布局和协调推进"四个全面"战略布局的重要内容,深刻回答了为什么建设生态文明、建设什么样的生态文明、怎样建设生态文明的重大理论和实践问题,是习近平新时代中国特色社会主义思想的重要组成部分。各部门要认真学习、深刻领会、全面贯彻习近平生态文明思想,将其作为生态环境行政执法和司法办案的行动指南和根本遵循,为守护绿水青山蓝天、建设美丽中国提供有力保障。

会议强调,打好防范化解重大风险、精准脱贫、污染防治的攻坚战,是以习近

平同志为核心的党中央深刻分析国际国内形势,着眼党和国家事业发展全局作出的重大战略部署,对于夺取全面建成小康社会伟大胜利、开启全面建设社会主义现代化强国新征程具有重大的现实意义和深远的历史意义。服从服务党和国家工作大局,充分发挥职能作用,努力为打好打赢三大攻坚战提供优质法治环境和司法保障,是当前和今后一个时期人民法院、人民检察院、公安机关、司法行政机关、生态环境部门的重点任务。

会议指出,2018 年 12 月 19 日至 21 日召开的中央经济工作会议要求,打好污染防治攻坚战,要坚守阵地、巩固成果,聚焦做好打赢蓝天保卫战等工作,加大工作和投入力度,同时要统筹兼顾,避免处置措施简单粗暴。各部门要认真领会会议精神,紧密结合实际,强化政治意识、大局意识和责任担当,以加大办理环境污染刑事案件工作力度作为切入点和着力点,主动调整工作思路,积极谋划工作举措,既要全面履职、积极作为,又要综合施策、精准发力,保障污染防治攻坚战顺利推进。

二

会议要求,各部门要正确理解和准确适用刑法和《最高人民法院、最高人民检察院关于办理环境污染刑事案件适用法律若干问题的解释》(法释〔2016〕29号,以下称《环境解释》)的规定,坚持最严格的环保司法制度、最严密的环保法治理念,统一执法司法尺度,加大对环境污染犯罪的惩治力度。

1. 关于单位犯罪的认定

会议针对一些地方存在追究自然人犯罪多,追究单位犯罪少,单位犯罪认定难的情况和问题进行了讨论。会议认为,办理环境污染犯罪案件,认定单位犯罪时,应当依法合理把握追究刑事责任的范围,贯彻宽严相济刑事政策,重点打击出资者、经营者和主要获利者,既要防止不当缩小追究刑事责任的人员范围,又要防止打击面过大。

为了单位利益,实施环境污染行为,并具有下列情形之一的,应当认定为单位犯罪:(1)经单位决策机构按照决策程序决定的;(2)经单位实际控制人、主要负责人或者授权的分管负责人决定、同意的;(3)单位实际控制人、主要负责人或者授权的分管负责人得知单位成员个人实施环境污染犯罪行为,并未加以制止或者及时采取措施,而是予以追认、纵容或者默许的;(4)使用单位营业执照、合同书、公章、印鉴等对外开展活动，并调用单位车辆、船舶、生产设备、原辅材料等实施环境污染犯罪行为的。

单位犯罪中的“直接负责的主管人员”，一般是指对单位犯罪起决定、批准、组织、策划、指挥、授意、纵容等作用的主管人员，包括单位实际控制人、主要负责人或者授权的分管负责人、高级管理人员等；“其他直接责任人员”，一般是指在直接负责的主管人员的指挥、授意下积极参与实施单位犯罪或者对具体实施单位犯罪起较大作用的人员。

对于应当认定为单位犯罪的环境污染犯罪案件，公安机关未作为单位犯罪移送审查起诉的，人民检察院应当退回公安机关补充侦查。对于应当认定为单位犯罪的环境污染犯罪案件，人民检察院只作为自然人犯罪起诉的，人民法院应当建议人民检察院对犯罪单位补充起诉。

2. 关于犯罪未遂的认定

会议针对当前办理环境污染犯罪案件中，能否认定污染环境罪（未遂）的问题进行了讨论。会议认为，当前环境执法工作形势比较严峻，一些行为人拒不配合执法检查、接受检查时弄虚作假、故意逃避法律追究的情形时有发生，因此对于行为人已经着手实施非法排放、倾倒、处置有毒有害污染物的行为，由于有关部门查处或者其他意志以外的原因未得逞的情形，可以污染环境罪（未遂）追究刑事责任。

3. 关于主观过错的认定

会议针对当前办理环境污染犯罪案件中，如何准确认定犯罪嫌疑人、被告人主观过错的问题进行了讨论。会议认为，判断犯罪嫌疑人、被告人是否具有环境污染犯罪的故意，应当依据犯罪嫌疑人、被告人的任职情况、职业经历、专业背景、培训经历、本人因同类行为受到行政处罚或者刑事追究情况以及污染物种类、污染方式、资金流向等证据，结合其供述，进行综合分析判断。

实践中，具有下列情形之一，犯罪嫌疑人、被告人不能作出合理解释的，可以认定其故意实施环境污染犯罪，但有证据证明确系不知情的除外：（1）企业没有依法通过环境影响评价，或者未依法取得排污许可证，排放污染物，或者已经通过环境影响评价并且防治污染设施验收合格后，擅自更改工艺流程、原辅材料，导致产生新的污染物质的；（2）不使用验收合格的防治污染设施或者不按规范要求使用的；（3）防治污染设施发生故障，发现后不及时排除，继续生产放任污染物排放的;(4)生态环境部门责令限制生产、停产整治或者予以行政处罚后,继续生产放任污染物排放的;(5)将危险废物委托第三方处置,没有尽到查验经营许可的义务,或者委托处置费用明显低于市场价格或者处置成本的;(6)通过暗管、渗井、渗坑、裂隙、溶洞、灌注等逃避监管的方式排放污染物的;(7)通过篡改、伪造监测数据的方式排放污染物的;(8)其他足以认定的情形。

4. 关于生态环境损害标准的认定

会议针对如何适用《环境解释》第一条、第三条规定的"造成生态环境严重损害的""造成生态环境特别严重损害的"定罪量刑标准进行了讨论。会议指出,生态环境损害赔偿制度是生态文明制度体系的重要组成部分。党中央、国务院高度重视生态环境损害赔偿工作,党的十八届三中全会明确提出对造成生态环境损害的责任者严格实行赔偿制度。2015 年,中央办公厅、国务院办公厅印发《生态环境损害赔偿制度改革试点方案》(中办发〔2015〕57 号),在吉林等 7 个省市部署开展改革试点,取得明显成效。2017 年,中央办公厅、国务院办公厅印发《生态环境损害赔偿制度改革方案》(中办发〔2017〕68 号),在全国范围内试行生态环境损害赔偿制度。

会议指出,《环境解释》将造成生态环境损害规定为污染环境罪的定罪量刑标准之一,是为了与生态环境损害赔偿制度实现衔接配套,考虑到该制度尚在试行过程中,《环境解释》作了较原则的规定。司法实践中,一些省市结合本地区工作实际制定了具体标准。会议认为,在生态环境损害赔偿制度试行阶段,全国各省(自治区、直辖市)可以结合本地实际情况,因地制宜,因时制宜,根据案件具体情况准确认定"造成生态环境严重损害"和"造成生态环境特别严重损害"。

5. 关于非法经营罪的适用

会议针对如何把握非法经营罪与污染环境罪的关系以及如何具体适用非法经营罪的问题进行了讨论。会议强调,要高度重视非法经营危险废物案件的办理,坚持全链条、全环节、全流程对非法排放、倾倒、处置、经营危险废物的产业链进行刑事打击,查清犯罪网络,深挖犯罪源头,斩断利益链条,不断挤压和铲除此类犯罪滋生蔓延的空间。

会议认为,准确理解和适用《环境解释》第六条的规定应当注意把握两个原则:一要坚持实质判断原则,对行为人非法经营危险废物行为的社会危害性作实质性判断。比如,一些单位或者个人虽未依法取得危险废物经营许可证,但其收集、贮存、利用、处置危险废物经营活动，没有超标排放污染物、非法倾倒污染物或者其他违法造成环境污染情形的，则不宜以非法经营罪论处。二要坚持综合判断原则，对行为人非法经营危险废物行为根据其在犯罪链条中的地位、作用综合判断其社会危害性。比如，有证据证明单位或者个人的无证经营危险废物行为属于危险废物非法经营产业链的一部分，并且已经形成了分工负责、利益均沾、相对固定的犯罪链条，如果行为人或者与其联系紧密的上游或者下游环节具有排放、倾倒、处置危险废物违法造成环境污染的情形，且交易价格明显异常的，对行为人可以根据案件具体情况在污染环境罪和非法经营罪中，择一重罪处断。

6. 关于投放危险物质罪的适用

会议强调，目前我国一些地方环境违法犯罪活动高发多发，刑事处罚威慑力不强的问题仍然突出，现阶段在办理环境污染犯罪案件时必须坚决贯彻落实中央领导同志关于重典治理污染的指示精神，把刑法和《环境解释》的规定用足用好，形成对环境污染违法犯罪的强大震慑。

会议认为，司法实践中对环境污染行为适用投放危险物质罪追究刑事责任时，应当重点审查判断行为人的主观恶性、污染行为恶劣程度、污染物的毒害性危险性、污染持续时间、污染结果是否可逆、是否对公共安全造成现实、具体、明确的危险或者危害等各方面因素。对于行为人明知其排放、倾倒、处置的污染物含有毒害性、放射性、传染病病原体等危险物质，仍实施环境污染行为放任其危害公共安全，造成重大人员伤亡、重大公私财产损失等严重后果，以污染环境罪论处明显不足以罚当其罪的，可以按投放危险物质罪定罪量刑。实践中，此类情形主要是向饮用水水源保护区，饮用水供水单位取水口和出水口，南水北调水库、干渠、涵洞等配套工程，重要渔业水体以及自然保护区核心区等特殊保护区域，排放、倾倒、处置毒害性极强的污染物，危害公共安全并造成严重后果的情形。

7. 关于涉大气污染环境犯罪的处理

会议针对涉大气污染环境犯罪的打击处理问题进行了讨论。会议强调，打赢蓝天保卫战是打好污染防治攻坚战的重中之重。各级人民法院、人民检察院、公安机关、生态环境部门要认真分析研究全国人大常委会大气污染防治法执法检查发现的问题和提出的建议，不断加大对涉大气污染环境犯罪的打击力度，毫不动摇地以法律武器治理污染，用法治力量保卫蓝天，推动解决人民群众关注的突出大气环境问题。

会议认为,司法实践中打击涉大气污染环境犯罪,要抓住关键问题,紧盯薄弱环节,突出打击重点。对重污染天气预警期间,违反国家规定,超标排放二氧化硫、氮氧化物,受过行政处罚后又实施上述行为或者具有其他严重情节的,可以适用《环境解释》第一条第十八项规定的"其他严重污染环境的情形"追究刑事责任。

8. 关于非法排放、倾倒、处置行为的认定

会议针对如何准确认定环境污染犯罪中非法排放、倾倒、处置行为进行了讨论。会议认为,司法实践中认定非法排放、倾倒、处置行为时,应当根据《固体废物污染环境防治法》和《环境解释》的有关规定精神,从其行为方式是否违反国家规定或者行业操作规范、污染物是否与外环境接触、是否造成环境污染的危险或者危害等方面进行综合分析判断。对名为运输、贮存、利用,实为排放、倾倒、处置的行为应当认定为非法排放、倾倒、处置行为,可以依法追究刑事责任。比如,未采取相应防范措施将没有利用价值的危险废物长期贮存、搁置,放任危险废物或者其有毒有害成分大量扬散、流失、泄漏、挥发,污染环境的。

9. 关于有害物质的认定

会议针对如何准确认定刑法第三百三十八条规定的"其他有害物质"的问题进行了讨论。会议认为,办理非法排放、倾倒、处置其他有害物质的案件,应当坚持主客观相一致原则,从行为人的主观恶性、污染行为恶劣程度、有害物质危险性毒害性等方面进行综合分析判断,准确认定其行为的社会危害性。实践中,常见的有害物质主要有:工业危险废物以外的其他工业固体废物;未经处理的生活垃圾;有害大气污染物、受控消耗臭氧层物质和有害水污染物;在利用和处置过程中必然产生有毒有害物质的其他物质;国务院生态环境保护主管部门会同国务院卫生主管部门公布的有毒有害污染物名录中的有关物质等。

10. 关于从重处罚情形的认定

会议强调,要坚决贯彻党中央推动长江经济带发展的重大决策,为长江经济带共抓大保护、不搞大开发提供有力的司法保障。实践中,对于发生在长江经济带十一省(直辖市)的下列环境污染犯罪行为,可以从重处罚:(1)跨省(直辖市)排放、倾倒、处置有放射性的废物、含传染病病原体的废物、有毒物质或者其他有害物质的;(2)向国家确定的重要江河、湖泊或者其他跨省(直辖市)江河、湖泊

排放、倾倒、处置有放射性的废物、含传染病病原体的废物、有毒物质或者其他有害物质的。

11. 关于严格适用不起诉、缓刑、免予刑事处罚

会议针对当前办理环境污染犯罪案件中如何严格适用不起诉、缓刑、免予刑事处罚的问题进行了讨论。会议强调,环境污染犯罪案件的刑罚适用直接关系加强生态环境保护打好污染防治攻坚战的实际效果。各级人民法院、人民检察院要深刻认识环境污染犯罪的严重社会危害性,正确贯彻宽严相济刑事政策,充分发挥刑罚的惩治和预防功能。要在全面把握犯罪事实和量刑情节的基础上严格依照刑法和刑事诉讼法规定的条件适用不起诉、缓刑、免予刑事处罚,既要考虑从宽情节,又要考虑从严情节;既要做到刑罚与犯罪相当,又要做到刑罚执行方式与犯罪相当,切实避免不起诉、缓刑、免予刑事处罚不当适用造成的消极影响。

会议认为,具有下列情形之一的,一般不适用不起诉、缓刑或者免予刑事处罚:(1)不如实供述罪行的;(2)属于共同犯罪中情节严重的主犯的;(3)犯有数个环境污染犯罪依法实行并罚或者以一罪处理的;(4)曾因环境污染违法犯罪行为受过行政处罚或者刑事处罚的;(5)其他不宜适用不起诉、缓刑、免予刑事处罚的情形。

会议要求,人民法院审理环境污染犯罪案件拟适用缓刑或者免予刑事处罚的,应当分析案发前后的社会影响和反映,注意听取控辩双方提出的意见。对于情节恶劣、社会反映强烈的环境污染犯罪,不得适用缓刑、免予刑事处罚。人民法院对判处缓刑的被告人,一般应当同时宣告禁止令,禁止其在缓刑考验期内从事与排污或者处置危险废物有关的经营活动。生态环境部门根据禁止令,对上述人员担任实际控制人、主要负责人或者高级管理人员的单位,依法不得发放排污许可证或者危险废物经营许可证。

三

会议要求,各部门要认真执行《环境解释》和原环境保护部、公安部、最高人民检察院《环境保护行政执法与刑事司法衔接工作办法》(环环监〔2017〕17 号)的有关规定,进一步理顺部门职责,畅通衔接渠道,建立健全环境行政执法与刑事司法衔接的长效工作机制。

12. 关于管辖的问题

会议针对环境污染犯罪案件的管辖问题进行了讨论。会议认为,实践中一些环境污染犯罪案件属于典型的跨区域刑事案件,容易存在管辖不明或者有争议的情况,各级人民法院、人民检察院、公安机关要加强沟通协调,共同研究解决。

会议提出,跨区域环境污染犯罪案件由犯罪地的公安机关管辖。如果由犯罪嫌疑人居住地的公安机关管辖更为适宜的,可以由犯罪嫌疑人居住地的公安机关管辖。犯罪地包括环境污染行为发生地和结果发生地。"环境污染行为发生地"包括环境污染行为的实施地以及预备地、开始地、途经地、结束地以及排放、倾倒污染物的车船停靠地、始发地、途经地、到达地等地点;环境污染行为有连续、持续或者继续状态的,相关地方都属于环境污染行为发生地。"环境污染结果发生地"包括污染物排放地、倾倒地、堆放地、污染发生地等。

多个公安机关都有权立案侦查的,由最初受理的或者主要犯罪地的公安机关立案侦查,管辖有争议的,按照有利于查清犯罪事实、有利于诉讼的原则,由共同的上级公安机关协调确定的公安机关立案侦查,需要提请批准逮捕、移送审查起诉、提起公诉的,由该公安机关所在地的人民检察院、人民法院受理。

13. 关于危险废物的认定

会议针对危险废物如何认定以及是否需要鉴定的问题进行了讨论。会议认为,根据《环境解释》的规定精神,对于列入《国家危险废物名录》的,如果来源和相应特征明确,司法人员根据自身专业技术知识和工作经验认定难度不大的,司法机关可以依据名录直接认定。对于来源和相应特征不明确的,由生态环境部门、公安机关等出具书面意见,司法机关可以依据涉案物质的来源、产生过程、被告人供述、证人证言以及经批准或者备案的环境影响评价文件等证据,结合上述书面意见作出是否属于危险废物的认定。对于需要生态环境部门、公安机关等出具书面认定意见的,区分下列情况分别处理:(1)对已确认固体废物产生单位,且产废单位环评文件中明确为危险废物的,根据产废单位建设项目环评文件和审批、验收意见、案件笔录等材料,可对照《国家危险废物名录》等出具认定意见。(2)对已确认固体废物产生单位,但产废单位环评文件中未明确为危险废物的,应进一步分析废物产生工艺,对照判断其是否列入《国家危险废物名录》。列入名录的可以直接出具认定意见;未列入名录的,应根据原辅材料、产生工艺等进一步分析其是否具有危险特性，不可能具有危险特性的，不属于危险废物；可能具有危险特性的，抽取典型样品进行检测，并根据典型样品检测指标浓度，对照《危险废物鉴别标准》(GB 5085.1－7)出具认定意见。(3)对固体废物产生单位无法确定的，应抽取典型样品进行检测，根据典型样品检测指标浓度，对照《危险废物鉴别标准》(GB 5085.1－7)出具认定意见。对确需进一步委托有相关资质的检测鉴定机构进行检测鉴定的，生态环境部门或者公安机关按照有关规定开展检测鉴定工作。

14. 关于鉴定的问题

会议指出，针对当前办理环境污染犯罪案件中存在的司法鉴定有关问题，司法部将会同生态环境部，加快准入一批诉讼急需、社会关注的环境损害司法鉴定机构，加快对环境损害司法鉴定相关技术规范和标准的制定、修改和认定工作，规范鉴定程序，指导各地司法行政机关会同价格主管部门制定出台环境损害司法鉴定收费标准，加强与办案机关的沟通衔接，更好地满足办案机关需求。

会议要求，司法部应当根据《关于严格准入严格监管提高司法鉴定质量和公信力的意见》(司发〔2017〕11号)的要求，会同生态环境部加强对环境损害司法鉴定机构的事中事后监管，加强司法鉴定社会信用体系建设，建立黑名单制度，完善退出机制，及时向社会公开违法违规的环境损害司法鉴定机构和鉴定人行政处罚、行业惩戒等监管信息，对弄虚作假造成环境损害鉴定评估结论严重失实或者违规收取高额费用、情节严重的，依法撤销登记。鼓励有关单位或者个人向司法部、生态环境部举报环境损害司法鉴定机构的违法违规行为。

会议认为，根据《环境解释》的规定精神，对涉及案件定罪量刑的核心或者关键专门性问题难以确定的，由司法鉴定机构出具鉴定意见。实践中，这类核心或者关键专门性问题主要是案件具体适用的定罪量刑标准涉及的专门性问题，比如公私财产损失数额、超过排放标准倍数、污染物性质判断等。对案件的其他非核心或者关键专门性问题，或者可鉴定也可不鉴定的专门性问题，一般不委托鉴定。比如，适用《环境解释》第一条第二项“非法排放、倾倒、处置危险废物三吨以上”的规定对当事人追究刑事责任的，除可能适用公私财产损失第二档定罪量刑标准的以外，则不应再对公私财产损失数额或者超过排放标准倍数进行鉴定。涉及案件定罪量刑的核心或者关键专门性问题难以鉴定或者鉴定费用明显过高的，司法机关可以结合案件其他证据，并参考生态环境部门意见、专家意见等作出认定。

15. 关于监测数据的证据资格问题

会议针对实践中地方生态环境部门及其所属监测机构委托第三方监测机构出具报告的证据资格问题进行了讨论。会议认为,地方生态环境部门及其所属监测机构委托第三方监测机构出具的监测报告,地方生态环境部门及其所属监测机构在行政执法过程中予以采用的,其实质属于《环境解释》第十二条规定的"环境保护主管部门及其所属监测机构在行政执法过程中收集的监测数据",在刑事诉讼中可以作为证据使用。

最高人民法院关于审理环境侵权责任纠纷案件适用法律若干问题的解释

(2015年2月9日由最高人民法院审判委员会第1644次会议通过,根据2020年12月23日最高人民法院审判委员会第1823次会议通过的《最高人民法院关于修改〈最高人民法院关于在民事审判工作中适用《中华人民共和国工会法》若干问题的解释〉等二十七件民事类司法解释的决定》修正)

为正确审理环境侵权责任纠纷案件,根据《中华人民共和国民法典》《中华人民共和国环境保护法》《中华人民共和国民事诉讼法》等法律的规定,结合审判实践,制定本解释。

第一条　因污染环境、破坏生态造成他人损害,不论侵权人有无过错,侵权人应当承担侵权责任。

侵权人以排污符合国家或者地方污染物排放标准为由主张不承担责任的,人民法院不予支持。

侵权人不承担责任或者减轻责任的情形,适用海洋环境保护法、水污染防治法、大气污染防治法等环境保护单行法的规定;相关环境保护单行法没有规定的,适用民法典的规定。

第二条　两个以上侵权人共同实施污染环境、破坏生态行为造成损害,被侵权人根据民法典第一千一百六十八条规定请求侵权人承担连带责任的,人民法院应予支持。

第三条　两个以上侵权人分别实施污染环境、破坏生态行为造成同一损害,每一个侵权人的污染环境、破坏生态行为都足以造成全部损害,被侵权人根据民法典第一千一百七十一条规定请求侵权人承担连带责任的,人民法院应予支持。

两个以上侵权人分别实施污染环境、破坏生态行为造成同一损害,每一个侵权人的污染环境、破坏生态行为都不足以造成全部损害,被侵权人根据民法典第一千一百七十二条规定请求侵权人承担责任的,人民法院应予支持。

两个以上侵权人分别实施污染环境、破坏生态行为造成同一损害,部分侵权人的污染环境、破坏生态行为足以造成全部损害,部分侵权人的污染环境、破坏生态行为只造成部分损害,被侵权人根据民法典第一千一百七十一条规定请求足以造成全部损害的侵权人与其他侵权人就共同造成的损害部分承担连带责任,并对全部损害承担责任的,人民法院应予支持。

第四条 两个以上侵权人污染环境、破坏生态,对侵权人承担责任的大小,人民法院应当根据污染物的种类、浓度、排放量、危害性,有无排污许可证、是否超过污染物排放标准、是否超过重点污染物排放总量控制指标,破坏生态的方式、范围、程度,以及行为对损害后果所起的作用等因素确定。

第五条 被侵权人根据民法典第一千二百三十三条规定分别或者同时起诉侵权人、第三人的,人民法院应予受理。

被侵权人请求第三人承担赔偿责任的,人民法院应当根据第三人的过错程度确定其相应赔偿责任。

侵权人以第三人的过错污染环境、破坏生态造成损害为由主张不承担责任或者减轻责任的,人民法院不予支持。

第六条 被侵权人根据民法典第七编第七章的规定请求赔偿的,应当提供证明以下事实的证据材料:

(一)侵权人排放了污染物或者破坏了生态;

(二)被侵权人的损害;

(三)侵权人排放的污染物或者其次生污染物、破坏生态行为与损害之间具有关联性。

第七条 侵权人举证证明下列情形之一的,人民法院应当认定其污染环境、破坏生态行为与损害之间不存在因果关系:

(一)排放污染物、破坏生态的行为没有造成该损害可能的;

(二)排放的可造成该损害的污染物未到达该损害发生地的;

(三)该损害于排放污染物、破坏生态行为实施之前已发生的;

(四)其他可以认定污染环境、破坏生态行为与损害之间不存在因果关系的情形。

第八条 对查明环境污染、生态破坏案件事实的专门性问题,可以委托具备相关资格的司法鉴定机构出具鉴定意见或者由负有环境资源保护监督管理职责的部门推荐的机构出具检验报告、检测报告、评估报告或者监测数据。

第九条 当事人申请通知一至两名具有专门知识的人出庭,就鉴定意见或者污染物认定、损害结果、因果关系、修复措施等专业问题提出意见的,人民法院可以准许。当事人未申请,人民法院认为有必要的,可以进行释明。

具有专门知识的人在法庭上提出的意见,经当事人质证,可以作为认定案件事实的根据。

第十条 负有环境资源保护监督管理职责的部门或者其委托的机构出具的环境污染、生态破坏事件调查报告、检验报告、检测报告、评估报告或者监测数据等,经当事人质证,可以作为认定案件事实的根据。

第十一条 对于突发性或者持续时间较短的环境污染、生态破坏行为,在证据可能灭失或者以后难以取得的情况下,当事人或者利害关系人根据民事诉讼法第八十一条规定申请证据保全的,人民法院应当准许。

第十二条 被申请人具有环境保护法第六十三条规定情形之一,当事人或者利害关系人根据民事诉讼法第一百条或者第一百零一条规定申请保全的,人民法院可以裁定责令被申请人立即停止侵害行为或者采取防治措施。

第十三条 人民法院应当根据被侵权人的诉讼请求以及具体案情,合理判定侵权人承担停止侵害、排除妨碍、消除危险、修复生态环境、赔礼道歉、赔偿损失等民事责任。

第十四条 被侵权人请求修复生态环境的,人民法院可以依法裁判侵权人承担环境修复责任,并同时确定其不履行环境修复义务时应当承担的环境修复费用。

侵权人在生效裁判确定的期限内未履行环境修复义务的,人民法院可以委托其他人进行环境修复,所需费用由侵权人承担。

第十五条 被侵权人起诉请求侵权人赔偿因污染环境、破坏生态造成的财产损失、人身损害以及为防止损害发生和扩大、清除污染、修复生态环境而采取必要措施所支出的合理费用的,人民法院应予支持。

第十六条 下列情形之一,应当认定为环境保护法第六十五条规定的弄虚作假:

(一)环境影响评价机构明知委托人提供的材料虚假而出具严重失实的评价

文件的；

（二）环境监测机构或者从事环境监测设备维护、运营的机构故意隐瞒委托人超过污染物排放标准或者超过重点污染物排放总量控制指标的事实的；

（三）从事防治污染设施维护、运营的机构故意不运行或者不正常运行环境监测设备或者防治污染设施的；

（四）有关机构在环境服务活动中其他弄虚作假的情形。

第十七条 本解释适用于审理因污染环境、破坏生态造成损害的民事案件，但法律和司法解释对环境民事公益诉讼案件另有规定的除外。

相邻污染侵害纠纷、劳动者在职业活动中因受污染损害发生的纠纷，不适用本解释。

第十八条 本解释施行后，人民法院尚未审结的一审、二审案件适用本解释规定。本解释施行前已经作出生效裁判的案件，本解释施行后依法再审的，不适用本解释。

本解释施行后，最高人民法院以前颁布的司法解释与本解释不一致的，不再适用。

最高人民法院关于审理环境民事公益诉讼案件适用法律若干问题的解释

(2014年12月8日最高人民法院审判委员会第1631次会议通过,根据2020年12月23日最高人民法院审判委员会第1823次会议通过的《最高人民法院关于修改〈最高人民法院关于人民法院民事调解工作若干问题的规定〉等十九件民事诉讼类司法解释的决定》修正)

为正确审理环境民事公益诉讼案件,根据《中华人民共和国民法典》《中华人民共和国环境保护法》《中华人民共和国民事诉讼法》等法律的规定,结合审判实践,制定本解释。

第一条 法律规定的机关和有关组织依据民事诉讼法第五十五条、环境保护法第五十八条等法律的规定,对已经损害社会公共利益或者具有损害社会公共利益重大风险的污染环境、破坏生态的行为提起诉讼,符合民事诉讼法第一百一十九条第二项、第三项、第四项规定的,人民法院应予受理。

第二条 依照法律、法规的规定,在设区的市级以上人民政府民政部门登记的社会团体、基金会以及社会服务机构等,可以认定为环境保护法第五十八条规定的社会组织。

第三条 设区的市,自治州、盟、地区,不设区的地级市,直辖市的区以上人民政府民政部门,可以认定为环境保护法第五十八条规定的“设区的市级以上人民政府民政部门”。

第四条 社会组织章程确定的宗旨和主要业务范围是维护社会公共利益,且从事环境保护公益活动的,可以认定为环境保护法第五十八条规定的“专门从事环境保护公益活动”。

社会组织提起的诉讼所涉及的社会公共利益,应与其宗旨和业务范围具有关联性。

第五条 社会组织在提起诉讼前五年内未因从事业务活动违反法律、法规的规定受过行政、刑事处罚的，可以认定为环境保护法第五十八条规定的“无违法记录”。

第六条 第一审环境民事公益诉讼案件由污染环境、破坏生态行为发生地、损害结果地或者被告住所地的中级以上人民法院管辖。

中级人民法院认为确有必要的，可以在报请高级人民法院批准后，裁定将本院管辖的第一审环境民事公益诉讼案件交由基层人民法院审理。

同一原告或者不同原告对同一污染环境、破坏生态行为分别向两个以上有管辖权的人民法院提起环境民事公益诉讼的，由最先立案的人民法院管辖，必要时由共同上级人民法院指定管辖。

第七条 经最高人民法院批准，高级人民法院可以根据本辖区环境和生态保护的实际情况，在辖区内确定部分中级人民法院受理第一审环境民事公益诉讼案件。

中级人民法院管辖环境民事公益诉讼案件的区域由高级人民法院确定。

第八条 提起环境民事公益诉讼应当提交下列材料：

（一）符合民事诉讼法第一百二十一条规定的起诉状，并按照被告人数提出副本；

（二）被告的行为已经损害社会公共利益或者具有损害社会公共利益重大风险的初步证明材料；

（三）社会组织提起诉讼的，应当提交社会组织登记证书、章程、起诉前连续五年的年度工作报告书或者年检报告书，以及由其法定代表人或者负责人签字并加盖公章的无违法记录的声明。

第九条 人民法院认为原告提出的诉讼请求不足以保护社会公共利益的，可以向其释明变更或者增加停止侵害、修复生态环境等诉讼请求。

第十条 人民法院受理环境民事公益诉讼后，应当在立案之日起五日内将起诉状副本发送被告，并公告案件受理情况。

有权提起诉讼的其他机关和社会组织在公告之日起三十日内申请参加诉讼，经审查符合法定条件的，人民法院应当将其列为共同原告；逾期申请的，不予准许。

公民、法人和其他组织以人身、财产受到损害为由申请参加诉讼的，告知其另行起诉。

第十一条 检察机关、负有环境资源保护监督管理职责的部门及其他机关、社会组织、企业事业单位依据民事诉讼法第十五条的规定，可以通过提供法律咨询、提交书面意见、协助调查取证等方式支持社会组织依法提起环境民事公益诉讼。

第十二条 人民法院受理环境民事公益诉讼后，应当在十日内告知对被告行为负有环境资源保护监督管理职责的部门。

第十三条 原告请求被告提供其排放的主要污染物名称、排放方式、排放浓度和总量、超标排放情况以及防治污染设施的建设和运行情况等环境信息，法律、法规、规章规定被告应当持有或者有证据证明被告持有而拒不提供，如果原告主张相关事实不利于被告的，人民法院可以推定该主张成立。

第十四条 对于审理环境民事公益诉讼案件需要的证据，人民法院认为必要的，应当调查收集。

对于应当由原告承担举证责任且为维护社会公共利益所必要的专门性问题，人民法院可以委托具备资格的鉴定人进行鉴定。

第十五条 当事人申请通知有专门知识的人出庭，就鉴定人作出的鉴定意见或者就因果关系、生态环境修复方式、生态环境修复费用以及生态环境受到损害至修复完成期间服务功能丧失导致的损失等专门性问题提出意见的，人民法院可以准许。

前款规定的专家意见经质证，可以作为认定事实的根据。

第十六条 原告在诉讼过程中承认的对己方不利的事实和认可的证据，人民法院认为损害社会公共利益的，应当不予确认。

第十七条 环境民事公益诉讼案件审理过程中，被告以反诉方式提出诉讼请求的，人民法院不予受理。

第十八条 对污染环境、破坏生态，已经损害社会公共利益或者具有损害社会公共利益重大风险的行为，原告可以请求被告承担停止侵害、排除妨碍、消除危险、修复生态环境、赔偿损失、赔礼道歉等民事责任。

第十九条 原告为防止生态环境损害的发生和扩大，请求被告停止侵害、排除妨碍、消除危险的，人民法院可以依法予以支持。

原告为停止侵害、排除妨碍、消除危险采取合理预防、处置措施而发生的费用,请求被告承担的,人民法院可以依法予以支持。

第二十条 原告请求修复生态环境的,人民法院可以依法判决被告将生态环境修复到损害发生之前的状态和功能。无法完全修复的,可以准许采用替代性修复方式。

人民法院可以在判决被告修复生态环境的同时,确定被告不履行修复义务时应承担的生态环境修复费用;也可以直接判决被告承担生态环境修复费用。

生态环境修复费用包括制定、实施修复方案的费用,修复期间的监测、监管费用,以及修复完成后的验收费用、修复效果后评估费用等。

第二十一条 原告请求被告赔偿生态环境受到损害至修复完成期间服务功能丧失导致的损失、生态环境功能永久性损害造成的损失的,人民法院可以依法予以支持。

第二十二条 原告请求被告承担以下费用的,人民法院可以依法予以支持:

(一)生态环境损害调查、鉴定评估等费用;

(二)清除污染以及防止损害的发生和扩大所支出的合理费用;

(三)合理的律师费以及为诉讼支出的其他合理费用。

第二十三条 生态环境修复费用难以确定或者确定具体数额所需鉴定费用明显过高的,人民法院可以结合污染环境、破坏生态的范围和程度,生态环境的稀缺性,生态环境恢复的难易程度,防治污染设备的运行成本,被告因侵害行为所获得的利益以及过错程度等因素,并可以参考负有环境资源保护监督管理职责的部门的意见、专家意见等,予以合理确定。

第二十四条 人民法院判决被告承担的生态环境修复费用、生态环境受到损害至修复完成期间服务功能丧失导致的损失、生态环境功能永久性损害造成的损失等款项,应当用于修复被损害的生态环境。

其他环境民事公益诉讼中败诉原告所需承担的调查取证、专家咨询、检验、鉴定等必要费用,可以酌情从上述款项中支付。

第二十五条 环境民事公益诉讼当事人达成调解协议或者自行达成和解协议后,人民法院应当将协议内容公告,公告期间不少于三十日。

公告期满后,人民法院审查认为调解协议或者和解协议的内容不损害社会公共利益的,应当出具调解书。当事人以达成和解协议为由申请撤诉的,不予准许。

调解书应当写明诉讼请求、案件的基本事实和协议内容,并应当公开。

第二十六条 负有环境资源保护监督管理职责的部门依法履行监管职责而使原告诉讼请求全部实现,原告申请撤诉的,人民法院应予准许。

第二十七条 法庭辩论终结后,原告申请撤诉的,人民法院不予准许,但本解释第二十六条规定的情形除外。

第二十八条 环境民事公益诉讼案件的裁判生效后,有权提起诉讼的其他机关和社会组织就同一污染环境、破坏生态行为另行起诉,有下列情形之一的,人民法院应予受理:

(一)前案原告的起诉被裁定驳回的;

(二)前案原告申请撤诉被裁定准许的,但本解释第二十六条规定的情形除外。

环境民事公益诉讼案件的裁判生效后,有证据证明存在前案审理时未发现的损害,有权提起诉讼的机关和社会组织另行起诉的,人民法院应予受理。

第二十九条 法律规定的机关和社会组织提起环境民事公益诉讼的,不影响因同一污染环境、破坏生态行为受到人身、财产损害的公民、法人和其他组织依据民事诉讼法第一百一十九条的规定提起诉讼。

第三十条 已为环境民事公益诉讼生效裁判认定的事实,因同一污染环境、破坏生态行为依据民事诉讼法第一百一十九条规定提起诉讼的原告、被告均无需举证证明,但原告对该事实有异议并有相反证据足以推翻的除外。

对于环境民事公益诉讼生效裁判就被告是否存在法律规定的不承担责任或者减轻责任的情形、行为与损害之间是否存在因果关系、被告承担责任的大小等所作的认定,因同一污染环境、破坏生态行为依据民事诉讼法第一百一十九条规定提起诉讼的原告主张适用的,人民法院应予支持,但被告有相反证据足以推翻的除外。被告主张直接适用对其有利的认定的,人民法院不予支持,被告仍应举证证明。

第三十一条 被告因污染环境、破坏生态在环境民事公益诉讼和其他民事诉讼中均承担责任,其财产不足以履行全部义务的,应当先履行其他民事诉讼生效裁判所确定的义务,但法律另有规定的除外。

第三十二条 发生法律效力的环境民事公益诉讼案件的裁判,需要采取强制执行措施的,应当移送执行。

第三十三条 原告交纳诉讼费用确有困难，依法申请缓交的，人民法院应予准许。

败诉或者部分败诉的原告申请减交或者免交诉讼费用的，人民法院应当依照《诉讼费用交纳办法》的规定，视原告的经济状况和案件的审理情况决定是否准许。

第三十四条 社会组织有通过诉讼违法收受财物等牟取经济利益行为的，人民法院可以根据情节轻重依法收缴其非法所得、予以罚款；涉嫌犯罪的，依法移送有关机关处理。

社会组织通过诉讼牟取经济利益的，人民法院应当向登记管理机关或者有关机关发送司法建议，由其依法处理。

第三十五条 本解释施行前最高人民法院发布的司法解释和规范性文件，与本解释不一致的，以本解释为准。

最高人民法院、最高人民检察院关于检察公益诉讼案件适用法律若干问题的解释

(2018年2月23日最高人民法院审判委员会第1734次会议、2018年2月11日最高人民检察院第十二届检察委员会第73次会议通过,根据2020年12月23日最高人民法院审判委员会第1823次会议、2020年12月28日最高人民检察院第十三届检察委员会第58次会议修正)

一、一般规定

第一条 为正确适用《中华人民共和国民法典》《中华人民共和国民事诉讼法》《中华人民共和国行政诉讼法》关于人民检察院提起公益诉讼制度的规定,结合审判、检察工作实际,制定本解释。

第二条 人民法院、人民检察院办理公益诉讼案件主要任务是充分发挥司法审判、法律监督职能作用,维护宪法法律权威,维护社会公平正义,维护国家利益和社会公共利益,督促适格主体依法行使公益诉权,促进依法行政、严格执法。

第三条 人民法院、人民检察院办理公益诉讼案件,应当遵守宪法法律规定,遵循诉讼制度的原则,遵循审判权、检察权运行规律。

第四条 人民检察院以公益诉讼起诉人身份提起公益诉讼,依照民事诉讼法、行政诉讼法享有相应的诉讼权利,履行相应的诉讼义务,但法律、司法解释另有规定的除外。

第五条 市(分、州)人民检察院提起的第一审民事公益诉讼案件,由侵权行为地或者被告住所地中级人民法院管辖。

基层人民检察院提起的第一审行政公益诉讼案件,由被诉行政机关所在地基层人民法院管辖。

第六条 人民检察院办理公益诉讼案件,可以向有关行政机关以及其他组

织、公民调查收集证据材料；有关行政机关以及其他组织、公民应当配合；需要采取证据保全措施的，依照民事诉讼法、行政诉讼法相关规定办理。

第七条 人民法院审理人民检察院提起的第一审公益诉讼案件，适用人民陪审制。

第八条 人民法院开庭审理人民检察院提起的公益诉讼案件，应当在开庭三日前向人民检察院送达出庭通知书。

人民检察院应当派员出庭，并应当自收到人民法院出庭通知书之日起三日内向人民法院提交派员出庭通知书。派员出庭通知书应当写明出庭人员的姓名、法律职务以及出庭履行的具体职责。

第九条 出庭检察人员履行以下职责：

（一）宣读公益诉讼起诉书；

（二）对人民检察院调查收集的证据予以出示和说明，对相关证据进行质证；

（三）参加法庭调查，进行辩论并发表意见；

（四）依法从事其他诉讼活动。

第十条 人民检察院不服人民法院第一审判决、裁定的，可以向上一级人民法院提起上诉。

第十一条 人民法院审理第二审案件，由提起公益诉讼的人民检察院派员出庭，上一级人民检察院也可以派员参加。

第十二条 人民检察院提起公益诉讼案件判决、裁定发生法律效力，被告不履行的，人民法院应当移送执行。

二、民事公益诉讼

第十三条 人民检察院在履行职责中发现破坏生态环境和资源保护，食品药品安全领域侵害众多消费者合法权益，侵害英雄烈士等的姓名、肖像、名誉、荣誉等损害社会公共利益的行为，拟提起公益诉讼的，应当依法公告，公告期间为三十日。

公告期满，法律规定的机关和有关组织、英雄烈士等的近亲属不提起诉讼的，人民检察院可以向人民法院提起诉讼。

人民检察院办理侵害英雄烈士等的姓名、肖像、名誉、荣誉的民事公益诉讼案件，也可以直接征询英雄烈士等的近亲属的意见。

第十四条 人民检察院提起民事公益诉讼应当提交下列材料：

（一）民事公益诉讼起诉书，并按照被告人数提出副本；

（二）被告的行为已经损害社会公共利益的初步证明材料；

（三）已经履行公告程序、征询英雄烈士等的近亲属意见的证明材料。

第十五条 人民检察院依据民事诉讼法第五十五条第二款的规定提起民事公益诉讼，符合民事诉讼法第一百一十九条第二项、第三项、第四项及本解释规定的起诉条件的，人民法院应当登记立案。

第十六条 人民检察院提起的民事公益诉讼案件中，被告以反诉方式提出诉讼请求的，人民法院不予受理。

第十七条 人民法院受理人民检察院提起的民事公益诉讼案件后，应当在立案之日起五日内将起诉书副本送达被告。

人民检察院已履行诉前公告程序的，人民法院立案后不再进行公告。

第十八条 人民法院认为人民检察院提出的诉讼请求不足以保护社会公共利益的，可以向其释明变更或者增加停止侵害、恢复原状等诉讼请求。

第十九条 民事公益诉讼案件审理过程中，人民检察院诉讼请求全部实现而撤回起诉的，人民法院应予准许。

第二十条 人民检察院对破坏生态环境和资源保护，食品药品安全领域侵害众多消费者合法权益，侵害英雄烈士等的姓名、肖像、名誉、荣誉等损害社会公共利益的犯罪行为提起刑事公诉时，可以向人民法院一并提起附带民事公益诉讼，由人民法院同一审判组织审理。

人民检察院提起的刑事附带民事公益诉讼案件由审理刑事案件的人民法院管辖。

三、行政公益诉讼

第二十一条 人民检察院在履行职责中发现生态环境和资源保护、食品药品安全、国有财产保护、国有土地使用权出让等领域负有监督管理职责的行政机关违法行使职权或者不作为，致使国家利益或者社会公共利益受到侵害的，应当向行政机关提出检察建议，督促其依法履行职责。

行政机关应当在收到检察建议书之日起两个月内依法履行职责，并书面回复人民检察院。出现国家利益或者社会公共利益损害继续扩大等紧急情形的，行政机关应当在十五日内书面回复。

行政机关不依法履行职责的,人民检察院依法向人民法院提起诉讼。

第二十二条 人民检察院提起行政公益诉讼应当提交下列材料:

(一)行政公益诉讼起诉书,并按照被告人数提出副本;

(二)被告违法行使职权或者不作为,致使国家利益或者社会公共利益受到侵害的证明材料;

(三)已经履行诉前程序,行政机关仍不依法履行职责或者纠正违法行为的证明材料。

第二十三条 人民检察院依据行政诉讼法第二十五条第四款的规定提起行政公益诉讼,符合行政诉讼法第四十九条第二项、第三项、第四项及本解释规定的起诉条件的,人民法院应当登记立案。

第二十四条 在行政公益诉讼案件审理过程中,被告纠正违法行为或者依法履行职责而使人民检察院的诉讼请求全部实现,人民检察院撤回起诉的,人民法院应当裁定准许;人民检察院变更诉讼请求,请求确认原行政行为违法的,人民法院应当判决确认违法。

第二十五条 人民法院区分下列情形作出行政公益诉讼判决:

(一)被诉行政行为具有行政诉讼法第七十四条、第七十五条规定情形之一的,判决确认违法或者确认无效,并可以同时判决责令行政机关采取补救措施;

(二)被诉行政行为具有行政诉讼法第七十条规定情形之一的,判决撤销或者部分撤销,并可以判决被诉行政机关重新作出行政行为;

(三)被诉行政机关不履行法定职责的,判决在一定期限内履行;

(四)被诉行政机关作出的行政处罚明显不当,或者其他行政行为涉及对款额的确定、认定确有错误的,可以判决予以变更;

(五)被诉行政行为证据确凿,适用法律、法规正确,符合法定程序,未超越职权,未滥用职权,无明显不当,或者人民检察院诉请被诉行政机关履行法定职责理由不成立的,判决驳回诉讼请求。

人民法院可以将判决结果告知被诉行政机关所属的人民政府或者其他相关的职能部门。

四、附　则

第二十六条　本解释未规定的其他事项，适用民事诉讼法、行政诉讼法以及相关司法解释的规定。

第二十七条　本解释自 2018 年 3 月 2 日起施行。

最高人民法院、最高人民检察院之前发布的司法解释和规范性文件与本解释不一致的，以本解释为准。

最高人民法院关于审理生态环境损害赔偿案件的若干规定(试行)

(2019年5月20日最高人民法院审判委员会第1769次会议通过,根据2020年12月23日最高人民法院审判委员会第1823次会议通过的《最高人民法院关于修改〈最高人民法院关于在民事审判工作中适用《中华人民共和国工会法》若干问题的解释〉等二十七件民事类司法解释的决定》修正)

为正确审理生态环境损害赔偿案件,严格保护生态环境,依法追究损害生态环境责任者的赔偿责任,依据《中华人民共和国民法典》《中华人民共和国环境保护法》《中华人民共和国民事诉讼法》等法律的规定,结合审判工作实际,制定本规定。

第一条 具有下列情形之一,省级、市地级人民政府及其指定的相关部门、机构,或者受国务院委托行使全民所有自然资源资产所有权的部门,因与造成生态环境损害的自然人、法人或者其他组织经磋商未达成一致或者无法进行磋商的,可以作为原告提起生态环境损害赔偿诉讼:

(一)发生较大、重大、特别重大突发环境事件的;

(二)在国家和省级主体功能区规划中划定的重点生态功能区、禁止开发区发生环境污染、生态破坏事件的;

(三)发生其他严重影响生态环境后果的。

前款规定的市地级人民政府包括设区的市,自治州、盟、地区,不设区的地级市,直辖市的区、县人民政府。

第二条 下列情形不适用本规定:

(一)因污染环境、破坏生态造成人身损害、个人和集体财产损失要求赔偿的;

(二)因海洋生态环境损害要求赔偿的。

第三条 第一审生态环境损害赔偿诉讼案件由生态环境损害行为实施地、

损害结果发生地或者被告住所地的中级以上人民法院管辖。

经最高人民法院批准,高级人民法院可以在辖区内确定部分中级人民法院集中管辖第一审生态环境损害赔偿诉讼案件。

中级人民法院认为确有必要的,可以在报请高级人民法院批准后,裁定将本院管辖的第一审生态环境损害赔偿诉讼案件交由具备审理条件的基层人民法院审理。

生态环境损害赔偿诉讼案件由人民法院环境资源审判庭或者指定的专门法庭审理。

第四条 人民法院审理第一审生态环境损害赔偿诉讼案件,应当由法官和人民陪审员组成合议庭进行。

第五条 原告提起生态环境损害赔偿诉讼,符合民事诉讼法和本规定并提交下列材料的,人民法院应当登记立案:

(一)证明具备提起生态环境损害赔偿诉讼原告资格的材料;

(二)符合本规定第一条规定情形之一的证明材料;

(三)与被告进行磋商但未达成一致或者因客观原因无法与被告进行磋商的说明;

(四)符合法律规定的起诉状,并按照被告人数提出副本。

第六条 原告主张被告承担生态环境损害赔偿责任的,应当就以下事实承担举证责任:

(一)被告实施了污染环境、破坏生态的行为或者具有其他应当依法承担责任的情形;

(二)生态环境受到损害,以及所需修复费用、损害赔偿等具体数额;

(三)被告污染环境、破坏生态的行为与生态环境损害之间具有关联性。

第七条 被告反驳原告主张的,应当提供证据加以证明。被告主张具有法律规定的不承担责任或者减轻责任情形的,应当承担举证责任。

第八条 已为发生法律效力的刑事裁判所确认的事实,当事人在生态环境损害赔偿诉讼案件中无须举证证明,但有相反证据足以推翻的除外。

对刑事裁判未予确认的事实,当事人提供的证据达到民事诉讼证明标准的,人民法院应当予以认定。

第九条 负有相关环境资源保护监督管理职责的部门或者其委托的机构在

行政执法过程中形成的事件调查报告、检验报告、检测报告、评估报告、监测数据等，经当事人质证并符合证据标准的，可以作为认定案件事实的根据。

第十条 当事人在诉前委托具备环境司法鉴定资质的鉴定机构出具的鉴定意见，以及委托国务院环境资源保护监督管理相关主管部门推荐的机构出具的检验报告、检测报告、评估报告、监测数据等，经当事人质证并符合证据标准的，可以作为认定案件事实的根据。

第十一条 被告违反国家规定造成生态环境损害的，人民法院应当根据原告的诉讼请求以及具体案情，合理判决被告承担修复生态环境、赔偿损失、停止侵害、排除妨碍、消除危险、赔礼道歉等民事责任。

第十二条 受损生态环境能够修复的，人民法院应当依法判决被告承担修复责任，并同时确定被告不履行修复义务时应承担的生态环境修复费用。

生态环境修复费用包括制定、实施修复方案的费用，修复期间的监测、监管费用，以及修复完成后的验收费用、修复效果后评估费用等。

原告请求被告赔偿生态环境受到损害至修复完成期间服务功能损失的，人民法院根据具体案情予以判决。

第十三条 受损生态环境无法修复或者无法完全修复，原告请求被告赔偿生态环境功能永久性损害造成的损失的，人民法院根据具体案情予以判决。

第十四条 原告请求被告承担下列费用的，人民法院根据具体案情予以判决：

（一）实施应急方案、清除污染以及为防止损害的发生和扩大所支出的合理费用；

（二）为生态环境损害赔偿磋商和诉讼支出的调查、检验、鉴定、评估等费用；

（三）合理的律师费以及其他为诉讼支出的合理费用。

第十五条 人民法院判决被告承担的生态环境服务功能损失赔偿资金、生态环境功能永久性损害造成的损失赔偿资金，以及被告不履行生态环境修复义务时所应承担的修复费用，应当依照法律、法规、规章予以缴纳、管理和使用。

第十六条 在生态环境损害赔偿诉讼案件审理过程中，同一损害生态环境行为又被提起民事公益诉讼，符合起诉条件的，应当由受理生态环境损害赔偿诉讼案件的人民法院受理并由同一审判组织审理。

第十七条 人民法院受理因同一损害生态环境行为提起的生态环境损害赔偿诉讼案件和民事公益诉讼案件，应先中止民事公益诉讼案件的审理，待生态环境损害赔偿诉讼案件审理完毕后,就民事公益诉讼案件未被涵盖的诉讼请求依法作出裁判。

第十八条 生态环境损害赔偿诉讼案件的裁判生效后,有权提起民事公益诉讼的国家规定的机关或者法律规定的组织就同一损害生态环境行为有证据证明存在前案审理时未发现的损害,并提起民事公益诉讼的,人民法院应予受理。

民事公益诉讼案件的裁判生效后,有权提起生态环境损害赔偿诉讼的主体就同一损害生态环境行为有证据证明存在前案审理时未发现的损害,并提起生态环境损害赔偿诉讼的,人民法院应予受理。

第十九条 实际支出应急处置费用的机关提起诉讼主张该费用的,人民法院应予受理,但人民法院已经受理就同一损害生态环境行为提起的生态环境损害赔偿诉讼案件且该案原告已经主张应急处置费用的除外。

生态环境损害赔偿诉讼案件原告未主张应急处置费用,因同一损害生态环境行为实际支出应急处置费用的机关提起诉讼主张该费用的,由受理生态环境损害赔偿诉讼案件的人民法院受理并由同一审判组织审理。

第二十条 经磋商达成生态环境损害赔偿协议的,当事人可以向人民法院申请司法确认。

人民法院受理申请后,应当公告协议内容,公告期间不少于三十日。公告期满后,人民法院经审查认为协议的内容不违反法律法规强制性规定且不损害国家利益、社会公共利益的,裁定确认协议有效。裁定书应当写明案件的基本事实和协议内容,并向社会公开。

第二十一条 一方当事人在期限内未履行或者未全部履行发生法律效力的生态环境损害赔偿诉讼案件裁判或者经司法确认的生态环境损害赔偿协议的,对方当事人可以向人民法院申请强制执行。需要修复生态环境的,依法由省级、市地级人民政府及其指定的相关部门、机构组织实施。

第二十二条 人民法院审理生态环境损害赔偿案件,本规定没有规定的,参照适用《最高人民法院关于审理环境民事公益诉讼案件适用法律若干问题的解释》《最高人民法院关于审理环境侵权责任纠纷案件适用法律若干问题的解释》等相关司法解释的规定。

第二十三条 本规定自 2019 年 6 月 5 日起施行。